LES ÉMIGRÉS
EN SAVOIE
À AOSTE ET DANS LE PAYS DE VAUD
1790 — 1800

*D'après des documents inédits
pouvant servir à l'histoire de l'Émigration*

PAR

François DESCOSTES
Ancien Bâtonnier du Barreau de Chambéry
Président de l'Académie des Sciences, Belles-Lettres et Arts de Savoie
Lauréat de l'Académie française

CHAMBÉRY
ANDRÉ PERRIN, LIBRAIRE-ÉDITEUR
1903

LES ÉMIGRÉS

EN SAVOIE

A AOSTE ET DANS LE PAYS DE VAUD

1790 — 1800

*D'après des documents inédits
pouvant servir à l'histoire de l'Émigration*

PAR

François DESCOSTES
Ancien Bâtonnier du Barreau de Chambéry
Président de l'Académie des Sciences, Belles-Lettres et Arts de Savoie
Lauréat de l'Académie française

CHAMBÉRY
André PERRIN, Libraire-Éditeur
1903

PRÉFACE

Les événements de la Révolution ont eu pour effet de provoquer l'exode, hors de France, des membres de la noblesse et du clergé qui, menacés par les mesures de rigueur dont ils étaient l'objet, furent dans la nécessité d'émigrer et de demander aux pays voisins un abri contre la tourmente. Ils croyaient à une averse passagère : c'était une époque qui commençait, et elle dure encore...

Parmi ces pays voisins, la Savoie, avant d'être conquise par Montesquiou en septembre 1792, la vallée d'Aoste, après la conquête, et le pays de Vaud, dès les débuts de la Révolution, étaient tout naturellement indiqués pour recevoir l'afflux des émigrants.

La Savoie, la vallée d'Aoste et le canton de Vaud devinrent donc, à cette époque, à la fois le *séjour forcé* et le *séjour choisi* de la vieille société française, dont nous ne séparons pas la vieille société savoyarde qui, sous l'influence des mêmes causes, se fusionnait avec elle et vint se confondre dans ses rangs lorsque les armées de la première République, en occupant le territoire de la Savoie, en eurent refoulé les éléments hors de la frontière des Alpes.

Nous n'avons pas l'intention d'entreprendre, après ceux qui l'ont écrite avec un si remarquable talent[1], une histoire générale des Émigrés ; mais il nous a paru

[1] Henri Forneron, Ernest Daudet.

intéressant, — soit pour en préparer les matériaux dans la région des Alpes, soit pour sauver de l'oubli des documents permettant d'établir la généalogie de certaines familles, — de chercher à reconstituer aussi fidèlement que possible ces débris du vieux monde fuyant pas à pas devant les progrès du *rerum novus ordo* dénoncé par la voix prophétique de Joseph de Maistre.

Nous avons à cet effet relevé dans les registres de l'état civil de l'époque, soit à Chambéry, soit à Aoste, soit à Lausanne et dans les paroisses voisines, un certain nombre de mentions qui sont de nature à attester la présence de membres distingués de la noblesse et du clergé et à permettre de reconstituer, tout au moins en partie, les cadres de la légion des proscrits. Un de nos plus éminents historiens savoyards, M. François Mugnier, l'a dit avec raison :
« Les registres de l'état civil sont pour l'histoire une source
« abondante et sûre d'utiles renseignements ; ceux même
« des plus modestes paroisses en fournissent parfois de
« précieux [1]. »

Dans les tableaux qui vont suivre, — tableaux fastidieux peut-être dans la forme, mais que les chercheurs et les érudits ne dédaigneront sûrement pas, — nous nous bornerons à indiquer en leur ordre, les mentions tirées des divers actes de baptême, de mariage et de décès. Tout aura ici son utilité : les noms des personnes intéressées, des déclarants, des témoins, des signataires, des pères et mères, des parrains et marraines... Nous n'avons pas cru devoir négliger ces détails qui, à un moment donné, peuvent servir à combler les lacunes d'une généalogie ou à fixer un point de fait demeuré obscur. Nous y joindrons certaines pièces

---

[1] *L'État civil de Rumilly-l'Albanais, 1607-1793*, page 5.

officielles, les unes inédites, les autres devenues d'une recherche difficile, au sujet des mesures de police ou de proscription dont les suspects d'alors furent l'objet ou les victimes. Et nous prendrons ainsi sur le vif la vieille société aujourd'hui endormie dans la tombe ; nous la suivrons, à cette époque tourmentée, des illusions des premiers jours aux sombres réalités de la période révolutionnaire, à travers des documents dont l'authenticité n'est pas douteuse et dont le langage ne trompe pas.

Cette étude ou plutôt cette série de tableaux se divisera en quatre parties :

LES ÉMIGRÉS EN SAVOIE
LES ÉMIGRÉS, SUSPECTS ET PROSCRITS DE SAVOIE
LES ÉMIGRÉS A AOSTE
LES ÉMIGRÉS DANS LE PAYS DE VAUD.

Cette dernière partie, complètement inédite, comprendra une série de mentions tirées des registres des paroisses d'Echallens et d'Assens et un tableau général des Réfugiés français et savoyards recensés à Lausanne en 1794, 1795, 1796 et 1797, document de premier ordre dressé à notre intention et pour notre usage par les soins de M. Hammerli, le distingué archiviste municipal de Lausanne.

Je remercie ici les personnes amies qui ont bien voulu m'aider dans cette œuvre documentaire et en particulier M. le chanoine Frutaz, de l'Académie de Saint-Anselme d'Aoste ; MM. les abbés Martin et Richard, curés d'Assens et d'Echallens ; M. le baron de Morand ; M. Courtois d'Arcollières, secrétaire perpétuel de l'Académie de Savoie ; M. le chanoine Mareschal et M. l'abbé Carlo, curé et vicaire de la Métropole de Chambéry ; M. l'abbé Chabert, ancien vicaire, actuellement curé à Saint-Cassin ; M. Félix Perpéchon, bibliothécaire de la Ville de Chambéry ; MM. Claudius Bouvier et Albert Metzger, de l'Académie de Savoie ; et mon savant confrère et ami, M. André Perrin, qui a mis généreusement à ma disposition ses riches archives et le fruit de ces patientes recherches auxquelles l'histoire de Savoie est redevable de tant de remarquables travaux...

Chambéry, mai 1902.

François DESCOSTES.

LES ÉMIGRÉS EN SAVOIE
A AOSTE ET DANS LE PAYS DE VAUD

I

Les Émigrés en Savoie.

§ I. — Registres de la paroisse de Saint-François de Sales.

A Chambéry, les registres de la paroisse de Saint-François de Sales nous donnent une idée très exacte de la composition de la société chambérienne de 1789 à 1793. L'élément français y occupe une large place. En parcourant les actes de baptême, de mariage et de décès, il est facile de se rendre compte de la physionomie que devait présenter alors l'ancienne capitale de la Savoie réveillée de sa torpeur par la survenance de l'émigration joyeuse.

Feuilletons au hasard ces précieux registres. Nous y relevons les noms les plus retentissants de la noblesse de France voisinant avec ceux plus modestes de la noblesse de Savoie :

1° *Actes de baptême (passim).*

27 octobre 1789. — *Marie-Polixène-Joséphine*, fille de messire *Charles-Joseph-Gabriel* VIBERT, marquis DE LA PIERRE, chevalier commandeur de l'Ordre militaire des

Sts Maurice et Lazare, gentilhomme de la chambre du Roi ; et de dame *Dorothée* PHELP DE HAMPTON WICK, mariés.

Parrain : Messire *Joseph-Amédée* DE LA TOUR.

Marraine : Dame *Polixène* GENNA, comtesse DE NANGY.

23 septembre 1790. — *Marie-Alexandre-Maurice*, fils de *Pierre-Joseph-Marie-Claude* DE REGARD, comte DE CLERMONT DE VARS, gentilhomme de la chambre de Sa Majesté ; et de demoiselle *Christine* DE REGARD DE BALLON.

Parrain : Messire *Benoît-Marie-Maurice-François*, marquis DE SALES, écuyer de Son Altesse Royale Monseigneur le prince de Piémont [1].

Marraine : Dame *Alexandrine* DE SALES, née DE GROLLIER [2].

30 septembre 1790. — *Amédée-François-Régis* [3], fils de

---

[1] Fils de Paul-François de Sales, comte de Duingt, et de Joséphine-Françoise de Regard de Disoncho, né le 16 octobre 1760, décédé le 14 février 1797. (Voir Fr. DESCOSTES, *Joseph de Maistre pendant la Révolution*, pages 41 et suiv., 633 et suiv.)

[2] Alexandrine de Grollier avait épousé le marquis de Sales le 20 octobre 1781. Elle est décédée en 1849. C'était la fille de la marquise de Grollier, née de Fuligny-Damas (1742-1828). Le marquis de Grollier, père de Mme de Sales, périt sur l'échafaud, après la prise de Lyon, en fin 1793.

[3] Amédée-François-Régis de Pérusse, duc d'Escars ou Descars, né à Chambéry le 30 septembre 1790 (date exacte qui, jusqu'ici, n'avait été précisée par aucun de ses biographes), passa sa jeunesse à l'étranger, rentra en France avec les Bourbons et fut nommé colonel ; il fit ses premières armes sous le duc d'Angoulême, pendant la campagne royaliste de 1815, et se rendit ensuite en Espagne d'où il revint avec le grade de maréchal de camp. En 1822, il succéda à son père, le général Descars, comme pair de France. L'année suivante, il retourna en Espagne et prit une part brillante à la prise du Trocadéro. En récompense de sa conduite, Louis XVIII lui octroya les épaulettes de lieutenant-général, le cordon de grand-officier de la Légion d'honneur et le titre de duc. Lorsqu'éclata la révolution de 1830, le duc Descars faisait partie de l'expédition d'Alger et commandait une division.

très haut et très puissant seigneur, messire *François-Nicolas-René* DE PÉRUSSE, comte DESCARS[1], chevalier de l'Ordre royal et militaire de S¹ Louis, gentilhomme d'honneur de Monseigneur le comte d'Artois, frère du Roi, colonel de son régiment de dragons ; et de haute et puissante dame *Etiennette-Charlotte-Emilie* DE LIGNY.

Parrain : Haut et puissant seigneur *Jean-François-Régis* DE BERTRAND, comte DE LA PÉROUSSE[2], gentilhomme de la chambre du Roi.

Marraine : Haute et puissante dame *Elisabeth-Jeanne* DE LA ROCHE DE RAMBURES, veuve de haut et puissant seigneur *Charles-Adrien* comte DE LIGNY, maître de camp de cavalerie[3].

Il donna sa démission et suivit en exil le roi détrôné. Il ne revint en France que vers 1840 et demeura jusqu'à sa mort l'un des champions les plus fidèles du parti légitimiste.

[1] François-Nicolas-René de Pérusse, comte Descars (et non pas Jean-François de Pérusse, duc Descars, ainsi que l'indiquent par erreur la plupart de ses biographes), père du précédent, qui fut le premier duc Descars ; général français, maître d'hôtel de Louis XVIII, issu d'une ancienne famille du Limousin (1747-1822). Il servit successivement dans la marine et dans l'armée de terre. Il avait été nommé en 1774 colonel et maître d'hôtel du roi en survivance, puis, en 1788, maréchal de camp. Après avoir séjourné à Chambéry où, de son mariage avec Etiennette-Charlotte-Emilie de Ligny, naquit son fils Amédée-François-Régis, le comte Descars rejoignit les frères du roi, fut chargé par le comte de Provence de missions diplomatiques en Suède (1791), puis à Berlin, servit pendant quelque temps dans l'armée prussienne et obtint en 1805 l'autorisation de rentrer en France. A la Restauration, Louis XVIII, qui appréciait les connaissances gastronomiques du comte Descars, le nomma, outre ses titres de lieutenant général et de pair de France, premier maître d'hôtel du roi, fonction qu'il remplit jusqu'à sa mort survenue en 1822.

[2] Vraisemblablement de la famille du comte de la Pérouse (1741-1788?), le célèbre navigateur français.

[3] Les comtes de Ligny sont un rameau de la maison de Luxembourg, ayant pour auteur Antoine de Luxembourg, fils puîné de Louis de Luxembourg, connétable de France, décapité en 1475.

5 août 1791. — *Alexandre-Jacques-Gustave*, fils de messire *Jean-Baptiste*, comte d'ANGEVILLE DE BAUMONT, chevalier de l'Ordre royal et militaire de St Louis, officier au régiment de Royal-Normandie cavalerie, au service de France ; et de dame *Henriette-Louise* SALIET.

Parrain : Messire *Jacques* DE CLERMONT DE MONT SAINT-JEAN, marquis DE LA BATIE D'ALBANAIS[1], chevalier de l'Ordre royal et militaire de St Louis, colonel des chasseurs au service de France.

Marraine : Dame *Elisabeth Denis*, veuve de messire *Guy* VINÉ SALIET, représentée par dame *Marie-Charlotte-Alexandrine* DE LANNOIX, veuve de messire *Charles* DE CLUNY.

1er mai 1792. — Est née et a été baptisée le 30 juillet de la même année *Anne-Alexandrine-Amena*, fille de très haut et très puissant seigneur *Marie-Frédéric-Joseph* DE RICCI DE SAINT-PAUL[2] ; et de très haute et très puissante

---

Cet Antoine, comte de Brienne, de Roussy, de Ligny, baron de Ramora et de Pinoy, fut père de Charles de Luxembourg, comte de Brienne et de Ligny, mort en 1580... Est-ce bien à ce rameau qu'appartient Charles-Adrien, comte de Ligny ? Nous n'osons rien affirmer.

[1] Clermont-Mont-Saint-Jean (Jacques, marquis de), homme politique français, né au château de Visargent (Bourgogne), en 1752, mort en 1827. Il embrassa la carrière des armes, fut nommé en 1784 colonel des chasseurs des Ardennes et devint, en 1789, membre des Etats-généraux. Partisan de l'ancien régime, il vota contre toutes les réformes. Il avait émigré dès 1791 et non pas en 1792, comme l'ont indiqué jusqu'ici ses biographes. Il devint plus tard aide de camp du roi de Sardaigne. De 1800 à 1814, il vécut dans la retraite. A la Restauration, il fut nommé inspecteur des gardes nationales de Seine-et-Marne (1814) et, l'année suivante, membre de la Chambre des députés, où il siégea constamment à l'extrême-droite.

[2] Les Ricci, d'Asti, étaient comtes de Saint-Paul (San Paolo, province d'Asti).

dame *Marie-Pauline-Joséphine* DE RICCI DE SAINT-PAUL, née comtesse DE RICCI.

Parrain : Très haut et très puissant seigneur *Philippe-Hugues-Anne-Yoland-Alexandre-Louis*, comte DE LUZIGNAN[1], lieutenant-général des armées du roi de France.

Marraine : Très haute et très puissante dame *Marie-Anne-Catherine* DE LA ROCHEVIEU, COMTESSE DE LUZIGNAN.

21 juin 1792. — *Yolande-Angeline-Adélaïde*, fille de noble *Jean* ROGE DE VOISSAN ; et de dame *Yolande-Adélaïde-Françoise* VACHON.

Parrain : Noble *Charles* RUBIN ROGE DE VOISSAN.

Marraine : Dame *Marie-Yolande-Gilberte* ROSTAING DE VACHON.

21 juin 1792. — *Thérèse-Lucie*, fille de messire *Joseph-Frédéric* MILLIET, marquis D'ARVILLARS ; et de dame *Louise-Henriette* MORAND DE SAINT-SULPICE.

Parrain : Messire *Joseph-Pantaléon*, comte D'EVIEN.

Marraine : Dame *Thérèse-Lucie* MILLIET, marquise D'ARVILLARS, née demoiselle DEVINE, aïeule de l'enfant.

6 août 1786[2]. — *Jeanne-Françoise-Josette-Azéline*, fille

---

[1] Vraisemblablement de la célèbre famille d'origine française (*Lusignan*, ou *Lesignan*, autrefois *Lusignem*), qui a fourni des rois à Jérusalem et à Chypre. La famille des sires de Lusignan ont aussi d'autres branches que celles dites d'outre-mer. C'est de cette famille que sont issues les nobles maisons de Lézé ou Lezat, d'Eu, de Pembroke, de la Rochefoucauld, de Dio, de Valence, de Marais, de Saint-Valérien, d'Angoulême, de Saint-Séverin, de Parthenay, de Châteauroux, etc.

[2] Nous remontons ici à quelques années en arrière pour réunir les trois actes de baptême des trois filles de noble Joseph de Juge, seigneur de Plouillot, qui sont nées à Chambéry.

de noble *Joseph* DE JUGE, seigneur DE PIEUILLET, substitut avocat général au Sénat de Savoye ; et de dame *Péronne* MONTANIER DE VENS, mariés.

Parrain : Noble *Estienne-Joseph* CHARROCT DE SAINT-JEOIRE, comte DE LA CHAVANNE, colonel d'infanterie dans les troupes de Sa Majesté

Marraine : Dame *Jeanne-Baptiste-Françoise* DEMOTZ[1], épouse du seigneur comte DE LA CHAVANNE. Ainsy est. Alex ch™.

17 juillet 1787. — Est née et le jour suivant a été baptisée *Anne-Madeleine-Justine*, fille de noble *Joseph* DE JUGE, seigneur DE PIEUILLET ; et de dame *Péronne* MONTANIER DE VENS, mariés.

Parrain : Noble *Anthelme* MONTANIER DE VENS, représenté par *Etienne* MILLON.

Marraine : Dame *Anne* DE VENS, née DE LA CHAVANNE, représentée par *Madeleine* GROS. Ainsy est. Perrin v™.

11 août 1792. — Ont été suppléées les cérémonies du baptême administré le 19 may de la présente année à *Thérèse-Jeanne-Hortense*, fille de noble *Joseph* DE JUGE,

---

[1] Jeanne-Baptiste-Françoise Demotz, née le 16 mars 1732, était la seconde fille du juge-mage Demotz et, par conséquent, la sœur cadette de Christine Demotz, la « sublime mère » de Joseph de Maistre, née le 24 novembre 1727. Elle avait épousé, le 12 janvier 1762, le comte Charroct de la Chavanne, alors capitaine d'artillerie à l'armée du roi de Sardaigne (Voir Fr. DESCOSTES, *Joseph de Maistre avant la Révolution*, tome I, pages 67, 68 et suiv.). M™ de la Chavanne, née Demotz, est décédée le 13 février 1808.

La dernière des filles du sénateur Demotz, Anne-Marie, née le 23 mai 1735, épousa, le 6 février 1758, le comte Nicolas Perrin d'Avressieux, substitut de l'avocat fiscal général au Sénat de Savoie.

seigneur DE PIEUILLET, sénateur au Sénat de Savoie ; et de dame *Péronne* MONTANIER DE VENS [1].

[1] Claudine-Françoise-Julie, Jeanne-Azéline et Thérèse-Hortense de Juge étaient filles de mon arrière-grand-père maternel, Joseph de Juge, fils de Jean-Denis et de Claudine du Noiray, qui fut, avant la Révolution, le collègue de Joseph de Maistre au bureau de l'avocat fiscal général, puis au Sénat de Savoie.

Joseph de Juge avait épousé, le 15 septembre 1770, Péronne Montanier de Vens, fille de noble Claude de Montanier, seigneur de Vens, et de dame Françoise du Noiray (Archives de Pieuillet. — Cte DE FORAS, *Armorial*, v° *Juge (de) de Pieuillet*, p. 219 à 223. — Fr. DESCOSTES, *Joseph de Maistre avant la Révolution*, t. II, p. 195).

De ce mariage naquirent huit enfants dont sept vivant au 1er janvier 1800, soit au 11 nivôse de l'an VIII de la République française (Archives de Pieuillet. *Livre de raison* de la famille de Juge) :

1° Claudine-Françoise-Julie, née à Seyssel le 10 mai 1783 (celle dont la naissance a inspiré la lettre de Joseph de Maistre, en date du 21 mai 1783, publiée à l'ouvrage cité, t. II, p. 198); mariée à Jean-Joseph de Coucy;

2° Jeanne-Françoise-Josette-Azéline, née à Chambéry le 5 août 1786, mariée à mon grand-père, Joseph Descostes, de Rumilly, décoré du Lys, du 28 janvier 1815. (Les documents officiels de l'époque orthographient le nom : *Decostes*, de *de Costis*. Le comte de Foras l'orthographie *des Costes* (voir *Armorial*, v° *Costes (des)*, v° *Livet (de)*, p. 261). D'autres l'écrivent *Descostes*, *Descottes*, *Descotes* ou *Descôtes*. L'orthographe conforme aux anciens titres (minutaires de 1590 à 1620) est *Descostes* (voir François MUGNIER, *l'Etat-civil de Rumilly-l'Albanais*, 1607-1793, p. 11, 42, 43, 45, 48, 49, 74, 85, 97, 102, 104, 106, 173). Peu de noms patronymiques auront eu plus de vicissitudes orthographiques que celui que m'ont légué mes modestes ancêtres);

3° Anne-Justine, née à Chambéry le 27 juillet 1787, ma grand'mère maternelle, mariée à Hippolyte de Livet de Moisy. Ce dernier était le fils de Pierre-Antoine et de Justine de Veyrier, et le frère d'Antoinette-Justine de Livet de Moisy, veuve de Maugny. — Voir *Armorial*, v° *Livet (de)* et, plus bas, *Liste des émigrés*);

4° Thérèse-Hortense, née à Chambéry le 18 mai 1792, mariée à Joseph-Bernard Revel, de Cluses (1785-1827), frère du chanoine Jacques-Marie Revel (1790-1858), condisciple et émule de Lamartine au Collège de Belley. (M. et Mme Revel eurent dix enfants, parmi lesquels M. François Revel, ancien magistrat, et M. Joseph Revel, architecte, chevalier de la Légion d'honneur, né en 1825, décédé le 24 août 1897);

5° Jean-Jacques-Brutus-Alcibiade (prénoms échangés contre celui de Joseph, *l'oncle Joseph*, que M. de Juge n'a cessé de por-

Parrain : Sieur *Jean* CHAUVIER-LACROIX.

Marraine : *Thérèse* DE LA CHAVANNE.

ter en famille), né à Serrières le 21 février 1794, soit le 3 ventôse an II, célibataire, décédé à Rumilly le 23 septembre 1870 ;

6° Anne-Jules-Augustin, né à Serrières le 5 janvier 1797 (16 nivôse an V), décédé le 22 janvier 1869.

C'est Auguste de Juge, sénateur au Sénat de Savoie, puis conseiller à la Cour d'appel de Savoie, officier des Ss. Maurice et Lazare, ancien président de l'Académie de Savoie, auteur du *Fabuliste des Alpes* et des *Inspirations religieuses*, père de M. Charles de Juge de Pieuillet, docteur en droit, chevalier des Ss. Maurice et Lazare, celui-ci marié à Mme la comtesse Clémentine de Chessel, décédé au château de Pieuillet le 26 mai 1893, dans sa 64° année ; et de Mme Alix de Juge, veuve de M. Aimé Bouvier (1822-1877), chevalier des Ss. Maurice et Lazare, ancien magistrat, ancien bâtonnier de l'Ordre des avocats près la Cour d'appel de Chambéry, décédé le 5 avril 1877 ;

7° Anne-François-Lucien, né à Rumilly le 9 juillet 1799 (21 messidor an VII), devenu intendant général de l'île de Sardaigne, premier officier du ministère des affaires étrangères, conseiller d'Etat et grand-officier des Ss. Maurice et Lazare, décédé au château de Pieuillet le 3 août 1857.

J'ai cru devoir compléter ainsi, puisque l'occasion m'en est fournie, la généalogie dressée par mon éminent ami, le comte Amédée de Foras, dans son *Armorial et Nobiliaire de Savoie*, v° *Juge (de)*, ne fut-ce que pour réparer la négligence que j'avais mise à lui donner jadis les renseignements particuliers qu'il avait bien voulu me demander avec une affectueuse insistance.

L'arbre généalogique qui figure à l'*Armorial*, v° *Juge (de)*, p. 220, doit donc être *in fine* rétabli de la manière ci-contre.

Sous la Révolution, Mme de Juge, retirée à Rumilly où sa famille jouissait d'une grande popularité, obtint sans trop de peine un *certificat de civisme*, ainsi qu'en fait foi la pièce suivante (Archives de Pieuillet) :

Egalité, Liberté
DÉPARTEMENT DU MONT-BLANC
MUNICIPALITÉ DE RUMILLY

Ouï le rapport de la pétition de la citoyenne Pierrette *Montagny (sic)*, épouse du citoyen Joseph Juge, native de Seyssel, département de l'Ain, habitant en cette commune, tendant à obtenir un certificat de civisme en conformité de la loi du 20 janvier 1793 ;

Informations prises, le Procureur de la commune ouï,

La Municipalité accorde le certificat de civisme demandé.

Délivré et scellé à Rumilly à la maison communale, en Conseil général, le 16 juin 1793, l'an second de la République.

Jean-Joseph DE JUGE
né le 3 mai 1752, substitut avocat fiscal général, 1786,
épousa, le 15 septembre 1779,
D^{lle} Péronne, fille de M. Claude DE MONTANIER, seigneur de Vens,
et de D^{me} Françoise DU NOIRAY.

| CLAUDINE-FRANÇOISE-JULIE, née le 10 mai 1783, a épousé Jean-Joseph de Concy. | CATHERINE-ANTHELMETTE-EUPHROSINE, morte à un mois, le 23 juin 1785. | JEANNE-FRANÇOISE-JOSEPH-AZÉLINE, née le 5 août 1786, a épousé M. Joseph Descostes. | ANNE-JUSTINE, née le 27 juillet 1787, a épousé M. Hippolyte de Livet de Molay. | THÉRÈSE-HORTENSE, née le 19 mai 1792, a épousé M. Revel. | JOSEPH, né le 21 février 1794. | ANNE-JULES-AUGUSTIN, né le 5 janvier 1797, a épousé Mlle Marie Audé-Bernard. | ANNE-FRANÇOIS-LUCIEN, né le 9 juillet 1799. |

ALIX, épousé M. Aimé Bouvier, substitut de l'avocat fiscal général avant l'annexion, puis avocat à Chambéry.

Charles-Jules DE JUGE DE PINILLET, né le 16, baptisé le 17 juin 1829, a épousé, le 9 septembre 1861, Clémentine-Sophie-Julie de Chassel, mort le 26 mai 1893, sans postérité.

2° **Actes de mariage** *(passim).*

6 septembre 1790. — Seigneur messire *Étienne* GASSOT, vicomte DE LA VIENNE, chevalier, seigneur de Coutres, Soye, Boisbuard, Parnay, la Vienne, Saint-Loup, Saint-Martin et autres lieux, gouverneur de Dime-le-Roy, ancien officier aux gardes françaises, épouse demoiselle *Amélie-Joséphine-Catherine* DE MIGIEU.

Ce mariage a été célébré par l'abbé de la Myre.

Ont signé : Vicomte DE LA VIENNE, *Amélie* DE MIGIEU, comte DE NONANT DE VAVAY, comte DE CHARNAILLES, abbé DE LA MYRE MORY, chevalier D'APCHON, comte DE FONTENETTE SOMNERY, chevalier DE BESSUÉJOULS DE ROQUELAURE[1], chevalier de Malte non profès. — Tripier, curé.

M. de Juge, arrêté, eut plus de peine à obtenir sa mise en liberté avec autorisation de résidence. Voici, en effet, ce que nous lisons aux registres du Comité de surveillance de Chambéry du 16 messidor an II de la République une et indivisible :

Égalité, Liberté, Fraternité ou la Mort.

Le Comité de surveillance de Chambéry,

Vu l'avis ci-devant demandé par l'Administration du district si le nommé Joseph Juge, actuellement en arrestation domiciliaire, peut être mis en liberté pour aller s'adonner à l'exploitation du salpêtre ;

Le Comité, considérant que la moralité du pétitionnaire n'est pas celle d'un homme à l'abri de la suspicion, puisqu'outre sa qualité de *ci-devant* il s'est entaché d'une soumission trop aveugle au despote du Sénat et au gouvernement sarde, est d'avis qu'il n'y a lieu à délibérer sur la réclamation du sieur Juge.

BERTRAND, *président*,
VILLERMET, *secrétaire*.

Toutefois, le 22 floréal an II, le Conseil de Serrières, où le citoyen Juge se proposait d'aller se livrer à la fabrication du salpêtre, donna un avis favorable et l'autorisation lui en fut finalement accordée par décision du 15 floréal an II.

[1] De la famille d'Antoine de Roquelaure, le compagnon de Henri IV (1560-1625) ; du duc de Roquelaure, *l'homme le plus laid de France* et aussi l'un des plus braves (1617-1676) ; et de Jean-Armand de Bessuéjouls de Roquelaure, évêque de Senlis, archevêque de Malines, membre de l'Académie Française (1720-1818).

— 16 —

17 mars 1791[1]. — Haut et puissant seigneur *Louis* LE PELETIER, fils de feu et haut puissant seigneur *Louis* LE PELETIER, marquis de Montmeillar, Pluilly, Morfontaine et autres lieux, veuf en premières noces de *Catherine-Charlotte* DE CLAUL DE LA CHABRAIRE et en secondes noces de *Françoise-Elisabeth* DE LA CROPTE DE BOURJEU, épouse dame *Catherine-Adélaïde*, fille de *Louis-François*, comte DE NONANT, veuve de haut et puissant seigneur *Anthelme-Michel-Laurent* DE MÉJINE, marquis DE SAVIGNI.

Ont signé : Messire *Antoine* CORTOIS, comte DE CHARNAILLES, messire *Etienne* GASSOT, vicomte DE LA VIENNE, *Antoine* LEBRETON. — Tripier, curé.

9 mai 1791. — Messire *Armand-François* DE LA TOUR-DU-PIN MONTAUBAN, chevalier et marquis de Royans, seigneur de la Chaup-Palonis, Vers, Villefranche, Merouillan, Oriple Vircheny, le Cheilard Chatelornaud en Dauphiné et de Galaye et Queisset en Provence, député de la noblesse aux Etats de Dauphiné, gouverneur pour le Roi de France des ville et citadelle de Montélimar, maréchal de ses camps et armées, chevalier de l'Ordre royal et militaire de Saint-Louis, chevalier aux honneurs de celui de Saint-Jean de Jérusalem dit de Malte, épouse demoiselle *Marie-Ernestine* DE MERCY.

Ont signé : M. P., évêque[2] de Chambéry[3], TELLIER, prêtre

---

[1] Ce mariage donna lieu à un charivari qui dégénéra en une vive échauffourée. — Voir FR. DESCOSTES, *Joseph de Maistre pendant la Révolution*, pages 68 et suiv.

[2] Mgr Michel Conseil, né à Mégève le 10 mars 1710, nommé premier évêque de Chambéry par bulle du 20 mars 1780.

[3] Le diocèse de Chambéry fut créé par bulle du pape Pie VI, le 18 août 1779, avec les seules paroisses de l'ancien décanat de Savoie, retirées dès le 20 juin 1778 de la juridiction de l'évêque de Grenoble.

et secrétaire ; *Ernestine* DE MERCY, marquise DE LA TOUR-DU-PIN ; *Marie Philippe* DE GRAMONT, duc DE CADEROUSSE, marquis DE VACHÈRES, baron DU THOR, gouverneur de la ville et Tour de Crest en Dauphiné ; *César*, comte LOVERA, marquis DE MARIE MEFFRAY, comte DE LA PÉROUSE, bailli DE VILLEFRANCHE, LA TOUR-DU-PIN, comtesse D'AOSTE, dame DE LUTOVIS AVILET, DE BELLE D'ASPREMONT, marquise DE LAGARDE, DE LEMPS, comtesse DE LA PÉROUSE, comtesse *Françoise* DE SAINT-MARTIN, marquise DE L'ETANDURE DES NOYES, abbé DE BOISDEFFRE, PELLETIER, marquis DE LAGARDE, comte DE VOUREY, *Félix* DE VOUREY DE VANDEUIL, comte DE PANISSE.

1791, 11 juin. — Messire *Charles* DE MALVIN, marquis DE MONTAZET, chevalier de l'Ordre royal et militaire de Sᵗ Louis, maréchal des camps et armées du roi, épouse *Emerentiane-Rose-Adélaïde* DE LA NOY.

Ont signé : Marquis DE MONTAZET, *Adélaïde* DE LANNOY, DE LANNOY, l'abbé DE MONTAZET, l'abbé DE BARRE, vicaire général de Saint-Claude.

1791. — Le comte DE LA PÉROUSE épouse Madame *Marie-Pauline-Joséphine* DE RICCI, chanoinesse, comtesse DE NEUVILLE.

Ont signé : DE VERMOND, vicaire, DE LUSIGNAN, DE LA PÉROUSE, G. DE NOURCY, *Frédérique* RICCI DE SAINT-PAUL, *Joséphine* DE RICCI.

Juin 1791. — *Jean-Baptiste* DE VOISSAN épouse *Marie-Yolande-Françoise-Adélaïde* DE VACHON.

Ont signé : DE VOISSAN, *Joseph* AVOINE, VIANNAY, DE VACHON, DE VOISSAN. — Triplier, curé.

9 décembre 1791. — Le seigneur chevalier *Augustin-Marius* DE COSSILLE épouse *Gasparde-Louise-Laurent* DE SAINTE-AGNÈS.

Ont signé : R^d AMPHOUX, curé de la paroisse de Viviers. *Joseph* et *Balthazard-Laurent* DE SAINTE-AGNÈS, frères de l'épouse, le premier officier des invalides du fort de Miolans, le second clerc tonsuré de ce diocèse, noble *Eugène* BERTHIER DE GRINVIGNY. — Tripier, curé.

15 janvier 1792. — Messire *Maurice* NOVEL D'ENTREMONT, comte DE BELLEGARDE RUTOUSKI[1], lieutenant-général des armées et inspecteur général de la cavalerie de Son Altesse Electorale Monseigneur l'électeur de Saxe, chevalier de l'Ordre militaire de St Louis, épouse Mademoiselle *Marie-Gabrielle* DE BEAUVOIR DU ROURE DE BEAUMONT DE BRISON.

Ont signé : M. P., évêque de Chambéry, *Maurice*, comte DE BELLEGARDE, DU ROURE DE BRIZON, comtesse DE BELLEGARDE, comte DE VILLETTE, comte DE LA CHAVANNE, BEAUVOIR DU ROURE, comte DE BRIZON-CHAPONAY, comtesse DE BRIZON, TELLIER, prêtre, secrétaire de Mgr DU ROURE DE BRIZON, marquise DE VEYRAC, marquis DE VEYRAC, DE VIENNE DE VALLIN.

---

[1] Dans son intéressante notice sur les *Nécrologes de Chambéry* (pages 41 et 42), M. Félix Perpéchon, notre laborieux et érudit bibliothécaire municipal, mentionne, à la date du 4 septembre 1790, le décès d'Eugène Robert de Bellegarde, marquis des Marches et d'Entremont, chevalier des Ss. Maurice et Lazare, lieutenant général d'infanterie, au service des Etats-généraux des Provinces-Unies de Hollande ; et, à la date du 28 janvier 1792, le décès de « M. *Maurice-Frédéric-Georges-Henri* NOVEL D'ENTREMONT, comte DE BELLEGARDE, lieutenant général et inspecteur général de cavalerie au service de l'Electeur de Saxe, chevalier de St Louis, âgé de 60 ans. » — Il n'y a pas de confusion possible : le général comte de Bellegarde est donc décédé treize jours après son mariage. Nous allons d'ailleurs retrouver son acte de décès dans les registres de la paroisse de Saint-François de Sales.

8° **Actes de décès** (*passim*)[1].

9 mai 1789. — A été inhumé dans l'église des Carmes noble *Joseph-François* DE CONZIÉ, comte DES CHARMETTES[2], âgé d'environ 83 ans, muni des Sacrements de l'Eglise.

13 décembre 1790. — A été inhumé dans l'église de l'hôpital des Incurables haut et puissant seigneur, messire *Nicolas-François-Julie*, comte DE LA TOUR D'AUVERGNE, chevalier, lieutenant général des armées de France, lieutenant

---

[1] Voir Félix PERPÉCHON, *Nécrologes...* Avant-Propos par François MUGNIER, pages 5 et suiv.

L'usage était du moyen-âge à la Révolution de se faire ensevelir dans les églises des couvents. A Chambéry, la principale église paroissiale, Saint-Léger, s'élevait au milieu de la partie supérieure de la place actuelle de ce nom, sur un sol extrêmement humide ; aussi les sépultures des gens de qualité avaient-elles lieu de préférence dans les églises dépendant des ordres religieux. Vers 1780, à côté de l'ancien Hôtel-Dieu et de l'hôpital général de charité, avait été fondé l'hôpital des Incurables. Etabli tout d'abord au faubourg du Reclus, dans le couvent des Dames Annonciades, cet asile acheta le 15 avril 1777 le couvent de Sainte-Marie Egyptienne. A partir du 21 janvier 1779 jusqu'au 22 juin 1793, le registre des décès, jusqu'alors tenu par les Franciscains, le fut par l'aumônier de l'hôpital. Le nécrologe des Incurables est donc la continuation de celui de Sainte-Marie-Egyptienne. C'est dans cette église qu'avaient été inhumés le père et la mère de Joseph de Maistre (Fr. DESCOSTES, *Joseph de Maistre avant la Révolution*, tome 1er, pages 140 et suiv., tome II, page 200), des évêques, des abbés commendataires, Catherine Milliet de Challes, veuve du comte de Charité et de James de Hollogarde, dont Rousseau a célébré la beauté ; Jeanne de la Robattière, femme du procureur Renaud, syndic de Chambéry, qui tracassa si fort Mme de Warens aux Charmettes (Fr. MUGNIER, *loc. cit.*, page 11).

L'église et le couvent des Frères-Mineurs Observantins de Sainte-Marie-Egyptienne étaient situés hors des murs de l'ancien Chambéry, sur l'emplacement de la caserne de cavalerie actuel (quartier Saint-Ruth).

[2] Le vieil ami de Jean-Jacques Rousseau.

des provinces d'Anjou, Saumur et Saumurois, seigneur de Veinars, Créqui et autres lieux, mort hier, muni des Sacrements de l'Eglise, âgé d'environ 70 ans [1].

26 octobre 1791. — A été inhumé aux Incurables, *Paul-Auguste*, fils de défunt messire *François-Alphonse* D'ARNAUD DE VITROLLES, pourvu d'une charge de conseiller au Parlement d'Aix, mort hier, âgé d'environ 54 ans [2], muni des Sacrements de l'Eglise.

11 novembre 1791. — A été inhumée dans l'église de l'hôpital des Incurables dame *Joséphine-Marie-Jacqueline* DE FARDEL, épouse du seigneur *Pierre-Anthelme* PASSERAT DE LA CHAPELLE, morte hier, âgée de 33 ans, munie des Sacrements de l'Eglise.

30 janvier 1792. — A été inhumé aux Incurables le seigneur *Maurice* NOVEL D'ENTREMONT, comte DE BELLEGARDE RUTOSKY, lieutenant général et inspecteur général de la cavalerie de S. A. Electorale Mgr l'Electeur de Saxe, mort subitement le 28, âgé d'environ 48 ans. Ainsy est. Tripier, chanoine-curé.

13 février 1792. — A été inhumé dans cette église, dans le tombeau du seigneur marquis DE CLERMONT DE MONT-SAINT-JEAN, le seigneur *Louis-Henri*, marquis DE MONTAISAN, fils de très haut et très puissant seigneur *Claude*,

---

[1] Voir Félix PAMPAMON, *Nécrologes*..., p. 42 : « 12 décembre. Nicolas-François-Jule, comte de la Tour d'Auvergne, lieutenant général des armées du roi de France, né à Paris, rue Tournon, âgé de 70 ans. »

[2] Rod. « 25 octobre 1791 : Paul-Auguste d'Arnaud de Vitrolle, conseiller au Parlement d'Aix, fils de Jules-François-Alphonse d'Arnaud de Vitrolle, conseiller au même Parlement, âgé de 54 ans. »

marquis DE CLERMONT DE MONTAISAN, mort hier sur la paroisse de Lémenc, âgé d'environ 22 ans, muni des Sacrements de l'Eglise. Ainsy est. Tripier, curé.

21 mai 1792. — A été inhumé aux Incurables, dans le tombeau du seigneur marquis D'ARVILLARD, haut et puissant seigneur *Charles-Jean-Bretagne-Godefroy* DE LA TRÉMOILLE[1], duc et pair de France, maréchal des camps et armées du Roi, chevalier de l'Ordre royal et militaire de St Louis, âgé d'environ 50 ans[2]. Ainsy est. Tripier, curé.

§ II. — Obituaires de Chambéry.

D'après les *Nécrologes de Chambéry*, de Félix PERPÉCHON.

Couvent de Sainte-Marie Egyptienne.

1790, 19 novembre. — *Marie-Henry* DUBOIS DE MYRET, de Strasbourg, curé du diocèse de Soissons, fils de noble *Louis* DUBOIS DESNOYER, chevalier de St Louis.

---

[1] *La Trémoille* ou *La Trémouille*, ancienne et illustre famille française, qui a tiré son nom d'une baronnie ou sirerie située sur les frontières de la Marche, aux environs de Montmerillon. Elle descend des premiers comtes héréditaires du Poitou et a pour auteur Pierre, sire de la Trémoille, qui vivait en 1040 et qui était petit-fils de Guillaume III, comte du Poitou. Cette famille a produit un grand nombre d'hommes de guerre et d'hommes d'église.

[2] Conf. Félix PERPÉCHON, *Nécrologes...*, p. 49 : « 19 mai 1792. Jean-Bretagne-Charles-Godefroy de La Trémouille, duc et pair de France, maréchal de camp, chevalier de S. Louis... La pierre tombale du duc de La Trémouille est dans le parc de la maison dite de *La Calamine*, actuellement (1902) propriété de M. Jarre, conseiller municipal de Chambéry, et ci-devant de M. Martin-Franklin, ancien président de la section du Club-Alpin français et du Conseil d'Administration du Grand-Cercle d'Aix-les-Bains. L'inscription de la pierre tombale a été reproduite aux *Mémoires de la Société savoisienne d'histoire et d'archéologie*, t. XXIX, p. LXXXVIII.

1791, 22 février. — *Pauline*, fille du comte *Gaspard* MILLO (DI CASALGIATO), sénateur, et de demoiselle *Georges* RAMBERT.

— 5 mars. — *Pierre-Louis* THIOLLIER, président au Sénat et chef de la réforme des études en Savoie, âgé de 75 ans.

— 22 mars. — *Henri*, fils de *Louis* DE LIVRON, major de place.

— 10 novembre. — *Josette-Jacquette* FARDEL, de Dijon, veuve de M. *Pierre-Anthelme* PASSERAT, du Bugey, conseiller au Parlement de Dijon.

1792, 19 mai. — *Aurore*, fille de *Pierre-Hyacinthe* DE BUTTET DE TRESSERVE, âgée de 15 ans.

— 19 mai. — *Jean-François* DE SEGNEURET, marquis DE CESSERAS, diocèse de Saint-Fons (Hérault), âgé de 69 ans.

— 20 juin. — Messire *Jacques-Joachim* D'ALLINGE, marquis DE COUDRÉE, D'AIX et DE LULLIN, vicomte DE TARENTAISE, seigneur DE SAINTE-HÉLÈNE DES MILLIÈRES, D'APREMONT, DE MONTFALCON, DE LA ROCHETTE, gentilhomme de chambre de S. M., âgé de 57 ans, fils de feu messire dom *Jacques* D'ALLINGE.

— 5 juillet. — *Jeanne-Françoise* DE BLANCHEVILLE, veuve de *Joseph* SARDE DE CANDIE, âgée de 73 ans

— 15 octobre. — *Joseph* D'HAUTEVILLE, capitaine « accomodé » du régiment de Tarentaise.

— 25 novembre. — *Placide* MOREL, carme, âgé de 92 ans.

— 19 décembre. — *Sébastien* MAURIER, de Bayon (Meurthe), chirurgien aide-major dans l'armée des Alpes.

1793, 9 janvier. — La citoyenne F., fille de Pacoret de Saint-Bon.

— 2 février. — *Jacques* Salteur, ancien premier président au Sénat, âgé de 94 ans[1].

— 25 avril. — *Bonaventure-Françoise* de Rochette, femme de *Louis-François* de Ville, âgée de 85 ans.

— 29 avril. — *Geneviève* de Piochet, femme de *Joseph* de Piochet, de Salins, âgée de 84 ans[2].

§ III. — **Archives municipales de Chambéry.**

Le document que nous allons reproduire[3] servira à reconstituer la société aristocratique autochtone qui habitait Chambéry avant le 22 septembre 1792, date de l'entrée du général Montesquiou dans la capitale de la Savoie. Sur ce tableau, dressé au cours des premiers mois de 1793, on s'est abstenu de faire figurer les émigrés français, soit ceux qui n'étaient pas de nationalité sarde, et qui ne s'étaient trouvés en Savoie qu'à l'état de passants, on dirait aujourd'hui de touristes ou de baigneurs. On remarquera, en effet, que la plupart des noms portés sur ce tableau sont d'origine savoyarde (nous respectons scrupuleusement l'orthographe de cette pièce, bien qu'elle soit souvent défectueuse) :

[1] Pour la biographie de ce grand magistrat, voir Fr. Descostes, *Joseph de Maistre avant la Révolution*, tome Ier, p. 45 à 48, 50 à 60.

[2] La ville de Chambéry a tenu, de tout temps, le record de la longévité. On s'y fait vieux, très vieux. Je ne dirai pas que les nonagénaires et les octogénaires y pullulent ; mais ils sont certainement beaucoup plus nombreux qu'ailleurs. En ce moment (1902), le doyen de Chambéry est l'honorable M. Perrucon, qui est entré gaillardement dans sa 98me année, étant né le 2 mars 1805.

[3] Archives de M. André Perrin.

LISTE des ci-devant nobles qui ont habité Chambéry. Ceux qui en sont partis depuis le 1ᵉʳ août 1792 y sont qualifiés d'émigrés.

ALINGE, dit DE COUDRÉE.
AVRIL, née GARNIER, et son mari.
ALEXANDRY père, fils et trois filles.
AUBRIOT dit LAPALME, prêtre.
AUBRIOT, sénateur.
AUBRIOT, officier, émigré.
ALBERT dit CHAMOUX, dans *Maurienne*, émigré.
ALBERT cadet dans *Savoie*.

BEAUMONT dit D'ANGEVILLE mère.
BEAUMONT fils aîné et sa femme.
BEAUMONT cadet.
BALAND mère et sa fille.
BALAN D'ANAS mère, fils, deux filles, émigrés.
BERTRAND DE LA PÉROUSE et sa femme.
BERTRAND fils et sa femme.
BERTRAND fils cadet, officier, émigré.
BAVOZ, ci-devant président.
BLORD dit SEINODET et sa femme.
BASIN dit DU CHANAY, et sa femme.
BASIN, deux fils officiers, émigrés.
BASIN, gouverneur des pages à Turin.
BASIN, ci-devant chanoine, émigré.
BLANCHEVILLE mère dite DE LESCHERAINE.
BLANCHEVILLE, deux filles et un fils.
BIENVENU mari, officier, émigré.
BIENVENU femme.
BIENVENU cadet, officier.
BUTTET dit DUBOURGET aîné, officier.
BUTTET cadet, officier, dit DE TRESSERVE ; il n'habitait pas Chambéry.

Buttet, ci-devant chanoine.
Bracorand dit Savoiroux, sa femme.
Bracorand fils, homme de loi.
Bracorand 2°, officier, émigré.
Bracorand cadet, officier.
Bracorand, deux filles mariées, l'une à Copilly, l'autre à Dauland l'aîné.
Buttet dit de Tresserve, sa femme, son fils et ses filles.
Brun dit Bernex, sa femme et ses enfants jeunes.
Brun cadet, officier.
Botton, ci-devant intendant.
Berthier mère, dite de Grimpigny, et sa fille.
Berthier fils, officier, émigré.
Berthier cadet, officier, émigré.
Berthier, prêtre.
Berthier, ci-devant sénateur à Nice.
Bertrand mère, dite de Chamousset.
Bertrand fils aîné, officier.
Bertrand cadet, dit Gilly, officier, émigré, sa femme est à Chambéry.
Bonjean, ci-devant sénateur.
Bourgeois, deux frères, ci devant hommes de loi.

Capré, dit de Mégève, père.
Capré, quatre fils, officiers, émigrés.
Capré, cinq filles.
Carpinet dit de la Chaux, la sœur.
Castagnière mère, dite de Chateauneuf, émigrée.
Castagnière fils aîné, sa femme et enfants.
Castagnière cadet, officier.
Castagnière, deux filles, dont une mariée à Aubriot de la Palme, ex-sénateur.
Carelly, sa femme et ses enfants, dit de Bassy.
Carelly, officier dans Chablais.
Carety frère, de-là les mers.

Charrot dit de la Chavanne, mère et deux filles.
Charrot, trois fils, émigrés.
Chevillard mère, née Laurent.
Chevilliard fils, officier.
Chevron. trois frères officiers, émigrés les deux aînés seulement.
Chollet dit Dubourget, l'aîné et sa femme.
Chollet Lallemand et sa femme.
Cholet Allemand, deux fils en Suisse.
Cholet le veuf.
Cholet, officier, émigré.
Cholet, prêtre.
Clermont dit Mont-Saint-Jean, émigré, sa femme.
Clermont, deux fils à Turin.
Commenene.
Carron dit Gressy, mère.
Chabon, émigré français.
Carron dit Gressy, officier, émigré. On ne croit pas qu'il eût son habitation à Chambéry.
Costaz père et sa femme.
Costaz fils aîné, officier, émigré.
Costaz femme et enfants. Les mariés Costaz fils n'habitaient pas à Chambéry.
Costaz fils cadet officier, émigré.
Costaz petit-fils, officier, émigré.
Costaz, deux filles.

Dethiola, homme de loi.
D'Allemagne, mari et femme.
D'Allemagne, officier, émigré.
De Livron, femme et enfants.
Desgallis, aîné.
Desgallis, officier, émigré, n'avait pas son domicile à Chambéry.
De Livron, officier, prisonnier.

De Ville dit de Travernay, sa femme.

De Ville dit, trois filles.

De Ville dit, trois fils, dont deux étaient absents avant le 1er août derniers.

De Ville, fille, tante.

De Ville, ex-religieuse.

De Ville Lacroix, officier accommodé.

De Ville, ex-garde du corps, femme.

De Ville, ex-sénateur, et femme.

Dichat, ex-sénateur.

Dichat, deux frères, officiers, émigrés. Celui d'Aoste est émigré; l'autre était capitaine avant le 1er août.

Dichat, prêtre.

Didier, ex-sénateur, un fils prêtre et un homme de loi.

Didier, deux fils, officiers, émigrés. Celui d'Aoste, émigré; l'autre était absent avant le 1er août.

Duclos dit Desery et sa femme.

Duclos l'oncle,

Duclos dit de la Place, sa femme; il a un fils qui doit être émigré.

Dalmas, officier accommodé.

Dufour dit de Vallerieux, sa femme et sa fille.

Dutour, ci-devant commandant.

Dutour, officier dans Savoie.

Excoffon née Falquet, dite Marcellaz et sa fille.

Excoffon, dit Marcellaz.

Favier, officier, émigré.

Favier, sa femme.

Favier dit Dunoyen, mari et femme.

Favier fils, officier, émigré.

Favier dit Dunoyen, officier en Allemagne.

Flumet, officier, émigré.

Foncet, ex-sénateur, sa femme, 3 fils, 2 filles.

Favre dit de St-Etienne, sa femme et sa fille.
Favrat dit Bellevaux, sa femme et enfants.
François, aux Incurables.

Garot dit de Cire et femme.
Gavaut, prêtre.
Garbillion, 2 filles.
Gerbaix, ex-sénateur, sa femme, 3 filles et 3 fils, dont un émigré.
Gerbaix dit de Sonnaz, sa femme émigrée; elle a servi des certificats de maladie.
Gerbaix, garde du corps.
Gerbaix d'Halvar, colonel; il a des biens ici, mais il n'y habitait pas.
Garnier *Baptiste*, sa femme et enfants.
Garnier, ex-dominicain.
Garnier, secrétaire d'Etat ci-devant.
Garnier, officier accommodé.
Garnier, ci-devant intendant, sa femme, 3 filles et un fils en Piémont.
Grenaud, officier accommodé.
Guigue dit Revel, père et fils, officiers.
Guigue mère et filles.
Grammont dit de Cadereine; il conteste son émigration.

L'Hôpital dit de L'Hôpital.
Langoscoz, ex-sénateur, sa femme et son fils.
Limoges, officier, émigré.
Lagrange dit Duvaché, père et sa femme.
Lagrange, 3 fils, un dans les campements, émigré, et les deux autres dans la Suisse et dans Piémont.
Laurent dit *le Commandeur*.
Laurent dit Montagné et fils.
Laurent fils, sénateur à Turin.
Lambert de Boyrier, émigré.

LAMBERT cadet, officier accommodé.
LAURENT mère dite Ste-AGNÈS.
LAURENT, dans *Savoie* infanterie.
LAURENT, ci-devant cordelier.

JACQUIER, ex-sénateur, sa femme et un fils.
JUGE, ex-sénateur, sa femme et enfants.

MONTFALCON veuve, née FAVIEN.
MARESTE veuve, née ALINGES.
MARESTE fils, officier, dit CENTAGNIEUX.
MAISTRE, ex-sénateur, sa femme et deux sœurs.
MAISTRE, quatre frères, celui de *la marine* et le doyen, émigrés.
MONTHOUD, officier; on le dit émigré et demeure souvent près de Carouge.
MARTINEL, veuve, sa fille.
MARTINEL, trois frères, émigrés.
MONGELLARD, au service de l'Empire.
MAURE femme MONTGELARD.
MILLOZ, ex-sénateur, sa femme et enfants.
MANUEL père, femme et 4 filles.
MANUEL fils, émigré.
MARTINEL dit *le Fou*.
MOUXY dit DE LOCHE, prêtre.
MOUXY dit DE LOCHE, deux frères, émigrés.
MENTHON dit DE ROSY, émigré.
MILLIET dit St-ALBAN.
MILLIET dit *le Commandeur*.
MARCHAND, fille.
MANIN, homme de loi.
MORAND, mère et fille.
MORAND née COSTAZ, et enfants.
MORAND, deux frères, officiers, émigrés.
MORAND dit DE St-SULPICE, six frères, celui du régiment aux gardes émigré.

Métral dit de Chignin et sa mère.
Milliet dite de Faverges, et sa fille, émigrées.
Milliet, deux fils, dont un émigré.
Milliet dite d'Arvillards, mère.
Milliet, deux filles.
Milliet fils aîné, sa femme et ses enfants.
Milliet cadet, officier.
Milliet, prêtre.
Milliet dit *le Chevalier*, l'oncle.

Noyet dit St-Romain, officier, émigré.
Noyet, sa femme et sœur.

Oncieux dit La Batie, père, mère et fille.
Oncieux, fils et femme, émigrés.
Oncieux, page.
Oncieux dit Chaffardon, mère, 2 filles, émigrés.
Oncieux dit Chaffardon fils.

Pingon.
Pradel dit de Cezarche.
Pradel, capitaine des gardes.
Peron, père et fils.
Pacoret dit St-Bon, mère, fille, un fils, homme de loi.
Pacoret, deux frères, émigrés.
Pacoret née La Fléchère, femme de l'aîné.
Perrin Dumarest mère.
Perrin *Louis*, fils aîné, suspecté d'émigration.
Perrin *Frédéric* cadet, officier, émigré.
Perrin dit d'Athenas, émigré, sa femme et enfants, à Chambéry.
Perrin, prêtre.
Perrin, homme de loi, malade.
Perrin, deux filles.
Perrin père, capitaine de justice, sa femme.

Perrin, quatre frères, dont *Gaspard*, déserteur, et quant au dernier, le père a voulu prouver qu'il était parti avant le 1er août.

Pititi, prêtre.
Picolet, mari, sa femme, 3 filles et 2 fils.
Piochet, ex-jésuite.
Piochet, prêtre, émigré.
Piochet *le Bossu*.
Piochet père dit Salins.
Piochet fils aîné.
Piochet fils cadet, émigré.
Portier dit Dubellair, officier, émigré.
Portier, prêtre, émigré.
Perrin, major accommodé.
Passerat dit Severin, émigré.
Passerat, sa femme et enfants, soupçonnés d'émigration.
Piolens et femme, émigrés.
Michal dite veuve La Chambre.
Michal, quatre frères, l'aîné émigré.
Nicole dit La Place, prêtre.

Reggio, ci-devant avocat général.
Rey dit de Rive.
Rey dit de Parve, et femme.
Rambert, trois frères.
Rambert dit Chindrieux, émigré, dans la cavalerie.
Regard dite de Vars la mère.
Regard fils aîné, femme et enfants.
Regard cadet, officier.
Regard dit de Vars, prêtre, émigré.
Regard dit de Villeneuve.
Regard fils, dans *Maurienne*, émigré.
Regard cadet, dans Chablais.
Reynaud dit de Bissy, sa femme et enfants.
Reynaud prêtre.

Reynaud, major.
Reynaud dit l'*Allemand*.
Reynaud, au service de Saxe.
Reynaud, au service sarde.
Rose, sénateur, émigré ; c'est une question ainsi que pour ses collègues.
Rose, ex-sénateur.
Rose, ex-intendant.
Rose, officier.
Rosset de Tours.

Saint-André, officier, émigré.
Saint-André, sa femme, ses enfants.
Sardes dit de Candie, officier.
Saillier dit de Condon et femme, émigrés.
Saillier dit Chevron et femme ; ledit Saillier, émigré.
Saillier, 2 fils, officiers, émigré.
Sion mère veuve.
Sion fils, officier.
Saillier, prêtre, émigré.
Saillier dit de la Tour, l'Allemand.
Salteur, ex-sénateur.
Salteur, officier.
Salteur mère, de la Serraz.
Salteur, son fils, femme, enfants.
Sautier, ex-sénateur, et deux fils, une fille.
Sardes dit Candie, moine, émigré.

Trepier dit Latour, officier.
Thiollier frères, fils du président.
Truchet et son fils.

Vauax, ci-devant commandant à Carouge.
Vetien dite Conseille, mère.
Vetien fils aîné et femme, celle-ci émigrée.

Vetier cadet, officier.
Villaz *la Piémontaise.*
Vibert dit la Pierre et femme.
Vibert cadet, officier, émigré.
Vibert, prêtre, déporté.
Vectier, au service de l'Empereur.
Vectier tante.
Vinol mère et fils.
Vignet, ex-sénateur, sa femme et ses enfants.
Veuillet dit l'Yenne femme.
Veuillet, quatre frères; l'aîné dit Chevelu 2°, celui aux gardes, émigrés.

Il y a encore d'autres émigrés français dont on a donné la note.
Sauf erreur ou omission, ce 8 mai 1793, an second de la République.

Genin, *officier municipal.*

§ IV. — Archives départementales de la Haute-Savoie.

ÉTAT des familles françaises réfugiées à Annecy après les troubles de France, de 1790 au mois de septembre 1792[1].

1. André-Victor, marquis de Bixemont (*sic*)[2], maréchal de camp et chevalier de St Louis, âgé de 64 ans, originaire de Champrofil.(Isle-de-France).

2. Isidore de Launoys, son épouse, âgée de 60 ans, et trois domestiques.

---

[1] Aimé Bouchet, *Le Palais de l'Isle à Annecy,* pages 282, 283.
[2] De Bixemont?

3. Jacques-François DE CHEVALIER, comte DE SINARD, conseiller au Parlement de Grenoble, âgé de 45 ans.

4. Victoire-Charlotte-Marguerite-Suzanne DE PLAN DE SIEYÈS, son épouse, âgée de 42 ans.

5. Dame Marguerite-Ester-Emilie DE VEYNES, veuve de Messire J.-B. DE PLAN, baronne de SIEYÈS, âgée d'environ 68 ans, belle-mère et trois domestiques.

6. Jean-Jacques-François-Joseph DELESMERIE, marquis DE CHOISY, âgé d'environ 50 ans.

7. Charlotte-Elisabeth-Isidore DE BIJEMONT, son épouse, âgée de 35 ans ; Agathe, Jeanne et Luce-Joséphine, leurs filles, et quatre domestiques.

8. Philippe-Melchior-Emmanuel RENAUD, marquis D'ALEX, originaire d'Aix-en-Provence, âgé de 40 ans.

9. Elisabeth-Amable DE JOANNIS, son épouse, âgée de 30 ans, plus trois petits enfants et deux domestiques.

10. Henry DE VENTO, chevalier de l'Ordre de Malte, originaire de Marseille, âgé de 68 ans.

11. Joseph-André DE BARRIGUE DE MONTVALLON, chevalier de St Louis, originaire d'Aix-en-Provence, âgé de 32 ans.

12. Louise-Pauline DE VENTO, son épouse, âgée de 25 ans ; Louis-Joseph et François-Simonin, leurs enfants, et trois domestiques.

13. M. SÉGUIER, avocat général du Parlement de Paris, avec sa femme et un domestique.

14. Mgr CH.-FR., Archevêque de Vienne ; son grand-vicaire et deux domestiques.

15. L'abbé DE FÉNELON, aumônier du roi (Louis XVI), avec un domestique mulâtre.
16. DE BARDONNENCHE, chanoine du Chapitre noble de St-Pierre de Mâcon.
17. Le comte DE BARDONNENCHE, colonel au service du roi de France, avec son père et sa mère.

II

Les Emigrés, suspects et proscrits de Savoie.

Après avoir reçu chez eux les émigrés de France, les membres de la noblesse de Savoie, les prêtres, les religieux et tous « les bien intentionnés » (c'est ainsi qu'on nommait les conservateurs de l'époque [1]) furent à leur tour proscrits.

L'exode commença aussitôt après l'entrée des troupes françaises en Savoie. Joseph de Maistre en donna le signal. Les officiers en activité de service l'avaient précédé en suivant le drapeau de leurs régiments qui, sur l'ordre de Lazary, battaient en retraite sans brûler une cartouche. Nous avons raconté ailleurs les circonstances dramatiques de la mémorable journée du 22 septembre 1792, où une population, abandonnée par qui devait la défendre, se jeta avec enthousiasme dans les bras de Montesquiou. Mais le nouvel ordre de choses que celui-ci apportait sous les plis du drapeau tricolore était loin de convenir à la Savoie tout entière. Les nobles, les membres du clergé, les religieux, les bourgeois bien pensants se sentaient menacés. Ils émigrèrent en toute hâte [2].

La plupart se rendirent à Aoste par le Petit-Saint-Bernard. En exécution des lois des 8 avril 1792 et 28 mars

---

[1] Voir *Correspondance de Joseph de Maistre et de Mallet du Pan.*
[2] Fr. Descostes. — *Joseph de Maistre avant la Révolution*, Souvenirs de la société d'autrefois, t. II, p. 386 et suiv.

1793, qui bannissaient à perpétuité les émigrés du territoire de la République et punissaient de mort ceux qui rentreraient, le Directoire du département du Mont-Blanc fit dresser une première liste suivant procès-verbal du 27 fructidor an II. Celle-ci fut successivement complétée par trois listes supplémentaires, l'une du 19 nivôse an VI, l'autre du 11 pluviôse de la même année, la troisième du 17 thermidor an VII [1].

Ces trois listes additionnées donnent un total de 1799 Proscrits, dont *2 évêques, 912 membres du clergé séculier* (vicaires généraux, chanoines, curés, plébains, vicaires, professeurs, bénéficiers, etc.), *97 religieux* (augustins, lazaristes, cordeliers, carmes, capucins, barnabites), *191 nobles, 170 officiers, 67 magistrats et hommes de loi* (sénateurs, juges, notaires, procureurs, greffiers, praticiens), *362 bourgeois, commerçants* ou *laboureurs*

Parmi les proscrits figurent Mgr Compans de Brinchanteau, évêque de Maurienne ; Mgr Paget, évêque de Genève ; Joseph de Maistre, sa femme, née de Morand, ses frères André, le doyen, et Xavier dit *La Marine* ; son beau-frère et sa sœur, M. et Mme de Constantin ; ses sœurs Anne et Jenny ; son ami intime, le comte Henry Costa de Beauregard.

Nous y relevons encore au hasard les noms suivants dont la plupart sont encore honorablement portés en Savoie et que nous reproduisons sans aucun souci de préséance :

Le comte et la comtesse de Duingt ; leurs fils et belle-fille, le marquis et la marquise de Sales ; l'abbé Bard, l'ami du marquis de Sales ; Maurice Clavel et Veluz, ses agents dévoués ; le chanoine Bigex, le futur évêque ; le baron de

---

[1] E.-L. Borrel, *Histoire de la Révolution en Tarentaise...*, p. 150 et suiv.

Blonay et sa femme, née de Meximieux ; les de Chessel ; les de Sirace ; le général de Bisemont, propriétaire du château de Saint-Marcel ; le marquis Jacques de Clermont de Mont-Saint-Jean ; le comte d'Aviernoz ; Mme de Loche, née de Boringe ; le chanoine Denarié, de Samoëns, le lieutenant Denarié, officier dans Genevois ; M. Joseph Descostes (Decostes, sur la liste), de Rumilly [1] ; M. Deschamps, juge au tribunal de Saint-Jean de Maurienne ; le comte Bernard Balthazard de Rozier de Menthon ; le marquis d'Orliés de Saint-Innocent ; M. René Goblet, directeur des minières de Servoz, l'ancêtre du ministre de la troisième République ; le comte de Regard de Villeneuve ;

Le marquis de La Grange de Chaumont du Vuache ; M. de Livet de Moisy ; le marquis de Faverges ; MM. Portier du Belair ; la comtesse Charroct de la Chavanne, née Demotz ; sa fille Thérèse, la correspondante de Joseph de Maistre ; le général et le doyen de Lazari ; le chanoine de Thiollaz, le futur évêque ; le sénateur Deville ; MM. Gabet et Laracine, de Chambéry ; M. et Mme Courtois d'Arcollières ; le comte d'Antioche ;

Le marquis de Piollens ; le chanoine de Regard de Vars ; R^d Revuz, le cordelier de Cluses ; le marquis Vibert de la Pierre ; le colonel de Sonnaz, du régiment de Savoie ; le baron de Grenaud ; le lieutenant Carron ; le baron Perrier d'Athenas, officier dans la Légion des campements ; Mlles Fanny et Méraldine d'Oncieux ; l'intendant Olive ;

M. Rambaud, notaire à Saint-Jean de Maurienne ; le

---

[1] Un autre, Joseph-Mario, y figure également. C'est celui qui collabora à la mission diplomatique du marquis de Sales et dont il est fait mention dans une lettre de celui-ci au duc de Montferrat, du 6 juin 1793. — *Joseph de Maistre pendant la Révolution,* page 368.

plébain Revilliod, de Chamonix ; le curé Empereur, de Moûtiers ; le lieutenant Roze, le frère du collègue et historiographe de Joseph de Maistre ; le comte de Boringe de Genève ; le colonel Passerat de Saint-Séverin, du régiment de Maurienne ; les deux frères de Saint-Bon, officiers au même régiment, etc., etc.

La vieille Savoie d'il y a cent ans défile sur ces listes. Rien ne vaut la brutalité d'un document, exhumé de la poussière des archives ancestrales ; aussi laissons-nous la parole à ce tableau de proscription alphabétique, qui mérite d'être conservé :

§ 1. — Liste générale des Émi...

DÉSIGNATION DES ÉMIGRÉS NOMS, PRÉNOMS, SURNOMS	PROFESSIONS	DERNIER DOMICILE CONNU Municipalités
Abondance Claude-Humbert.	Ex chanoine.	Moûtiers.
Actué.	Curé.	Les Déserts.
Actué.	Curé.	Arbin.
Aimonier Jean-Baptiste.	Curé.	Boussy.
Albrieu Urbin.	Praticien.	S. J. de Maur.
Albrieu Louis.	March. de fer.	idem.
Allantaz Joseph-Marie.	Chanoine.	Sallanches.
Allemoz Jacques.	Vicaire.	Fessons sous Briançon.
Alex Louis.	Chanoine, curé.	La Chambre.
Allioud Jean Baptiste.	Curé.	Aussoix.
Allioud.	Augustin.	Chambéry.
Amblet Claude-Marie.	Procur. et Not.	Annecy.
Amblet Claude.	Dominicain.	idem.
Amblet.	Chanoine, curé.	Evires.
Amblet Victoire (sœur du susdit).		idem.
Amphoux Jean-Marc.	Curé.	Le Viviers.
Amoudruz Claude-François.	Architecte.	Saint-Gervais.
André Pierre.	Chapelier.	Thônes.
André Joseph.	idem.	idem.
André Joseph-Marie.	Professeur.	Rumilly.
André François-Joseph.	Cap. de la garde nat.	Choulex.
André Jacques.	Abbé.	Thônes.
André François.	Vicaire.	Reignier.
Angeloz Jean.	idem.	Ugines.
Anglais Jean-Joseph.	idem.	Montalmont.
Anselme Jean-Marcel.	Médecin.	S. J. de Maur.
Anthoine François-Joseph.	Chanoine.	Annecy.
Antonioz Antoine-Marie.	Secrétaire-gref.	Les Gets.
Armand Joseph-Marie (fils).	Homme de loi.	Rumilly.

Département du Mont-Blanc.

— 41 —

DERNIER DOMICILE CONNU		Municipalités dans lesquelles ils possèdent des Biens.		OBSERVATIONS
Districts	Municipalités	Districts		
Moûtiers.				Émigré en octobre 1793 (ses père et mère ont de la fortune).
Chambéry.				Déporté (art. IV de la Loi du 22 Ventôse.)
idem.	Arbin, Chambéry.	Chambéry.		idem.
Annecy.				Réfractaire reclus.
S. J. de Maur.				
idem.	S. J. de Maur.	S. J. de Maur.		
	S. M. la Porte.			
Cluses.				Émigré.
Moûtiers.				Déporté (art. IV de la Loi du 22 Ventôse).
S. J. de Maur.	S Jean d'Arve.	S. J. de Maur.		idem.
idem.				idem.
Chambéry.				Émigré.
Annecy.	Annecy, Ollières, Veyrier.	Annecy.		
idem.				Déporté (art. IV de la Loi du 22 Ventôse).
idem.				idem.
idem.				Un legs de 1000 l.
Chambéry.	Le Viviers.	Chambéry.		Émigré.
Cluses.		Cluses.		
Annecy.	Thônes.	Annecy.		Leurs biens sont indivis avec leur sœur.
idem.	idem.	idem.		
idem.				Déporté (art. IV de la Loi du 22 Ventôse).
Carouge.	Choulex et Meinier.	Carouge.		
Annecy.				idem.
idem.				idem.
idem.				idem.
S. J. de Maur.				idem.
idem.	S. J. de Maur.	S. J. de Maur.		
Annecy.				idem.
Cluses.	Les Gets.	Cluses.		
Annecy.				

DÉSIGNATION DES ÉMIGRÉS NOMS, PRÉNOMS, SURNOMS	PROFESSIONS	DERNIER DOMICILE CONNU Municipalités
ARMENJON.	Curé.	Gevrier.
ARNAUD Louis (fils de J.-B.).	Etudiant.	S. J. de Maur.
ARNAUD Marguerite (femme de Louis Flandinet).		Termignon.
ARNAUD.	Curé.	Bourget en l'Huile.
ARNAUD Casimir.	Lazariste.	Annecy.
ARRAGUIN Jean-François (fils).	Déserteur des Allobroges.	Menthon.
ASTRUZ.	Curé.	Balmont.
AUCEY Vincent.	Curé.	La Forclaz.
AUDÉ Michel	Vicaire.	Duing d'Héré.
AUDIFRAY Pierre-Jacques.	Lazariste.	Annecy.
AUGRÉ Guillaume	Frère Lazariste.	idem.
AVET Jacques.	Curé.	Essert.
AVET Jean-Joseph-André.	Notaire et Secrétaire-Greffier.	Thônes.
AVET Pierre.	Professeur.	idem.
AVET Pierre, dit Champet.		idem.
AVET Claude.	Homme de loi.	Talloires.
AVRILLON Jean-Maurice.	Vicaire.	Manigod.
BAIN François-Gaspard.	Curé.	Étramblères.
BAJAT.	Curé.	S. P. d'Arvey.
BAL.	Curé.	La Gurraz.
BAL Pierre-Joseph.	Vicaire.	Moûtiers.
BAL.	Ex-Curé de Bonneval.	idem.
BAL Jean-Marie	Homme de loi, ex-procur. syndic.	idem.
BALAN Joachim, d'Arnas (sa femme et ses enfants).	Noble.	Chambéry.
BALLALOUD Victor.	Prêtre.	Morillon.
BALLY Jean.	Vicaire.	S. Ferréol.

— 43 —

DERNIER DOMICILE CONNU	Municipalités dans lesquelles ils possèdent des Biens.		OBSERVATIONS
Districts	Municipalités	Districts	
Annecy.			Déporté (art. IV de la Loi du 22 Ventôse).
S. J. de Maur.			
idem.			
Chambéry.			idem.
Annecy.			idem.
Annecy.			
idem.			idem.
Thonon.			
Annecy.			idem.
idem.			idem.
idem.			idem.
Carouge.	Essert.	Carouge.	idem.
Annecy.			Son fils lui doit une pension.
idem.			Déporté (art. IV de la Loi du 22 Ventôse).
idem.			
idem.	Talloires.	Annecy.	
idem.			idem.
Carouge.			idem.
Chambéry.			idem.
Moûtiers.	Villard-Roger.	Moûtiers.	idem.
idem.	Moûtiers, Belleville.	idem.	
idem.			Emigré.
idem.	Moûtiers, la Saulce.	idem.	
Chambéry.	Chambéry, Méry et Clarafond.	Chambéry.	
Cluses.			idem.
Annecy.			Déporté (art. IV de la Loi du 22 Ventôse).

DÉSIGNATION DES ÉMIGRÉS NOMS, PRÉNOMS, SURNOMS	PROFESSIONS	DERNIER DOMICILE CONNU Municipalités
BALMAIN Joseph (feu Jean)	Etudiant.	Epierres.
BAPTENDIER Claude	Vicaire.	Hauteluce.
BARBIER Marie (veuve de J.-B. Ratel).		Modane.
BARD Noël.	Prêtre.	Annecy.
BARDEL Marin-Joseph.	Chanoine.	idem.
BARGOEN Joseph	Soldat de Justice.	Thonon.
BARRAT.	Curé.	Montendry.
BARRIER Antoine.	Chappellain.	Tessens.
BARROZ Augustin.	Curé.	Avrieux.
BARRUZ François.	Curé.	Seinod.
BARRUZ Paul.	Curé.	Cuvaz.
BERTHELOT Sébastien (et sa femme née Métral).	Notaire.	S. Michel.
BASTARD François.	Curé.	Burdignin.
BASTARD François-Marie.	Prêtre Chap.	Vieux en Sallaz.
BASTARD Charles.	Vicaire.	Hautecour.
BATTELIER.	Curé.	Planaise.
BAUD François.	Curé.	Moye.
BAUD Etienne.	Curé.	Lancy.
BAUD François.	Mineur conventuel.	Cluses.
BAUD Jean-Pierre.	Chanoine.	Sallanches.
BAUD François.	Vicaire.	Mieussy.
BAUD Jean-Baptiste.	idem.	La rivière en Verse.
BAUD Michel.	idem.	Ognon.
BAUDÉ Charles-Joseph.	Curé.	Chavanod.
BAUDET Georges	idem.	Vulbens.
BAUDET.	idem.	Crimpigny.
BAUDRY Joseph-Marie.	idem.	S. Julien.
BAZIN	Noble et Chan.	Chambéry.
BAYLAZ.	Vicaire.	S. Sigismond.
BEJET.	Curé.	Lathuile.
BELLAT Philibert.	Prêtre.	Chambéry.

DERNIER DOMICILE CONNU	Municipalités dans lesquelles ils possèdent des Biens.		OBSERVATIONS
Districts	Municipalités	Districts	
S. J. de Maur.	S. Sorlin.	S. J. de Maur.	Déporté (art. IV de la Loi du 22 Ventôse).
Moûtiers.			
S. J. de Maur.	Modane.	S. J. de Maur.	
Annecy.			idem.
idem.			Déporté volontairement.
Thonon.			Déporté (art. IV de la Loi du 22 Ventôse).
Chambéry.	Montendry.	Chambéry.	idem.
Moûtiers.			idem.
S. J. de Maur.	Avrieux.	S. J. de Maur.	idem.
Annecy.			idem.
idem.			Reclus.
S. J. de Maur.	S. Michel.	S. J. de Maur.	
Cluses.	Burdignin.	Cluses.	Déporté (art. IV de la Loi du 22 Ventôse).
idem.			idem.
Moûtiers.			idem.
Chambéry.			idem.
Annecy.			idem.
Carouge.			idem.
Cluses.			idem.
idem.			idem.
idem.	Boëge.	Cluses.	idem.
idem.			idem.
idem.			idem.
Annecy.			idem.
Carouge.			idem.
Annecy.			idem.
Carouge.			Émigré.
Chambéry.	Chambéry.	Chambéry.	idem.
idem.			Déporté (art. IV de la Loi du 22 Ventôse).
idem.	Lathuile.	idem.	idem.
idem.			idem.

DÉSIGNATION DES ÉMIGRÉS NOMS, PRÉNOMS, SURNOMS	PROFESSIONS	DERNIER DOMICILE CONNU Municipalités
Bellet Claude	Cordelier.	La Chambre.
Bellon	Garde-magasin.	Pesay.
Bely Claude-François	Barnabite.	Annecy.
Béné Joseph-Marie	Prêtre chapel.	Boëge.
Berard Jacques	Cordelier.	Chambéry.
Berard Joseph	Prêtre.	*idem.*
Berard Alexis	Not. agrimenseur.	S. J. de Maur.
Berard Jean-François	Prêtre.	Aime.
Berger Laurent	Curé.	Lathuile.
Berger Valentin	Cabaretier.	S. J. de Maur.
Berger Antoine (fils de Valentin)	Etudiant.	*idem.*
Berger Jeanne-Marie (sœur dudit)		*idem.*
Berlioz François	Curé.	Altonzier.
Berlioz François	*idem.*	Aviernoz.
Bernard Joseph (fils de Séb.)	*idem.*	Montaimont.
Bernaz Pierre	Notaire.	Thonon.
Bernex Joseph (feu François)	Vicaire.	S. Paul.
Bernex Joseph	*idem.*	Bernex.
Berthet Aimé	*idem.*	Cruseilles.
Berthet Jean-Claude	Marchand.	Thonon.
Berthet	Vicaire.	Talloires.
Berthet Clément-Jean-Baptiste	Plébain.	Mogève.
Berthet Clément-Jean-Baptiste	Chantre.	*idem.*
Berthet Clément-Jean-Michel	Officier Munic.	*idem.*
Berthier Claude	Curé.	Sion.
Berthod Jean-François	Chanoine régul.	Sixt.
Berthod Pierre-François	Chanoine.	Sallanches.
Berthod Jean-Marc	Curé.	Chavone.
Bertrand Jean-Jacques	Vicaire.	S. J. d'Arve.
Bertrand Noël	Notaire.	S. J. de Maur.
Besson Jean	Curé.	Jougler.

DERNIER DOMICILE CONNU	Municipalités dans lesquelles ils possèdent des Biens.		OBSERVATIONS
Districts	Municipalités	Districts	
S. J. de Maur.			Déporté (art. IV de la Loi du 22 Ventôse).
idem.			
Annecy.			idem.
Cluses.			idem.
Chambéry.	Chambéry.	Chambéry.	idem.
idem.	idem.	idem.	idem.
S. J. de Maur.	S. J. de Maur.	S. J. de Maur.	
Moûtiers.	Aime, Tessens.	Moûtiers.	idem.
Annecy.			idem.
S. J. de Maur.	S. J. de Maur.	S. J. de Maur.	
idem.			
idem.			
Annecy.			idem.
			idem.
S. J. de Maur.			idem.
Thonon.	Thonon.	Thonon.	Ses biens sont indivis avec une sœur, et chargés d'une pension viagère en faveur de son frère Joseph.
idem.	S. Paul.	idem.	Déporté (art. IV de la Loi du 22 Ventôse).
Carouge.			idem.
idem.			idem.
Thonon.			
Annecy.			idem.
Cluses.	Megève.	Cluses.	idem.
idem.			idem.
idem.			
Annecy.			idem.
Cluses.			idem.
idem.	Sallanches.	Cluses.	idem.
Carouge.			Déporté volontairement.
S. J. de Maur.			Déporté (art. IV de la Loi du 22 Ventôse).
idem.	S. J. de Maur. S. Julien.	S. J. de Maur.	
Carouge.	Châtelard en Bauges.	Chambéry.	idem.

DÉSIGNATION DES ÉMIGRÉS NOMS, PRÉNOMS, SURNOMS	PROFESSIONS	DERNIER DOMICILE CONNU Municipalités
Besson.	Curé.	Tornay.
Besson (fils)	Vicaire.	Viry.
Besson Jean-François.	Vicaire général.	Annecy.
Bétemps Jean-François	Curé.	S. Nicolas la Chapelle.
Bétemps François.	idem.	Magland.
Bevillard.	Vicaire.	Evires.
Bidal Joseph.	Curé.	Jussy sous Per.
Bidal Antoine.	Capucin.	Thonon.
Bigex Etienne.	Curé.	Doussard.
Bigex François-Marie.	Vicaire général.	Annecy.
Biord Jean-Louis	Ci-devant Offic.	Samoëns.
Biord Prosper.	Homme de Loi.	idem.
Biord Amédée (Frères)	idem.	idem.
Biord Jean-Joseph.	Greffier du Juge de Paix	idem.
Binvignat Jean-Marie	Vicaire.	Serraval.
Bismond André-Victor.	Baron, général de cavalerie en France.	S. Marcel.
Blais (fils).	Noble, Chan.	Moûtiers.
Blanc Charles.	Curé.	S. Maxime de Beaufort.
Blanc Laurent.	Capucin.	Moûtiers.
Blanc Jean-François	Curé.	La Clusaz.
Blanc Joseph	idem.	Orsier.
Blanc Claude-François	idem.	Morsine.
Blanc.	Chirurgien.	Abondance.
Blanc Claude.	Vicaire.	Meinier.
Blanc Jean.	Prêtre.	Samoëns.
Blanc.	Prêtre Instit.	Combloux.
Blanc-Dupipet Marie-Joseph	Vicaire.	La Chisaz.
Blanc Jacques.	Prêtre.	Bourg Saint-Maurice.

DERNIER DOMICILE CONNU	Municipalités dans lesquelles ils possèdent des Biens		OBSERVATIONS
Districts	Municipalités	Districts	
Annecy.			Déporté (art. IV de la Loi du 22 Ventôse).
Carouge.			Idem (il est originaire d'Eporsy, dist. de Cham.).
Annecy.			idem.
Cluses.			idem.
idem.			idem.
Annecy.			idem.
Carouge.			idem.
Thonon.			idem.
Annecy.			idem.
idem.			idem.
Cluses.	Samoëns, Thy.	Cluses.	
idem.	Marigny, Aise.		
idem.	Reignier.	Carouge.	
idem.			
Annecy.			idem.
idem.	Marigny, S. Marcel, Massengy, Bloye.	Annecy.	
Moûtiers.			Emigré.
idem.			Déporté (art. IV de la Loi du 22 Ventôse).
idem.			idem.
Annecy.			idem.
Thonon.			idem.
idem.	Evian, Neuvecelle.	Thonon.	idem.
idem.	Abondance.	idem.	idem.
Carouge.			idem.
Cluses.	Evian.	idem.	idem.
idem.			idem.
Annecy.			idem.
Moûtiers.	Pralognan.	Moûtiers.	idem.

DÉSIGNATION DES ÉMIGRÉS NOMS, PRÉNOMS, SURNOMS	PROFESSIONS	DERNIER DOMICILE CONNU Municipalités
BLANCHET Augustin	Vicaire.	Marigny.
BLERD	idem.	Jarsy.
BLONAY Philipe François (de Maximieux sa femme)	Baron et Maire d'Evian.	Evian.
BLONDET Humbert	Chirurgien.	Sallanches.
BOCCARD Henry	Agent de la Ste-Maison.	Thonon.
BOCCON Pierre	Prêtre.	Annecy.
BOCH Jean-François	Notaire, Juge de paix.	S. J. de Maur.
BOCHET	Curé.	Pralognan.
BOIS Thomas	idem.	Châtel.
BOLLARD	Vicaire.	Menthon.
BOLLARD Joseph	Curé.	Dingy S. Clair.
BOLLARD	Vicaire.	Dingy.
BOLLARD Pierre	Curé.	Boëge.
BONNAVENTURE Joseph	Vicaire.	Alex.
BONNE (de Savardin)	Chev., Noble.	Les Echelles.
BONNEFOI Jean	Prêtre institut.	Moûtiers.
BONNEFOI Claude-Marie	Notaire.	Sallanches.
BONNET Claude	Prêtre.	Landry.
BONIFACE Adrien	Curé.	Prêle.
BONOD François-Nicolas	Notaire.	Moûtiers.
BONTEMPS J.-Menault (Laverne)	Noble.	Thayrier.
BORGEAS Pierre	Curé.	Albiez le Jeune
BORJON Jean-Baptiste	Simple Prêtre.	Montdenis.

— 51 —

DERNIER DOMICILE CONNU	Municipalités dans lesquelles ils possèdent des Biens		OBSERVATIONS
Districts	Municipalités	Districts	
Cluses.			Déporté (art. IV de la Loi du 22 Ventôse).
Chambéry.			idem.
Thonon.	Thonex, Chênes, Monetier - Mornay, les Esserts, Corsier, Ambilly, Neidens, Feigères, Veigier.	Carouge.	
	Evian, Neuvecelle, Marin, Publier, Laringes, Novel, Bernex, Maxilier, Vinzier et Lugrin.	Thonon.	
Cluses.			
Thonon.	Thonon.	Thonon.	
Annecy.			idem.
S. J. de Maur.	Fontagneux.	S. J. de Maur.	
Moûtiers.	Beaufort.	Moûtiers.	idem.
S. J. de Maur.			idem.
Annecy.			idem.
idem.			idem.
idem.			idem.
Cluses.			idem.
Annecy.			idem.
Chambéry.	Les Echelles.	Chambéry.	
Moûtiers.	Saint-Jean de Belleville.	Moûtiers.	idem.
Cluses.			
Moûtiers.	Longefois.	idem.	idem.
Chambéry.	Prêle, Bonneval.	Chambéry, S. Jean de Maur.	Déporté comme réfractaire par arrêté du 28 juin 1798 (vieux style).
Moûtiers.	Moûtiers.	Moûtiers.	Déporté (art. IV de la Loi du 22 Ventôse).
Carouge.	Saint-Julien de Thayrier.	Carouge.	
S. J. de Maur.			idem.
idem.	Montdenis.	S. J. de Maur.	idem.

DÉSIGNATION DES ÉMIGRÉS NOMS, PRÉNOMS, SURNOMS	PROFESSIONS	DERNIER DOMICILE CONNU Municipalités
Borne Joseph-Antoine . . .	Curé.	S. Thomas des Esserts.
Borrel Antoine	Vicaire.	S. Martin de Belleville.
Borivent fils Joseph . . .	Curé.	Mongelafrey.
Borivent Simond (Tognet Marie-Françoise, sa femme). . .	Homme de Loi et Juge de Paix.	S. Martin sur la Chambre.
Borivent fils Martin (Tognet Claudine, sa femme). . .	Notaire.	idem.
Bosson François	Capucin.	Annecy.
Bosson Jacques.	idem.	Ognon.
Bosson Jean-Vincent . . .	Curé.	Côte d'Arbroz.
Bouchage fils Charles. . .	Musicien.	S. Maxime de Beaufort.
Bouchardy	Professeur.	Rumilly.
Bouchet Charles-Joseph . .	Prêtre.	Sixt.
Bouchet Pierre-Antoine . .	Curé archiprêtre.	Viux en Sallaz.
Bouchet André	Capucin.	Thonon.
Bouille Joseph	Curé.	Beaumont.
Bourgeois François . . .	idem.	Sévrier.
Bourgeois (de Billac). . .	Marquis.	Chalex.
Bourgeois Jean-Baptiste. .	Chappellain.	Bourg-St-Mau.
Bouvar Antoine	Chanoine.	La Roche.
Bouvet François	idem.	Samoëns.
Bouvet Jacques.	Profes. de Théol.	Rumilly.
Bouvier Etienne	Curé.	Les Gets.
Bouvier Jean-Baptiste. . .	Dominicain.	Annecy.
Bouvier Jean	Curé.	Sardières.
Bouvier Michel.	idem.	Pussy.
Bouvier Jeanne-Baptiste ; et ses enfans (femme de Gaspard-François-Justin d'Humilly) . .	Noble.	Humilly.
Bovagnet Jean-Baptiste . .	Frères-Convers.	Taninge.
Boverat Jean-François . .	Vicaire.	Lancy.

— 53 —

DERNIER DOMICILE CONNU	Municipalités dans lesquelles ils possèdent des Biens.		OBSERVATIONS
Districts	Municipalités	Districts	
Moûtiers.	Bellecombe.	Moûtiers.	Déporté (art. IV de la Loi du 22 Ventôse).
idem.			idem.
idem.			idem.
idem.	S. Martin sur la Chambre.	idem.	
idem.			
Annecy.			idem.
Cluses.			idem.
idem.			
Moûtiers.			Emigré.
Annecy.			Déporté (art. IV de la Loi du 22 Ventôse).
Cluses.			
idem.	Saint-Paul.	Thonon.	idem.
Thonon.			idem.
Carouge.			idem.
Annecy.			idem.
Gex (département de l'Ain).	Savigny.	Carouge.	
Moûtiers.			idem.
Annecy.			idem.
Cluses.	Samoëns.	Cluses.	idem.
Annecy.	Biot.	Thonon.	idem.
Cluses.			idem.
Annecy.			idem.
S. J. de Maur.			idem.
Moûtiers.	Avanchers.	Moûtiers.	idem.
Carouge.			
Cluses.			idem.
Carouge.			idem.

DÉSIGNATION DES ÉMIGRÉS NOMS, PRÉNOMS, SURNOMS	PROFESSIONS	DERNIER DOMICILE CONNU Municipalités
Bozon	Vicaire.	Rumilly.
Bragots Benoît	idem.	Avanchers.
Bret	Curé.	Billiemaz.
Bron Jean-Baptiste. . . .	Vicaire.	Boëge.
Brotty J.-F.-Phil. (d'Antioche) .	Comte.	Thonon.
Brun Pierre.	Curé.	Saint-Laurent de la Côte.
Brun Mathieu.	idem.	Pontet.
Brunet Jean-Baptiste. . . .	Prêtre.	Villette.
Brunet Michel	Vicaire.	Chambéry.
Brunet Joseph.	Homme de loi.	idem.
Brunet Jean-Joseph	Curé.	Hauteville, Gondon.
Brunier Joseph	idem.	Chevalline.
Brunier François.	Vicaire.	Doussard.
Brunier André.	idem.	Petit-Bornan.
Brunod Martin.	Prêtre.	Montvalaisan sur Scez.
Bublex André.	Curé.	Duing.
Bugler Malachie	Chartreux.	Taninge.
Buclin Pierre-Marie	Curé.	Passy.
Buffet.	idem.	Salle.
Buffet.	Vicaire.	Bonne.
Buffet Jean-François. . . .	Prêtre instit.	S. Nicolas de Véroce.
Bugnet Joseph.	Moine.	S. Guerin.
Buisson Michel.	Chanoine.	S. J. de Maur.
Buisson Jean-Marie (feu Joseph).	Curé.	Bourget.
Burdet Jean-Claude	Professeur de Phi.	Evian.

DERNIER DOMICILE CONNU		Municipalités dans lesquelles ils possèdent des Biens.		OBSERVATIONS
Districts		Municipalités	Districts	
Annecy.				Déporté (art. IV de la Loi du 22 Ventôse).
Moûtiers.				idem.
Chambéry.		Billiemaz.	Chambéry.	idem.
Cluses.		Megevette.	Thonon.	idem.
Thonon.		Thonon, Allinges, Nernier.	Thonon.	
		Savigny, Cessenaz, Jongier, Chaumont, Minzier, Cruseilles, Vovray, Frangy, Vanzier, Dingy.	Carouge.	
Moûtiers.		Bozel.	Moûtiers.	idem.
Chambéry.		Pontet.	Chambéry.	idem.
Moûtiers.		Granier Villette	Moûtiers.	idem.
Chambéry.		Chambéry.	Chambéry.	idem.
idem.		Bassens, Chambéry.	idem.	
Moûtiers.				idem.
Annecy.				idem.
Annecy.				idem.
idem.				idem.
Moûtiers.				idem.
Annecy.				idem.
Cluses.				idem.
idem.				idem.
Carouge.		Salle.	Carouge.	idem.
idem.				idem.
Cluses.				idem.
Thonon.				idem.
S. J. de Maur.		S. J de Maur.	S. J. de Maur.	idem.
S. J. de Maur.		Bourget.	S. J. de Maur.	idem.
Thonon.		Evian, Publier, Larringes.	Thonon.	idem.

DÉSIGNATION DES ÉMIGRÉS NOMS, PRÉNOMS, SURNOMS	PROFESSIONS	DERNIER DOMICILE CONNU Municipalités
BURDET Jean-Antoine	Curé.	Cranves.
BURDIN Marie-Alexandre	idem.	Juvigny.
BURGOZ	idem.	Bellecombe.
BURNAT Pierre	idem.	Vinzier.
BURNET Christophe	Vicaire.	Choisy.
BURTIN Jean-Jacques	Prêtre.	Annecy.
BURTIN Jean-François	Curé.	Droisy.
BUSSAT Claude-François	Vicaire.	Manigod.
BUSSY	Noble.	Bourget.
BUTTARD Raimond	Prêtre bénéficier.	S. J. de Maur.
BUTTARD Jean-François	Recteur.	Albiez le Vieux
BUTHOD Jean	Curé.	Landry.
BUTTET Louis-Marie	Noble et Chan.	Chambéry.
CAILLES Jean-François	Aumônier de la Visitation.	Annecy.
CAILLES	Curé.	Montmin.
CALLOUD Martin Cyprien	idem.	Corsier.
CARLIN Joseph	Prêtre de la sainte Maison.	Thonon.
CARRAUX Hyacinthe	Curé.	Foncenex.
CARREAND fils Pierre-François	idem.	Choulex.
CARREAND fils Pierre	Diacre Barnab.	Thonon.
CARRET Amédé	Moine.	S. J. d'Aulph.
CARRIER Dominique	Vicaire.	Copponex.
CARRIER Jean Antoine	Curé.	Meinier.
CARRON Jean-Baptiste	Bénédictin.	Talloires.
CARRON C.-M. *(de Graisy)*	Comte.	Chambéry.
CARRON Jean	Soldat Allobroge.	Annecy.
CARRON Amédé	idem.	idem.
CARRON François	Homme de Loi.	idem.
CARRON	Bénéficier.	idem.
CARRON	Prêtre.	idem.

DERNIER DOMICILE CONNU	Municipalités dans lesquelles ils possèdent des Biens.		OBSERVATIONS
Districts	Municipalités	Districts	
Carouge.	Cranves.	Carouge.	Déporté volontairement.
idem.	Juvigny.	idem.	Déporté (art. IV de la Loi du 22 Ventôse).
Chambéry.	Bellecombe.	Chambéry.	idem.
Thonon.			idem.
Annecy.			idem.
idem.			idem.
idem.			idem.
idem.			idem.
Chambéry.	Chambéry.	idem.	
S. J. de Maur.	Hermillon.	S. J. de Maur.	idem.
idem.	idem.	idem.	idem.
Moûtiers.	Les Chapelles.	Moûtiers.	idem.
Chambéry.	Chamb., Bourget.	Chambéry.	Emigré.
Annecy.			Déporté (art. IV de la Loi du 22 Ventôse).
idem.			idem.
Carouge.			Déporté volontairement le 14 février 1793.
Thonon.			Déporté (art. IV de la Loi du 22 Ventôse).
Carouge.			idem.
Thonon.			idem.
idem.			idem.
idem.			idem.
Carouge.			idem.
idem.			idem.
Annecy.			idem.
Chambéry.	Graisy sur Aix, Cessens.	idem.	
Annecy.			
idem.			
idem.	Talloires, Annecy.	Annecy.	
idem.			
idem.			

DÉSIGNATION DES ÉMIGRÉS NOMS, PRÉNOMS, SURNOMS	PROFESSIONS	DERNIER DOMICILE CONNU Municipalités
Carron François	Officier.	Thonon.
Cart Claude-Marie	Vicaire.	Ponchy.
Cartan Claude	Domestique.	Annecy.
Cartier Pierre-Joseph	Vicaire.	Nonglard.
Cartier George	Bourgeois.	Sallanches.
Cartier	Vicaire.	Chavanod.
Cartier Marin	Curé.	Cervoz.
Castiglion Jean-Baptiste	Md. Confiseur.	S. J. de Maur.
Cayen François	Curé.	Féterne.
Cayen Pierre	idem.	Marigny.
Cordier Mathieu	idem.	Montvalaisan-sur-Bellantre.
Chabert Pierre	Vicaire.	Moye.
Chabon Jean-Jacques	Noble.	Chambéry.
Chabort Jean-François	Prêtre.	Megève.
Chaffart Jean	Domestique.	Bonneville.
Chaix Saturnin	Curé.	Montgilbert.
Challamel Jeanne	Bourgeoise.	Megève.
Challut fils Jean-François	Not. et Gref.	Evires.
Champiot Amédé	Curé.	S. Sulpice.
Champlong Louis	idem.	S. Pancrace.
Champlong Jean-Baptiste	Chanoine.	S. J. de Maur.
Chappaz Claude-François-Marie	idem.	Annecy.
Chappaz Jean	Curé.	Montagny.
Chappaz Noël	idem.	Etaux.
Chappelle fils	Vicaire.	Villargerel.
Chappellet Denis	Curé.	Donvillard.
Chappet Jean-Baptiste	Vicaire.	Seltenox.
Charcot Jean	Curé.	Lovagny.
Chardon Claude	idem.	Bonneguête.
Chardon Joseph-Marie	idem.	Labalme.

DERNIER DOMICILE CONNU	Municipalités dans lesquelles ils possèdent des Biens.		OBSERVATIONS
Districts	Municipalités	Districts	
Thonon.	Collong^{es}, Cor^{sier}, Merlinge, Foncenex, Meinier.	Carouge.	
Cluses.			Déporté (art. IV de la Loi du 22 Ventôse).
Annecy.			
idem.			Reclus.
Cluses.	Sallanches, Passy, Megève.	Cluses.	
Annecy.			Déporté (art. IV de la Loi du 22 Ventôse).
Cluses.			idem.
S. J. de Maur.	S. J. de Maur., S. Julien.	S. J. de Maur.	
Thonon.			idem.
Cluses.			idem.
Moûtiers.	Villette, Aime, Montvalaisan.	Moûtiers.	idem.
Annecy.			idem.
Chambéry.	Chambéry.	Chambéry.	
Cluses.	Megève.	Cluses.	idem.
idem.	S. Jean de Tholome.	idem.	
S. J. de Maur.	S. Sorlin.	S. J. de Maur.	idem.
Cluses.	Megève.	Cluses.	
Annecy.			
S. J. de Maur.			idem.
idem.			idem.
idem.			idem.
Annecy.			idem.
idem.			idem.
idem.			idem.
Moûtiers.			idem.
S. J. de Maur.			idem.
Annecy.			idem.
idem.			idem.
idem.			idem.
idem.			idem.

DÉSIGNATION DES ÉMIGRÉS NOMS, PRÉNOMS, SURNOMS	PROFESSIONS	DERNIER DOMICILE CONNU Municipalités
Chardonnet Joseph	Négotiant.	Auçoix.
Chardonnet fils J.-A.	Secrétaire-gref.	idem.
Charmot Pierre	Prêtre.	S. Gingolph.
Charpin fils Pierre	Curé.	Montsapey.
Charpine Claude-François	Chanoine.	Annecy.
Charriere Aimé	Prêtre.	Moûtiers.
Charvet Alexis	Professeur.	Thônes.
Charvin fils Jean-Joseph	Curé.	Lasaulce.
Chatron	idem.	Scientrier.
Chaumetty Jacques-Joseph	Prêtre et chap.	Vinz.
Chavassine François	Vicaire.	La Muraz.
Chavoat Jacques-François	Horloger.	Cluses.
Chavoat fils Joseph	idem.	idem.
Chavoat Christin	idem.	idem.
Chavoutier fils François	Prêtre.	Montagny
Chavoutier fils Jean-Joseph	Vicaire.	Champagny.
Chavoutier Jean-Baptiste	Curé.	Aime.
Chenay Joseph-Marie-Alexis	Prêtre.	S. J. d'Aulph.
Chenay François-Marie	Chanoine.	Sallanches.
Cherdon François	Prêtre.	S. Jeoire.
Chesney Raimond	Noble.	Salle.
Chessel François-Philibert	Officier noble.	Annecy.
Chessel Jacques-Joseph (frère)	Noble.	idem.
Chevalay Joseph	Curé.	S. Sigismond.
Chevalay Pierre	idem.	Perrignier.
Chevalier fils Marc	Vicaire.	Arsine.
Chevalier Jean-Joseph	Curé.	S. Thomas de Cœur.
Chevalier Joly Jacques	Prêtre.	Beaufort.
Chevalier Jean-Pierre	Chanoine.	Chambéry.
Chevalier Benoît	idem.	idem.
Chevalier Pierre	Cordelier.	idem.

DERNIER DOMICILE CONNU	Municipalités dans lesquelles ils possèdent des Biens.		OBSERVATIONS
Districts	Municipalités	Districts	
Annecy.	Auçoix.	S. J. de Maur.	
idem.			
Thonon.			Déporté (art. IV de la Loi du 22 Ventôse).
S. J. de Maur.			idem.
Annecy.			idem.
Moûtiers.			idem.
Annecy.			idem.
Moûtiers.	Longefoi, Montgirod, Moûtiers.	Moûtiers	idem.
Carouge.			idem.
Cluses.	Arenthon.	Carouge.	idem.
Carouge.			Déporté volontairement en octobre 1793.
Cluses.	Cluses.	Cluses.	
idem.			
idem.	idem.	idem.	
Moûtiers.			Déporté (art. IV de la Loi du 22 Ventôse).
idem.			idem.
idem.			idem.
Thonon.			idem.
Cluses.	Sallanches.	idem.	idem.
idem.	S. Jeoire.	Cluses.	idem.
Carouge.	Cranves.	Carouge.	
Annecy.	Voiray.	idem.	
idem.	Chavanox, S. Jorioz, Talloires, Favergos et Annecy.	Annecy.	
Cluses.			idem.
Thonon.	Bernex.	Thonon.	idem.
Carouge.			idem.
Moûtiers.	La Perrière.	Moûtiers.	idem.
idem.			idem.
Chambéry.	Chambéry.	Chambéry.	idem.
idem.	idem.	idem.	idem.
idem.	idem.	idem.	idem.

DÉSIGNATION DES ÉMIGRÉS NOMS, PRÉNOMS, SURNOMS	PROFESSIONS	DERNIER DOMICILE CONNU Municipalités
Chevillon.	Aumônier de la Visit.	Rumilly.
Chevret Nicolas (*dit Berthod*)	Vicaire.	Montsaxonnex.
Chevrier Honoré.	Dominicain.	Annecy.
Choullet Jean-Marie.	Prêtre régent.	Bonneville.
Chuit Claude	Commis aux douanes	Châtel.
Cirace (de) Louis-Philibert.	Bénéd., Noble.	Annecy.
Cirace (de) Victor-Joseph.	Noble, Capucin.	Chambéry.
Cirace (de) Ignace.	Noble.	Balme de Sillingy.
Cirace (de) fils George.	Noble, Officier.	idem.
Claraz Jean-Dominique	Recteur.	Sollières.
Claraz.	Chirurgien.	Lans le Villard.
Claresy Jean-François	Chanoine.	Flumet.
Claresy Jean-Louis	Chan. régulier.	Sixt.
Clavel Maurice	Agent du ci-devant de Sales.	Annecy.
Clement Jean-Baptiste	Curé.	Valmeinier.
Clerc Jacques.	*idem*.	Montdenis.
Clerc Joseph	Vicaire.	Fesson s/Salin.
Clerc	Curé.	Chindrieux.
Clermont Jacq. (*Mont-S.-Jean*)	Marquis.	Chambéry.
Cochin, fou Bartholomi, Joseph	Curé.	Aiguebelle.
Cochin, fils de J.-B., Joseph	*idem*.	La Chapelle.
Cochin Alexis	Chanoine.	S. J. de Maur.
Cohendet Maurice.	*idem*.	Ponchy.
Cohendoz.	Prêtre.	Villaroger.
Collavre fils Emanuel	Noble et soldat au 4° Batail. de l'Isère.	S. J. de Maur.

DERNIER DOMICILE CONNU	Municipalités dans lesquelles ils possèdent des Biens.		OBSERVATIONS
Districts	Municipalités	Districts	
Annecy.			Déporté (art. IV de la Loi du 22 Ventôse.)
Cluses.			idem.
Annecy.			idem.
idem.			idem.
Thonon.	Châtel.	Thonon.	
Annecy.			idem.
Chambéry.	Chambéry.	Chambéry.	idem.
Annecy.	Balme de Sillingy.	Annecy.	
idem.			
S. J. de Maur.			idem.
idem.			
Cluses.			idem.
idem.			idem.
Annecy.	Daingy et Saint Clair.	idem.	Ses biens sont indivis avec ses sœurs.
S. J. de Maur.			Déporté (art. IV de la Loi du 22 Ventôse).
idem.			idem.
Moûtiers.	Montagny.	Moûtiers.	idem.
Chambéry.	Chindrieux, Jarsy, Ecole.	Chambéry.	idem.
	Chamb., Montcel, S. Offenge-Dessus, S. Offenge-Dessous, Sorrières, Motz.	Chambéry.	
idem.	Sallonges, Bassy, Vauxy, Francion, Chônes on Chaumine.	Carouge.	
S. J. de Maur.	Saint-Sorlin.	S. J. de Maur.	idem.
idem.			idem.
idem.	S. J. de Maur.	idem.	idem.
Cluses.			idem.
Moûtiers.			idem.
S. J. de Maur.			

DÉSIGNATION DES ÉMIGRÉS	PROFESSIONS	DERNIER DOMICILE CONNU
NOMS, PRÉNOMS, SURNOMS		Municipalités
Collard George	Aumônier de l'Hôpital des Incurables.	Chambéry.
Collet-Gilbert fils Jean . .	Chanoine.	S. J de Maur.
Collomb Bernard.	Prêtre.	Menthon
Collomb Joseph	Vicaire.	Cuvat.
Collomb François.	Curé.	S. Eustache.
Collomb Thomas.	Diacre.	Rumilly.
Collomb François.	Négotiant.	*idem.*
Collomb Jean-Louis	Vicaire.	Corsier.
Collonaz Joseph.	Curé.	S. Jean de Tholome.
Combet Jean-Baptiste. . . .	Plebaniste.	Valloire.
Combet Esprit.	Curé.	Lanslevillard.
Compans *(de Brichanteau)* .	Evêque.	S. J. de Maur.
Compte Thimothée.	Chartreux.	Thonon.
Comte (femme de Perruard, marquis de Ballon)	Noble.	Vanchi.
Constantin Michel	Curé.	Arthaz.
Constantin François-Hyacinthe.	Noble.	*idem.*
Constantin Bertin-Germain. .	Praticien.	S. J. de Maur.
Constantin Agathange . . .	Recteur.	S. Sorlin.
Constantin François. . . .	Chan., noble.	Annecy.
Coppel Charles.	Curé.	Brison.
Cordoue *(Saint-Marcelin)* .	Noble.	Chambéry.
Cornilliat François. . . .	Vicaire.	Menthonex.
Cornu fils George-Henri . .	Notaire.	Aime.
Cortagnier Joseph-Marie. . .	Notaire et agent du ci-devant d'Aviernoz.	Annecy.
Costaz Antoinette - Henriette, veuve Milliet Faverges. . .	Noble.	Chambéry.
Costamagne Jean-Joseph-Louis (sa femme Lathuile). . . .	Procureur et Marchand.	S. J. de Maur.
Costamagne fille Catherine . .		*idem.*
Coste	Curé.	Villarleger.
Coster.	Chartreux.	Taninges.

DERNIER DOMICILE CONNU	Municipalités dans lesquelles ils possèdent des Biens		OBSERVATIONS
Districts	Municipalités	Districts	
Chambéry.	Chambéry.	Chambéry.	Déporté (art. IV de la Loi du 22 Ventôse).
S. J. de Maur.			idem.
Annecy.			idem.
idem.			idem.
idem.			idem.
idem.	Rumilly.	Annecy.	
Carouge.			idem.
Cluses.	Sionzier.	Cluses.	idem.
S. J. de Maur.			idem.
idem.			idem.
S. J. de Maur.			idem.
Thonon.			idem.
Nantua (dép. de l'Ain).			
Carouge.			idem.
idem.	Jussy, Reignier, Arthaz, Pers.	Carouge.	
S. J. de Maur.	Albiez le Vieux	S. J. de Maur.	
idem.			idem.
Annecy.			idem.
Cluses.			idem.
Chambéry.	Chambéry.	Chambéry.	
Annecy.			idem.
Moûtiers.			
Annecy.	Bons.	Thonon.	
Chambéry.	Chambéry.	Chambéry.	
S. J. de Maur.	S. J de Maur., Cuines.	S. J. de Maur.	
idem.			
Chambéry.	Villarloger.	Chambéry.	idem.
Cluses			idem.

Les Emigrés en Savoie. 5.

DÉSIGNATION DES ÉMIGRÉS NOMS, PRÉNOMS, SURNOMS	PROFESSIONS	DERNIER DOMICILE CONNU Municipalités
COTTE-RECHE.	Chappellain.	Scez.
COTTIN Jean-Baptiste.	Vicaire.	Motz.
COTTIN Jean-Baptiste.	idem.	Groisy.
COUDRAY Jean-Pierre.	Notaire.	Sionzier.
COUDURIER Martin.	Prêtre.	Thonon.
COURIER Michel-Horace.	Vicaire.	Contamines.
COURTOIS François-Marie.	Curé.	idem.
COUTIN Jean-François.	Vicaire.	Megève.
CRESSEND François-Amédé.	Prêtre.	Aime.
CRESSEND fils Sigismond.	idem.	Tessens.
CRETIN Jean-Pierre (et sa famille).	Négotiant.	Termignon.
CREY Pierre-André.	Prêtre.	Aime.
CREY Martin.	Curé.	Champagny.
CRISTIN Jean-Pierre.	Prêtre.	Douvaine.
CROSET François-Amédé.	Curé.	Chamousset.
CROSET Pierre.	Prêtre.	Bonneville.
CROSET fils Jean-Marc.	Négotiant.	Annecy.
CROTTET vᵉ Goutry Catherine.	Bourgeoise.	S.-Nicolas la Chapelle.
CROTTET François-Marie.	Notaire.	Sallanches.
CROTTET Joseph.	Curé.	Alex.
CUGUAT Prosper.	Homme de Loi.	Cluses.
CUGUAT Claude-André.	Chanoine.	Annecy.
CUILLERAT Jean-Baptiste.	Prêtre, aumônier des Bernardines.	Chambéry.
CUINIBERT Thomas.	Chanoine.	S. J. de Maur.
CULLAZ Pierre-Marie.	Vicaire.	Viuz en Sallaz.
CULLAZ Gaspard-François.	idem.	Chêne.
CULLAZ Joseph.	Prêtre.	Biot.
CULLAZ Joseph-Marie.	Vicaire.	Serraval.
CULLET Benoît-Antoine.	Curé.	Jarrié.
CURTET.	idem.	Bissy.
CUSIN Jean.	Notaire.	Flumet.
CUSIN Joseph-Marie.	Horloger.	Megève.

DERNIER DOMICILE CONNU	Municipalités dans lesquelles ils possèdent des Biens.		OBSERVATIONS
Districts	Municipalités	Districts	
Moûtiers.	Landry.	Moûtiers.	Déporté (art. IV de la Loi du 22 Ventôse).
Chambéry.			idem.
Annecy.			idem.
Cluses.	Sionzier.	Cluses.	
Thonon.			idem.
Cluses.			idem.
Carouge.	Contamine.	Carouge.	idem.
Cluses.			idem.
Moûtiers.	Villar d'Aime	Moûtiers.	idem.
idem.			idem.
S. J. de Maur.	Termignon.	S. J. de Maur.	
Moûtiers.			idem.
idem.	Saint-Laurent de la Côte.	Moûtiers.	idem.
Thonon.	Vignier.	Thonon.	idem.
S. J. de Maur.			idem.
Cluses.	Magland.	Cluses.	idem.
Annecy.			
Cluses.			
idem.			
Annecy.			
Cluses.	Cluses.	idem.	
Annecy.	idem.	idem.	idem.
Chambéry.	Chambéry.	Chambéry.	idem.
S. J. de Maur.			idem.
Cluses.			idem.
Carouge.			idem.
Thonon.	S. J. d'Aulph.	Thonon.	idem.
Annecy.			idem.
S. J. de Maur.			idem.
Chambéry.			idem.
Cluses.			
idem.			

DÉSIGNATION DES ÉMIGRÉS NOMS, PRÉNOMS, SURNOMS	PROFESSIONS	DERNIER DOMICILE CONNU Municipalités
DAMÉ Jean-Chrisostome.	Prêtre, recteur.	Lanslebourg.
DARD Jean-Claude.	Chanoine.	La Roche.
DARMAND Humbert.	idem.	Samoëns.
DARVE Louis.	Prêtre, recteur.	Villarambert.
DARVOZ.	Curé.	Hauteville.
DAVID Maurice.	Frère capucin.	Chambéry.
DAVID Maurice.	Vicaire.	Motz.
DAVID Jean-François.	Curé archiprê.	St-Nicolas de Véroce.
D'AVIERNOZ C-F.-Gaspard.	Comte.	Annecy.
DAVRIEUX Joseph.	Frère capucin.	Chambéry.
DAVRIEUX Jean-Baptiste.	Prêtre.	Lanslebourg.
DÉAGLARD François.	Recteur.	Sevrier.
DEBIEU Benoît.	Noble.	Flumet.
DEBIOL Claude-Joseph.	Vicaire.	La Frasse.
DEBOIS Gabriel.	Frère cordelier.	Cluses.
DEBORINGE Suzanne, femme de Deloche.	Noble.	Sallanches.
DEGARROUX François.	Curé.	Villy.
DECHASAL Pierre-Joseph.	Noble.	Villaz.
DECHILLAZ.	Noble, curé.	Chappeiry.
DECHISSÉ frères, François et Mel.	Noble.	La Roche.
DECHOULLEX Jean-Baptiste.	Curé.	idem.
DECOMBE François-Pacifique.	Bourgeois.	Sallanches.
DECORNILLON Balt.-Charl.-Sébas.	Vicaire.	Chyx.
DESCOSTES Joseph.	Notaire.	Rumilly.
DESCOSTES Joseph-Marie.	idem.	Sainte-Marie d'Arvey.
DÉCORSÉAT.	Frère capucin.	Thonon.
DECRUZ François.	Curé.	Thyz.

DERNIER DOMICILE CONNU	Municipalités dans lesquelles ils possèdent des Biens.		OBSERVATIONS
Districts	Municipalités	Districts	
S. J. de Maur.	Arenthon.	Carouge.	Déporté (art. IV de la Loi du 23 Ventôse).
Annecy.			idem.
Cluses.			idem.
S. J. de Maur.			idem.
Chambéry.			idem.
idem.			idem.
idem.			idem.
Cluses.			idem.
Annecy.	Ollieres, Aviernoz, Lornay, La Roche, Arbusigny, Annecy, Annecy le Vieux	Annecy.	
Chambéry.	Arenthon et Pers.	Carouge.	
S. J. de Maur.	S. J. de Maur.		idem.
Annecy.			idem.
Cluses.	Flumet.	Cluses.	idem.
idem.	Scionzier.	idem.	idem.
idem.			idem.
idem.			idem.
Annecy.	Veiriez et Villaz.	Annecy.	
idem.			
idem.			idem.
idem.			Ils ont un legs chacun.
idem.			idem.
Cluses.	Sallanches.	Cluses.	
idem.			idem.
Annecy.			Il n'a que des rentes.
Chambéry.	Sainte-Marie d'Arvey.	Chambéry.	
Thonon.			idem.
Cluses.			idem.

DÉSIGNATION DES ÉMIGRÉS NOMS, PRÉNOMS, SURNOMS	PROFESSIONS	DERNIER DOMICILE CONNU Municipalités
DEFANY.	Curé.	Pougny.
DEFFRÉNE Antoine.	Juge de Paix de Duing.	S. Jorioz.
DEGENEVE Gaspard (de Boringe et Nangy).	Comte.	Vétraz.
DÉGEORGES Martin-Cyprien.	Vicaire.	Martens.
DÉGLISE.	Curé.	La Bâtie.
DEGRAVEL Jean Louis.	idem.	Naves.
DEJON Jean-Louis.	idem.	Chaumont.
DELACOSTAZ Claude-Marie.	Chanoine.	Sallanches.
DELAFLECHERE J.-M.-A.	Noble et substitut avocat général.	Thyz.
DELAFLECHERE Louis-François.	Noble, Chanoine, Doyen.	Sallanches.
DELAGRANGE François.	Notaire et Proc.	Bonneville.
DELAJOUX fils François.	Prêtre.	Evian.
DELAJOUX Gaspard.	Boucher.	idem.
DELAVONET Jean.	Arpenteur.	Thonon.
DELBENE Claude-François.	Curé.	Motz.
DELEANT Vincent.	Prêtre.	Alex.
DELEGLISE Jean-Jacques.	Curé.	S. Sorlin.
DELEZAIRE Claude.	Vicaire.	Combloux.
DELILLE Michel.	Chartreux.	Thonon.
DELISMORE Gabriel-Obrienne.	Offi. pensionné de France.	Sallanches.
DELIVET fils Paul.	Noble.	La Roche.
DELOCHE Jean-Baptiste	Noble, offic. pensionné du R. S.	Sallanches.
DELOCHE (fille dudit) Julie.	Noble.	idem.
DELOCHE (fils dudit) César.	idem.	idem.
DELOCHE (petite-fille dudit) Nicole	idem.	idem.

— 71 —

DERNIER DOMICILE CONNU	Municipalités dans lesquelles ils possèdent des Biens.		OBSERVATIONS
Districts	Municipalités	Districts	
Chambéry.	Pougny.	Chambéry.	Émigré.
Annecy.	La Roche, Annecy, Veirier, S. Jorioz, Talloires, Allonzier.	Annecy.	
Carouge.	Vetraz.	Carouge.	
Annecy.			Déporté (art. IV de la Loi du 22 Ventôse).
Moûtiers.			idem.
idem.			idem.
Carouge.	Chaumont.	idem.	idem.
Cluses.			
idem.	Thyz, Marigny, Mieussy, la Tour Ayse, S. Joire.	Cluses.	
idem.	S. Joire et Sallanches.	idem.	Émigré.
idem.	Bonneville, S. Etienne, Marigny, Ponchy, S. Pierre, S. Maurice, S. Laurent.	idem.	
Thonon.			Déporté (art. IV de la Loi du 22 Ventôse).
idem.			
idem.	Thonon.	Thonon.	
Chambéry.	Motz, Serrières	Chambéry.	
Annecy.			
S. J. de Maur.			
Cluses.			
Thonon.			
Cluses.			
Annecy.			
Cluses.	Sallanches, Thyz, Domancy.	Cluses.	
idem.			
idem.			
idem.			

DÉSIGNATION DES ÉMIGRÉS NOMS, PRÉNOMS, SURNOMS	PROFESSIONS	DERNIER DOMICILE CONNU Municipalités
DELOCHE (sœur dudit) Marg.-Ant.	Noble.	Sallanches.
DELORD Louis-Amable. . . .	Cap. de carab.	Thonon.
DELOYS Vincent.	Noble, curé.	Brans.
DELOYS Jacques-Philippe. . .	Noble.	Evian.
DEMARCLAY Jean-François et ses enfans Louise, Anne, Louise la cadete, Janot et Amable. . .	*idem.*	Filly.
DEMARCLAY (femme de Dumaney) Josephte.	*idem.*	Margencel.
DE MERCY.	*idem.*	Chambéry.
DE MIRAUD.	*idem.*	*idem.*
DEMOLINE Marc-Antoine. . .	Capucin.	*idem.*
DEMOZ Valentin (*Lasalles*). . .	Noble.	Rumilly.
DENARIÉ Jean-Claude. . . .	Curé.	Reignier.
DENARIÉ Claude-François. . .	Chanoine.	Samoëns.
DEPILLY Claude-François. . .	Noble.	Desingy.
DEPILLY (fille dudit) Marguerite.	*idem.*	*idem.*
DEPERRAZ Pierre.	Recteur.	Ognon.
DEPLACE François-Michel. . .	Curé.	Vetraz.
DEPLANTE.	*idem.*	Leschaux.
DEREGARD Françoise (*de Disonche et Duing*).	Comptesse.	Annecy.
DERNAS Joseph-Marie. . . .	Curé.	Vailly.
DERONZIER Joseph.	Marchand.	Annecy.
DEROSIER Bernard-Balthazard (*de Menthon*).	Comte.	Menthon.
DERRIPES Joseph.	Noble, vicaire.	Thorens.
DERRIPES Nicolas.	Noble, chan.	
DE RUMILLY (femme de Duffrenoy) Marie Marguerite. . .	Noble.	Sallanches.
DESCHAMPS (fils) Joseph-Ignace.	Juge au tribunal du District.	S. J. de Maur.
DESGEORGES Jean-Baptiste . .	Vicaire.	Les Echelles.

DERNIER DOMICILE CONNU	Municipalités dans lesquelles ils possèdent des Biens.		OBSERVATIONS
Districts	Municipalités	Districts	
Cluses.			
Thonon.	Thonon, Allinges, Orsier, Féterne, Vinzier.	Thonon.	
idem.	Lugrin, Vinzier, Larringes, Maxilier, Evian, Neuvecelle, S. Paul, Féterne.	idem.	
idem.			
idem.	Filly.	idem.	
idem.			
Chambéry.	Chambéry.	Chambéry.	
idem.	idem.	idem.	
idem.	idem.	idem.	
Annecy.	Rumilly, Sales.	Annecy.	
Carouge.	Morillon.	Cluses.	Déporté (art. IV de la Loi du 22 Ventôse).
Cluses.	idem.	idem.	idem.
Annecy.	Desingy.	Annecy.	
idem.			
Cluses.			idem.
Carouge.			idem.
Annecy.			idem.
idem.			
Thonon.			idem.
Annecy.	Annecy.	Annecy.	
idem.	Beaumont.	Carouge.	
idem.			idem.
			idem.
Cluses.	Sallanches.	Cluses.	
S. J. de Maur.			
Chambéry.			idem.

DÉSIGNATION DES ÉMIGRÉS NOMS, PRÉNOMS, SURNOMS	PROFESSIONS	DERNIER DOMICILE CONNU Municipalités
DESJACQUES Jean.	Chanoine.	Flumet.
DESRIDES François-Antoine.	Noble.	Thyez.
DESRIDES (femme de Dutout) Charlotte.	idem.	Saint-Nicolas la Chappelle.
DE SALES Paul-Franç. *(de Duing)*.	Comte.	Annecy.
DE SALES (née Vincent) Louise-Ph.	idem.	idem.
DE SEISSEL (femme de Deville François-Hypolite) Jeanne.	idem.	idem.
DETHIOLLAZ Claude-François.	Noble et Grand-Vicaire.	idem.
DETHOIRE Ambroise.	Moine.	Thonon.
DETRAZ Pierre.	Clerc tonsuré.	Bellantre.
DEVIEUX Amédé.	Bénédictin.	Talloires.
DEVIGNOT (femme de Donier).	Noble.	Moûtiers.
DEVIGNOL (et ses 4 enfans) Humbert.	idem.	idem.
DEVIGNOL (sœur du susdit).	idem.	idem.
DEVILLE F.-Hyp. *(de Villagrand)*.	Noble et ex-sénateur.	Annecy.
DEVILLE L. Erasme *(de la Croix)*.	Noble et officier pensionné.	Chambéry.
DEVILLE.	Noble et religieux clariste.	idem.
DICHAT Marie.	Prêtre prof. de la Ste Maison de Thonon.	Thonon.
DIDIER (fils) Joseph.	Curé.	La Vérole, hameau de Bossans
DIDIER Michel.	Chanoine.	Chambéry.

DERNIER DOMICILE CONNU	Municipalités dans lesquelles ils possèdent des Biens.		OBSERVATIONS
Districts	Municipalités	Districts	
Cluses.			Déporté (art. IV de la Loi du 22 Ventôse).
idem.	Thyez.	Cluses.	
idem.	Bellecombe et S. Nicolas.	idem.	
Annecy.	Thorens, Groisy, Duing d'Héré, Doussard, la Thuile, Veyrier et Annecy.	Annecy.	
idem.			Sa dot.
idem.			
idem.			Emigré, son frère lui doit 2000 liv. pour sa légitime.
Thonon.			Déporté (art. IV de la Loi du 22 Ventôse).
Moûtiers.			idem.
Annecy.			idem.
Moûtiers.			
idem.	Bellecombe, S. Oyen, les Boiset Aigueblanche.	Moûtiers.	
idem.			
	Epagny, Veyrier Metz.	Annecy.	
Annecy.	Villagrand, Contamino.	Carouge.	
	Chambéry.	Chambéry.	
	Chambéry, Saint Alban.	idem.	
Chambéry.	Sciontrior, Aronthon.	Carouge.	
	S. Etionne, Poncby, Boëge.	Cluses.	
idem.	Chambéry.	Chambéry.	
Thonon.	Aiton.	S. J. de Maur.	idem.
S. J. de Maur.			idem.
Chambéry.	Chambéry.	Chambéry.	idem.

DÉSIGNATION DES ÉMIGRÉS NOMS, PRÉNOMS, SURNOMS	PROFESSIONS	DERNIER DOMICILE CONNU Municipalités
Dimier.	Curé.	Mouthion.
Dimier.	Chanoine.	Moûtiers.
Divoley Henri.	Prêtre.	Chambéry.
Doche Bernard.	Juge de paix.	Thônes.
Domenjod.	Vicaire.	Veyrier.
Domenjod Jean-Baptiste.	*idem.*	Bogève.
Domenjod François.	Gref. épiscopal.	Annecy.
Doncet.	Curé.	Marcellaz.
Doncieux (les sœurs) Fanni et Méraldine.	Noble.	Chambéry.
Doncque.	Curé.	Doucy.
Donier (fils).	Noble.	Moûtiers.
Donillon Joseph-Marie.	Clerc de notaire.	Taninges.
Dorliez Jacques-Guillaume (de Saint-Innocent).	Marquis.	S. Innocent.
Douche François.	Curé.	Aire-la-Ville.
Douche Joseph-Marie.	*idem.*	Lullin.
Drom Claude.	*idem.*	Feigère.
Drom François-Marie.	*idem.*	Marlioz.
Drujon Philibert.	Noble.	Chevelu.
Dubois.	Curé.	Bettonet.
Dubois.	Vicaire.	Pallud.
Dubois Guillaume.	Curé.	Groisy.
Dubouloz Jacques-François.	Chanoine.	Annecy.
Dubouloz.	Prêtre.	*idem.*
Duc Jean-Baptiste.	Plébaniste.	Valloires.
Duc Jean-François.	Chanoine.	Annecy.
Duc Etienne-Laurent.	Lazariste.	*idem.*
Duc Jean-Baptiste.	Vicaire.	Chilly.
Duc Guillaume-Etienne.	Lazariste.	Annecy.
Duchesne Jean-Claude.	Curé.	Combloux.
Duchosal Jean.	*idem.*	Sainte-Foi.
Duclos.	Noble et curé.	Arcuthon.

— 77 —

DERNIER DOMICILE CONNU	Municipalités dans lesquelles ils possèdent des Biens		OBSERVATIONS
Districts	Municipalités	Districts	
Moûtiers.			Déporté (art. IV de la Loi du 22 Ventôse).
idem.			idem.
Chambéry.	Chambéry.	Chambéry.	idem.
Annecy.	Thônes.	Annecy.	
idem.			idem.
Cluses.			idem.
Annecy.	Annecy, Sévrier et S. Jorioz.	Annecy.	Ses biens sont indivis avec ses frères et sœurs.
Carouge.			idem.
Chambéry.	Chambéry.	Chambéry.	
idem.	idem.	idem.	idem.
Moûtiers.			
Cluses.	Taninges.	Cluses.	
Chambéry.	Yenne, Billième et S. Innocent.	Chambéry.	
Carouge.			Déporté volontairement.
Thonon.			Déporté (art. IV de la Loi du 22 Ventôse).
Carouge.			idem.
idem.			idem.
Chambéry.	Chevelu et Billième	idem.	
idem.	Bettonet.	idem.	idem.
idem.	Pallud.	idem.	idem.
Annecy.			idem.
idem.			idem.
idem.			Reclus.
S. J. de Maur.			Déporté (art. IV de la Loi du 22 Ventôse).
Annecy.			idem.
idem.			idem.
idem.			idem.
Cluses.			idem.
Moûtiers.			idem.
Carouge.			Émigré.

DÉSIGNATION DES ÉMIGRÉS NOMS, PRÉNOMS, SURNOMS	PROFESSIONS	DERNIER DOMICILE CONNU Municipalités
Duclos François-Joseph.	Curé.	Collonges sur Belle-Rive.
Duclos Joseph.	Prêtre.	Collonges.
Duclos.	Curé.	Bonneval.
Duclos Joseph - Hyacinthe (*de Bonne et d'Esery*).	Comte et Gentil Homme de la chambre.	Chambéry.
Ducol (fils) Jean-François.	Noble et soldat au 4e Bat. de l'Isère.	S. J. de Maur.
Ducret Bernard.	Curé.	Bonneval.
Ducret Pierre.	Prêtre.	Conflans.
Ducret Eucher.	Curé.	Villard.
Ducret Claude.	*idem*.	Marcellaz.
Ducret.	Vicaire.	Faverges.
Ducrey Marin.	*idem*.	Cordon.
Ducrey Jacques.	Prêtre Bénéfic.	Sallanches.
Ducrey Jacques.	Marchand.	Megève.
Ducrey (fils) Marin-Nicolas.		*idem*.
Ducrey (fils).	Prêtre.	Moûtiers.
Ducroz Louis.	Médecin.	Sallanches.
Ducroz Gabriel.	Not. et ex-administrateur de District.	La Roche.
Ducrué Bernabé.	Curé.	Mont-Rond.
Ducrué Antoine.	*idem*.	St-Alban des Villars.
Duffourd.	Noble.	S. Jullien.
Duffourd Antoine.	Bénédictin.	Talloires.
Duffourd Gaspard.	Barnabite.	Bonneville.
Duffreney Louis-Marin.	Noble.	Sallanches.
Duffreney *(du Châtelet)*.	Noble, Chan.	*idem*.
Duffreney (femme d'Eugène de Deloche) Joséphine.	Noble.	*idem*.

— 79 —

DERNIER DOMICILE CONNU	Municipalités dans lesquelles ils possèdent des Biens.		OBSERVATIONS
Districts	Districts	Municipalités	
Carouge.			Déporté (art. IV de la Loi du 22 Ventôse.)
Thonon.			idem.
Moûtiers.	Doncy.	Moûtiers.	idem.
Chambéry.	Les Esserts, Reignier, la Muraz, Esery, Filinge, Bonne, Arthaz et Pont-Notre-Dame.	Carouge.	
	Chambéry et S. Alban.	Chambéry.	
S. J. de Maur.			
idem.			idem.
Moûtiers.			idem.
Annecy.			idem.
idem.			idem.
idem.			idem
Cluses.			idem.
idem.	Sallanches.	Cluses.	idem.
idem.	Megève.	idem.	
idem.			
Moûtiers.			idem.
Cluses.			
Annecy.	Cercier.	Carouge.	
S. J. de Maur.			idem.
idem.			idem.
Carouge.	S. Jullien.	idem.	
Annecy.			idem.
Cluses.			idem.
idem.	Maglan, S. Gervaix, Sallanches.	Cluses.	
idem.	Sallanches.	idem.	idem.
idem.			

DÉSIGNATION DES ÉMIGRÉS NOMS, PRÉNOMS, SURNOMS	PROFESSIONS	DERNIER DOMICILE CONNU Municipalités
DUFFRENEY (femme de Sion Saint-André).	Noble.	Chambéry.
DULAC Pierre-Germain.	Curé.	Saint-Martin la Chambre.
DUMANEY Claude.	Noble et Prêtre.	Moûtiers.
DUMANEY (filles de Joseph) Josephte, Julie, Péronne, Jeannette, Prospère, Suzette et Charlotte.	Nobles.	Mar,encel.
DUMONAL Michel.	Chanoine régu.	Pellionex.
DUMONAL Claude.	Prêtre.	La Vernaz.
DUMOULIN.	Curé.	Venthon.
DUNAND Gaspard.	Agent national.	Rayvroz
DUNAND Alexandre.	Prêtre institut.	S. Gervaix.
DUNAND Paul.	Vicaire.	Contamine.
DUNOYER Michel.	Curé.	Annemasse.
DUNOYER Pierre.	Prêtre Barnabite.	Bonneville.
DUNOYER Benoît.	Capucin.	Thonon.
DUNOYER-FAVIER (femme d'Aviernoz) Joséphine.	Comtesse.	Annecy.
DUNOYER-FAVIER (femme de Dupuis) Louise-Georgigne.	Noble.	idem.
DUNOYER.	Vicaire.	Rumilly.
DUPARC Joseph.	Curé.	Pringy.
DUPASQUIER.	idem.	Lucey.
DUPERIER Jacques-François.	Homme de Loi.	Thonon.
DUPERIER Nicolas.	Prêtre.	Bons.
DUPERIER Jean-François.	idem.	Thonon.
DUPOMMIER.	Vicaire.	Viux-Faverges
DUPOMMIER Marie-Joseph.	idem.	Serraval.
DUPORT Jean-Pierre.	Prêtre institut.	Termignon.
DUPRAZ François-Marie.	Procureur.	Carouge.
DUPRAZ François.	idem.	Sallanches.
DUPRAZ.	Curé.	S. J. d'Arvey.
DUPRÉ (fils) Mathieu.	Prêtre coadjut.	Beaunes.

— 81 —

DERNIER DOMICILE CONNU	Municipalités dans lesquelles ils possèdent des Biens.		OBSERVATIONS
Districts	Municipalités	Districts	
Chambéry.	Cusy.	Annecy.	
	S. Ours, la Biolle et Chambéry.	Chambéry.	
S. J. de Maur.			Déporté (art. IV de la Loi du 22 Ventôse).
Moûtiers.	Aime.	Moûtiers.	idem.
Thonon.	Margencel et Thonon.	Thonon.	
Cluses.			idem.
Thonon.	Thonon.	idem.	idem.
Moûtiers.			idem.
Thonon.	Rayvroz.	idem.	
Cluses.			idem.
Carouge.			idem.
idem.			idem.
Cluses.			idem.
Thonon.			idem.
Annecy.			
idem.			
idem.			idem.
idem.			idem.
Chambéry.	Lucey.	Chambéry.	idem.
Thonon.	Thonon, Brans, Bons, Branthome.	Thonon.	
idem.			idem.
idem.	Thonon.	idem.	idem.
Annecy.			idem.
idem.			idem.
S. J. de Maur.			idem.
Carouge.	Carouge.	Carouge.	
Cluses.			
Chambéry.			idem.
S. J. de Maur.			idem.

Les Emigrés en Savoie.   6.

DÉSIGNATION DES ÉMIGRÉS NOMS, PRÉNOMS, SURNOMS	PROFESSIONS	DERNIER DOMICILE CONNU Municipalités
Dupré Sébastien.	Curé.	Beaunes.
Dupuis Thomas-Dominique.	Noble.	Annecy.
Dupuis (fille dudit) Marie-Josephte.	*idem.*	*idem.*
Dupupet Joseph-Marie.	Vicaire.	La Clusaz.
Durod (fils de Jean-François) P.-F.	Notaire.	Thônes.
Durod (feu Pierre) François.	Praticien.	*idem.*
Durod Joseph.	Etudiant.	*idem.*
Durod Balthasard.	*idem.*	*idem.*
Durod François-Joseph.	Chanoine régu.	Sixt.
Dussaix Jean Louis.	Prêtre.	Thonon.
Dussangey (femme de George Gerdil) Françoise.		Samoëns.
Dusillon Jacques.	Noble.	La Roche.
Dussolier.	Curé.	Talloires.
Dutour Hyacinthe.	Baron.	S. Nicolas la Chappelle.
Duverger.	Noble et Chan.	Moûtiers.
Duverger (née Rochefort).	Noble.	*idem.*
Duverger *(de Blaie)*.	*idem.*	Saint-Paul.
Duverger (fils).	*idem.*	*idem.*
Eam Jean-François.	Lazariste.	Annecy.
Effrancey Jean-Claude.	Curé.	Chamonix.
Effrancey Philippe.	Chartreux, vicaire.	Scionzier.
Eminet Joseph.	Vicaire.	Thouex.
Empereur Balthasard.	Chanoine.	Moûtiers.
Empereur Claude.	Prêtre.	*idem.*
Empereur.	Curé.	Les Brevières.
Empereur Jacques-Maurice.	Prêtre.	Pesey.
Empereur Joseph-Marie.	*idem.*	Moûtiers.
Emprin Jean-François.	Géomètre.	Scez.
Etienne Louis.	Prêtre.	Aime.
Exartier (fils de Germain) Martin.	Etudiant.	Villargondran.
Excoffier Claude.	Prêtre.	Moûtiers.

— 83 —

DERNIER DOMICILE CONNU	Municipalités dans lesquelles ils possèdent des Biens.		OBSERVATIONS
Districts	Municipalités	Districts	
S. J. de Maur.			Déporté (art. IV de la Loi du 29 Ventôse).
Annecy.	Annecy, Montagny, Nonglard, Epagny.	Annecy.	
idem.			
Cluses.	Cluses.	Cluses.	idem.
Annecy.			
idem.			
idem.			
Cluses.			idem.
Thonon.			idem.
Cluses.	Samoëns.	idem.	
Annecy.			
idem.			idem.
Cluses.	Bellecombe, S. Nicolas et Flumet.	idem.	
Moûtiers.			idem.
idem.			
idem.	S. Paul et Doncy.	Moûtiers.	
idem.			
Annecy.			idem.
Cluses.			idem
idem.			idem.
Carouge.			idem.
Moûtiers.			idem.
idem.			idem.
idem.	Sainte-Foy.	idem.	idem.
idem.			idem.
idem.			idem.
idem.			
idem.	idem.	idem.	idem.
S. J. de Maur.			
Moûtiers.			idem.

DÉSIGNATION DES ÉMIGRÉS NOMS, PRÉNOMS, SURNOMS	PROFESSIONS	DERNIER DOMICILE CONNU Municipalités
FACEMAZ Joseph-Marie.	Prêtre.	S. Maurice.
FALCOZ Barthelemi.	idem.	S. Sorlin.
FALCOZ Louis.	Chanoine.	S. J. de Maur.
FALQUET Jean.	Prêtre.	Chevalline.
FANTIN Gaspard-François.	Capucin.	Thonon.
FASTEGERAZ Jean-Baptiste.	Prêtre.	Chambéry.
FAURAZ Philippe.	Curé.	Petit-Bornand.
FAVIER Marcellin.	Prêtre.	Modane.
FAVRAT Joseph.	Chirurgien.	Annecy.
FAVRAS Claude-François.	Curé.	Montriond.
FAVRAS Clément.	Prêtre.	idem.
FAVRE Joseph.	Vicaire.	Chilly.
FAVRE Vincent.	idem.	Pringy.
FAVRE Jean-Louis.	Prêtre.	Montgirod.
FAVRE Jean.	Régent.	Landry.
FAVRE Alexis.	Prêtre.	Pesey.
FAVRE Jean-Marie.	idem.	Moûtiers.
FAVRE Jean-Baptiste.	Curé.	Roguex.
FAVRE Thomas.	Prêtre institut.	Scionzier.
FAVRE Jean-François.	Chartreux.	idem.
FAVRE Prosper *(de Thônes)*.	Noble, marquis.	Annecy.
FAVRE (fille du susdit) Rose.	Noble.	idem.
FEAZ Sébastien.	Etudiant.	S. Julien.
FERNEX Félix.	Prêtre.	Thonon.
FERNEX Gaspard.	Curé.	Allinges.
FERNEX Claude.	idem.	Bons.
FEUILLAT François.	Chanoine du Sépulchre.	Annecy.
FICHET.	Recteur.	Metz.
FILLIOL Cosme-Louis.	Curé.	Hermillon.
FILLIOL Jean-Baptiste.	idem.	S. J. de Maur.

— 85 —

DERNIER DOMICILE CONNU	Municipalités dans lesquelles ils possèdent des Biens.		OBSERVATIONS
Districts	Municipalités	Districts	
Moûtiers.			Déporté (art. IV de la Loi du 22 Ventôse).
S. J. de Maur.			idem.
idem.			idem.
Annecy.			idem.
Thonon.			idem.
Chambéry.			Emigré.
Annecy.			Déporté (art. IV de la Loi du 22 Ventôse).
S. J. de Maur.			idem.
Annecy.			
Thonon.	Montriond.	Thonon.	idem.
idem.	Evian.	idem.	idem.
Annecy.			idem.
idem.			idem.
Moûtiers.	Pralognan.	Moûtiers.	idem.
idem.	idem.	Carouge.	idem.
idem			idem.
idem.			idem.
idem.			idem.
Cluses.	Scionzier.	Cluses.	idem.
idem.			idem.
	Chessenaz.	Carouge.	
Annecy.	Alby, Annecy, Argonnet, Chappeiry, Grandbornand, Seynod et Thônes.	Annecy.	
idem.			
S. J. de Maur.	S. Julien.	S. J. de Maur.	
Thonon.			idem.
idem.			idem.
idem.			idem.
Annecy.			idem.
idem.			idem.
S. J. de Maur.			idem.
idem.	S. J. de Maur.	idem.	idem.

DÉSIGNATION DES ÉMIGRÉS NOMS, PRÉNOMS, SURNOMS	PROFESSIONS	DERNIER DOMICILE CONNU Municipalités
FILLIOL Louis-François. . . .	Curé.	Fourneaux.
FLAMIER Etienne.	idem.	S Etienne.
FLANDIN (fils) Jean-Baptiste.	Etudiant en droit.	S. J. de Maur.
FLANDINET Louis.	Commerçant.	Termignon.
FODERÉ Charles.	Prêtre.	Bessens.
FONCET C. Eugène *(le Chevalier)*.	Noble et officier municipal.	Villagrand.
FONCET Pierre-Clément *(de Montailleur)*.	Baron et sénateur.	Chambéry.
FONCET (sa femme) Marie-Joséphine *(Ruphau de Laric)*. . .	Noble.	idem.
FONCET Louis.		idem.
FONCET Alexis, leur fils. . .		
FONCET Joséphine, leur fille. .		
FONCET (la cadette) leur sœur, belle-sœur et tante.	idem.	idem.
FONTAINE Joseph.	Chan. et prof.	Annecy.
FONTAN (veuve de Ives Gravier) Françoise.	Marchande.	Modane.
FORET Claude.	Prêtre.	Thonon.
FORÉTIER Antoine.	Recteur de l'hôpital.	Annecy.
FORGE Nicolas.	Cabaretier.	S. Julien.
FORTIN.	Curé.	La Ravoire.
FOUDERA Mathieu.	idem.	Bessans.
FOURNIER Antoine.	Chanoine.	La Chambre.
FOURNIER Joseph-Maurice. .	Curé.	Choulex.
FRANCOZ.	idem.	Clermont.

DERNIER DOMICILE CONNU	Municipalités dans lesquelles ils possèdent des Biens.		OBSERVATIONS
Districts	Municipalités	Districts	
S. J. de Maur.			Déporté (art. IV de la Loi du 22 Ventôse).
idem.			idem.
idem.			
idem.	Termignon.	S. J. de Maur.	idem.
idem.			
Carouge.	Villagrand et Choulex.	Carouge.	
Chambéry.	Chambéry, Cognin, Sonnaz, Montagnole, Couz, Montailleur.	Chambéry.	
idem.	Annecy, Desingy, Mentonnex et Bonneguête.	Annecy.	
idem.	Ambilly, Chêne, Annemasse, Lamuraz, Monthoux, Vetraz et Villagrand.	Carouge.	
	S. Jeoire, la Tour, S. Jean de Tholome, Mieussy et Ognon.	Cluses.	
idem.	Chambéry.	Chambéry.	
Annecy.	Boëge.	Cluses.	idem.
S. J. de Maur.			A des droits dotaux sur l'hoirie de son mari.
Thonon.	Thonon.	Thonon.	Déporté (art. IV de la Loi du 22 Ventôse).
Annecy.			idem.
S. J de Maur.	S. Julien.	S. J. de Maur.	
Chambéry.			idem.
S. J. de Maur.	Bessans.	idem.	idem.
idem.			idem.
Carouge.	Foncenex.	Carouge.	Déporté volontairement le 24 février 1793.
Annecy.			Déporté (art. IV de la Loi du 22 Ventôse).

DÉSIGNATION DES ÉMIGRÉS NOMS, PRÉNOMS, SURNOMS	PROFESSIONS	DERNIER DOMICILE CONNU Municipalités
Frasse Amable.	Curé.	Ste Marie de Cuines.
Frere (N. Jaillet sa femme) Jacques (anoblie).	Trésorier, notaire et proc.	Carouge.
Fresier.	Vicaire.	Contamine.
Fresier Joseph.	Dominicain.	Annecy.
Fretisson.	Curé de Verel.	Bassens.
Front Balthasard.	Prêtre.	Bourg S. M.
Fuliod Michel.	Curé.	Mieussy.
Fureau.	Noble.	Chambéry.
Gabert Laurent.	Curé.	Rumilly.
Gabet Antoine.	Juge de paix.	Chambéry.
Gabet.	Curé.	Ste Ombre.
Gaddan Jean.	Chantre.	Megève.
Gagneres Joseph.	Bourgeois.	S. J. de Maur.
Gaillard Jean-Louis.	Curé.	Charvonnet.
Gaillard (femme de Pierre-Joseph-Marie Ramel).		Thonon.
Gaillet François.	Prêtre.	Bonnaz.
Gaillet François.	idem.	Viciz.
Gaimard.	idem.	Bourg S. M.
Gaime Paul-Thomas.	Capucin.	Annecy.
Gaime Charles.	Off. pensionné.	Rumilly.
Gal Claude-Marie.	Curé.	Monetier.
Gallay Joseph Marie.	Vicaire.	Carouge.
Gallay François-Joseph.	Prêtre.	Brans.
Gallay François.	Chirurgien.	Biot.
Gallay.	Curé.	Gerbex.
Gallay Joseph.	idem.	Les Houches.
Gallay Jacques.	idem.	Publier.

— 89 —

DERNIER DOMICILE CONNU	Municipalités dans lesquelles ils possèdent des Biens.		OBSERVATIONS
Districts	Municipalités	Districts	
S. J. de Maur.			Déporté (art. IV de la Loi du 22 Ventôse).
Carouge.	S. Julien, Presilly, Neydens et Thyarier.	Carouge.	Partie de ses biens sont indivis avec trois sœurs.
idem.			Déporté (art. IV de la Loi du 22 Ventôse).
Annecy.			idem.
Chambéry.			idem.
Moûtiers.			idem.
Cluses.	Boëge.	Cluses.	idem.
Chambéry.	Chambéry.	Chambéry.	Emigrée française réfugiée.
Annecy.			Déporté volontairement.
Chambéry.	Chambéry et Vimine.	idem.	
idem.	S. Ombre, Vimine et Chambéry.	idem.	Déporté (art. IV de la Loi du 22 Ventôse).
Cluses.	Megève.	Cluses.	idem.
S. J. de Maur.	S. J. de Maur.	S. J. de Maur.	
Annecy.			idem.
Thonon.			
idem.			idem.
Cluses.			Déporté volontairement en avril 1793.
Moûtiers.	Bourg S. M.	Moûtiers	Déporté (art. IV de la Loi du 22 Ventôse).
Annecy.			idem.
idem.			
Carouge.			idem.
idem.			idem.
Thonon.			idem.
idem.	Biot et S. Jean d'Aulph.	Thonon.	
Chambéry.	Gerbex.	Chambéry.	idem.
Cluses.			idem.
Thonon			idem.

DÉSIGNATION DES ÉMIGRÉS NOMS, PRÉNOMS, SURNOMS	PROFESSIONS	DERNIER DOMICILE CONNU Municipalités
GALLICE Eloi.	Chanoine.	S. J. de Maur.
GALLOZ Charles.	Architecte.	Annecy.
Ses enfans Claude, Pierre, Jean Baptiste et Charles.	Etudians.	idem.
GANDIN Joseph-Marie.	Négotiant.	St-Joire.
GARBILLON.	Ex-religieuse Bernardine.	Chambéry.
GARIN Jean-Pierre.	Chanoine.	idem.
GARIOD Françoise.	Ex-religieuse Bernardine.	idem.
GARIOD Melchior.	Chanoine.	idem.
GARNIER (cadet).	Ex-secrétaire de l'intendance.	idem.
GARNIER Joseph.	Dominicain.	Annecy.
GARRELAZ Antoine-Dominique.	Curé et chan.	Chambéry.
GATHIER Benoit.	Chartreux.	Scionzier.
GAUDIN Joseph.	Vicaire.	S. Jeoire.
GAVARD Ignace.	Notaire et commis aux gabelles.	S. J. de Maur.
GAVARD PIVET Pierre.	Prêtre.	Monthoux.
GAVEND Claude-Antoine.	Noble et chan.	Chambéry.
GAYS François.	Secrét. insinuateur.	Thônes.
GAY Maurice.	Prêtre.	Arthaz.
GAY Nicolas.	Curé.	Choisy.
GELLON François.	idem.	Bonvillaret.
GENOUX Marie.	Prêtre.	Flumet.
GENTIL Joseph-Marie.	Curé.	Rognox.
GENTIL Jacques-André.	idem.	Granier.
GENTIL Jean-Jacques.	Prêtre.	Macôt.
GERBAIX femme du ci-devant baron de Ste.-Héloine (de Sonaz).	Noble.	Ste Héloine du Lac.
GERBAIX, femme d'Etienne le Blanc (de Sonaz).	idem.	La Rochette.

DERNIER DOMICILE CONNU	Municipalités dans lesquelles ils possèdent des Biens.		OBSERVATIONS
Districts	Municipalités	Districts	
S. J. de Maur.	S. Julien et Albiez-le-Vieux.	S. J. de Maur.	Déporté (art. IV de la Loi du 22 Ventôse).
Annecy.	Annecy et Villaz.	Annecy.	
idem.			
Cluses.	S. Joire.	Cluses.	
Chambéry.			
idem.			Déporté (art. IV de la Loi du 22 Ventôse). Son père a de la fortune.
idem.			
idem.	Chambéry, Bissy.	Chambéry.	idem.
idem.			
Annecy.			idem.
Chambéry.			idem.
Cluses.			idem.
idem.	Mieussy.	Cluses.	idem.
S. J. de Maur.	S. J. de Maur.	S. J. de Maur.	
Carouge.	Viuz, S. André.	Cluses.	idem.
Chambéry.	Chambéry.	Chambéry.	idem.
Annecy.			
Carouge.			idem.
Annecy.			idem.
S. J. de Maur.			idem.
Cluses.			idem.
Moûtiers.			idem.
idem.	Macôt.	Moûtiers.	idem.
idem.			idem.
Chambéry.	Chambéry.	Chambéry.	
idem.			

DÉSIGNATION DES ÉMIGRÉS NOMS, PRÉNOMS, SURNOMS	PROFESSIONS	DERNIER DOMICILE CONNU Municipalités
Gerdil Jean.	Vicaire.	Thorens.
Gerdil Pierre-Marie.	idem.	La Clusaz.
Gerdil Pierre-Marie.	Bourgeois.	Samoëns.
Ses enfans, Gerdil Bernard.	Ci-devant avocat fiscal.	idem.
Gerdil George.		idem.
Gerdil Françoise.		idem.
Gilloz Jean-Baptiste.	Etudiant.	Valloires.
Gilloz Jean-François.		idem.
Ginolin Claude.	Curé.	Les Clefs.
Girard Maxime.	Prêtre.	La Perrière.
Girard Claude.	Chanoine.	Moûtiers.
Girard Jean-François.	Curé.	Contamines.
Girard Dominique.	Dominicain.	Chambéry.
Girard.	Capucin.	Thonon.
Giraud Joseph.	Prêtre.	Valloires.
Girod Jean.	Frère Cordelier.	Moûtiers.
Girod Jean-François.	Vicaire.	Villard.
Girod François.	Prêtre.	Nanci s/ Cluses
Girod Antoine.	Perruquier et adjudant de la Garde Nationale.	Annecy.
Girod.	Curé.	Châteauneuf.
Girod François-Joseph.	Ex-Antonin.	Chambéry.
Giroud Adelaïde.	Ex-religieuse.	Les Echelles.
Goblet Rhéné.	Direct. des Minières.	Servoz.
Goddard Martin.	Curé.	Faverges.
Goddet.	Vicaire.	Thoieux.
Goibet.	Curé.	Traize.
Goillet.	Vicaire.	Macôt.
Goillet.	Curé.	Châtillon.
Gombert Guerin-Joseph.	idem.	Les Chapelles.
Gonnet Marie.	Chartreux.	Scionzier.
Goutheret Joseph.	Prêtre.	Granier.
Goutri.	Chartreux.	Thonon.

DERNIER DOMICILE CONNU	Municipalités dans lesquelles ils possèdent des Biens		OBSERVATIONS
Districts	Municipalités	Districts	
Annecy.			Emigré.
idem.			idem.
Cluses.	Samoëns, Thyez et Marigny.	Cluses.	
idem.			
idem.			
S. J. de Maur.	Valloires.	S. J. de Maur.	
idem.	idem.	idem.	
Annecy.			idem.
Moûtiers.			idem.
idem.			idem.
Cluses.			Déporté (art. IV de la Loi du 22 Ventôse).
Chambéry.			Emigré.
Thonon.			
S. J. de Maur.	Valloires	idem.	Déporté (art. IV de la Loi du 22 Ventôse).
Moûtiers.			
Annecy.			idem.
Cluses.			idem.
Annecy.			
Chambéry.			idem.
idem.	Chambéry.	Chambéry.	idem.
idem.			
Cluses.			
Annecy.			idem.
idem.			idem.
Chambéry.	Yenne.	idem.	idem.
Moûtiers.	Avanchers.	Moûtiers.	idem.
Cluses.			idem.
Moûtiers.	Les Chapelles.	idem.	idem.
Cluses.			
Moûtiers.	Granier.	idem.	idem.
Thonon.			

DÉSIGNATION DES ÉMIGRÉS NOMS, PRÉNOMS, SURNOMS	PROFESSIONS	DERNIER DOMICILE CONNU Municipalités
Gouville.	Curé.	Musiège.
Goy Michel.	Prêtre.	Thonon.
Glaligny Jean-Baptiste.	idem.	Doucy.
Gramand Philippe.	Curé.	Jarsy.
Grand Etienne.	Vicaire.	Thônes.
Grand-Clefet Maurice.	Lazariste.	Annecy.
Grange Joseph-François.	Not. et Maire.	S. Michel.
Grange Jean-Généreux.	Etudiant.	Valloires.
Grange Joseph-Michel.	Profes. Prêtre.	Sallanches.
Granjux Joseph.	Curé.	Avusy.
Granjux Jean.	Prêtre.	Thonon.
Granjux Jean-Pierre.	Curé.	Lugrin.
Grailly Marie-Elisabeth.	Noble.	Thonon.
Gravier Joseph.	Homme de Loi.	S. J de Maur.
Gravier (sa fille) Marie.		idem.
Greffier Philibert.	Noble.	Moûtiers.
Grenaud Marie-Françoise.	idem.	Samoëns.
Grenaud (veuve Chabod) et son fils N. Chabod.	Ex-baronne.	idem.
Griffoz François.	Vicaire.	S. Jorioz.
Grillet Louis.	Chanoine.	La Roche.
Grilly Claude.	Curé.	Thayrier.
Grivaux.	idem.	S. Ferréol.
Grobel Jean-François.	idem.	Lucinge.
Grognet Pierre.	Prêtre.	Les Allues.
Grolé Alexandrine *(de Sales)*.	Noble, marquise.	Annecy.
Gros Victor-Augustin.	Juge au Tribunal du District.	S. J. de Maur.
Grosset-Jannin Jean-François.	Sacristin.	Megève.
Grosset-Grange Jean-Baptiste.	Secrét. greffier.	idem.

DERNIER DOMICILE CONNU	Municipalités dans lesquelles ils possèdent des Biens		OBSERVATIONS
Districts	Municipalités	Districts	
Carouge.			Déporté (art. IV de la Loi du 22 Ventôse).
Thonon.			idem.
Moûtiers.	Montvalaisan sur Bellantre	Moûtiers.	idem.
Chambéry.			idem.
Annecy.			idem.
idem.			
S. J. de Maur.	S. Michel.	S. J. de Maur.	
idem.			
Cluses.	Sallanches.	Cluses.	idem.
Carouge.	Evian et Maxilier.	Thonon.	idem.
Thonon.			idem.
idem.			idem.
idem.			
S. J. de Maur.	Pontamafrey.	S. J. de Maur.	
idem.			
Moûtiers.	Les Allues et Moûtiers.	Moûtiers.	
Cluses			
idem.	Samoëns.	Cluses.	
Annecy.			idem.
idem.			idem.
Carouge.			idem.
Annecy.			idem.
Carouge.	Lucinge et Cranves.	Carouge.	Émigré.
Moûtiers.	Doucy.	Moûtiers.	Déporté (art. IV de la Loi du 22 Ventôse).
Annecy.	Droits dotaux sur les biens de son mari.		
S. J. de Maur.	Auçois.	S. J de Maur.	
Cluses.	Megève.	Cluses.	idem.
idem.	idem.	idem.	

DÉSIGNATION DES ÉMIGRÉS NOMS, PRÉNOMS, SURNOMS	PROFESSIONS	DERNIER DOMICILE CONNU Municipalités
GROSSET-GRANGE Joseph-Marie.	Vicaire.	Megève.
GROSSET-GRANGE Joseph-Marie.	Chirurgien.	idem.
GROSSET Victor-Amédé.	Curé.	Macôt.
GRUMAUX Michel.	idem.	Gyez.
GUDDET.	idem.	Héry sur Ugine
GUEBEY Pierre-Joseph.	idem.	S. Joire.
GUERRAZ Pierre.	idem.	Héry sur Alby.
GUICHARD Jean.	Religieux.	Thonon.
GUICHARD.	Curé.	S. Paul.
GUIGUE Jean-Baptiste.	Prêtre.	Moûtiers.
GUIGUE Jean-François.	Chanoine.	La Roche.
GUIGUET Joseph.	Curé.	Haute-Luce.
GUILLAUME François.	idem.	Poisy.
GUILLE.	idem.	Villarsalet.
GUILLERMAIN Jean-Jacques.	Vicaire.	Entremont.
GUILLET Benoît.	Prêtre.	Chambéry.
GUILLET Claude.	Dominicain.	Annecy.
GUMERY Jacques.	Prêtre.	Les Allues.
GUMERY Vincent.	idem.	Cevins.
GURRET Gaspard.	idem.	Sevrier.
GURLIAT Louis.	Curé.	Habéres.
GURLIAT Joseph.	idem.	Bellevaux.
GURLIAT François.	Prêtre.	Boëge.
GURLIÉ Jean-François.	Curé.	La rivière en Verse.
HAUTEVILLE Jean-Pierre-Louis.	idem.	Presilly.
HENRI Joseph-Antoine.	Aumôn. de l'Evêque.	S. J. de Maur.
HERCULEX (de).	Noble.	Chambéry.
HOQUINÉ André.	Dominicain.	Annecy.
HOQUINÉ Louis.	Curé.	Sales.
HOQUINÉ Jean-Louis.	Chanoine.	La Roche.
HUDRY François.	Vicaire.	Monetier.
HUGARD François.	Curé.	Alsery.

DERNIER DOMICILE CONNU	Municipalités dans lesquelles ils possèdent des Biens.		OBSERVATIONS
Districts	Municipalités	Districts	
Cluses.	Megève.	Cluses.	Déporté (art. IV de la Loi du 22 Ventôse).
idem.	idem.	idem.	
Moûtiers.			idem.
Annecy.			idem.
idem.			idem.
Cluses.	Mieussy.	idem.	idem.
Annecy.			idem.
Thonon.			
Chambéry.	S. Paul.	Chambéry.	idem.
Moûtiers.			idem.
Annecy.			idem.
Moûtiers.			idem.
Annecy.			idem.
Chambéry.			Emigré.
Annecy.			Déporté (art. IV de la Loi du 22 Ventôse).
Chambéry.			idem.
Annecy.			
Moûtiers.			idem.
idem.	Cevins, Rognaix et la Bâtie.	Moûtiers.	idem.
Annecy.			idem.
Thonon.			idem.
idem.			idem.
Cluses.	Boëge.	Cluses.	
idem.			idem.
Carouge.	Evian.	Thonon.	Ses biens sont indevis, idem.
S. J. de Maur.			Déporté (art. IV de la Loi du 22 Ventôse).
Chambéry.	Chambéry.	Chambéry.	Emigré français réfugié.
Annecy.			
idem.			Déporté (art. IV de la Loi du 22 Ventôse).
idem.			idem.
Carouge.			idem.
idem.			idem.

Les Emigrés en Savoie.

DÉSIGNATION DES ÉMIGRÉS NOMS, PRÉNOMS, SURNOMS	PROFESSIONS	DERNIER DOMICILE CONNU Municipalités
Huissen Antoine.	Curé.	Etrier.
Humbert François.	Prêtre.	Pesay.
Imbert François.	Dominicain.	Villarbeaufort.
Jaccassioz Jacques.	Entrepreneur.	Moûtiers.
Jaccaz Michel.	Abbé et subst. secrét. greffier.	Megève.
Jacquard Louis.	Vicaire.	Reinier.
Jacquemard Michel.	Curé.	Le Bois.
Jacquemet Claude.	idem.	Entrevernes.
Jacquemier Nicolas.	Chanoine.	Domancy.
Jacquemoud Henri.	Vicaire.	La Côte d'Aime.
Jacquemoud Jean-Baptiste.	Marchand.	Conflans.
Jacques Jean-Baptiste.	Chartreux.	Taninges.
Jacquet Jean.	Négociant.	Annecy.
Jacquier.	Prêtre.	Maxilier.
Jacquier François-Laurent.	Barnabite.	Bonneville.
Jacquier Joseph-Marie.	Prêtre.	idem.
Jacquier Joseph.	Curé.	Compesières.
Jaillet Benoît.	Officier sarde.	Annemasse.
Jaillet (Moisy sa femme) Claude-Marie.	Comte.	S. Cergue.
Jaillet (femme de Rivolat).		Thonon.
Jange (dit Delorme).	Tanneur.	Yenne.
Janin Denis.	Curé.	Vaux.
Janin Léonard.	Prêtre.	Rumilly.
Janin François.	Vicaire.	Ste-Reine.
Jay Jean-Maurice.	Curé.	S. J. de Maur.
Jay Michel.	idem.	Covins.

DERNIER DOMICILE CONNU	Municipalités dans lesquelles ils possèdent des Biens.		OBSERVATIONS
Districts	Municipalités	Districts	
Chambéry.			Déporté (art. IV de la Loi du 22 Ventôse).
Moûtiers.			idem.
idem.			
idem.	Moûtiers.	Moûtiers	
Cluses.			Emigré.
Carouge.			Déporté (art. IV de la Loi du 22 Ventôse).
Moûtiers.	Doucy.	idem.	idem.
Annecy.			idem.
Cluses.			idem.
Moûtiers.			idem.
idem.	Conflans.	idem.	
Cluses.			idem.
Annecy.	Annecy, Villaz, Veirier.	Annecy.	Ses biens sont indivis avec un frère et 3 sœurs.
Carouge.			Déporté (art. IV de la Loi du 22 Ventôse).
Cluses.			
idem.	Bonneville.	Cluses.	Emigré.
Carouge.			Déporté (art. IV de la Loi du 22 Ventôse).
idem.	S. Blaise, Cruseille, Annomasse, Monthoux et Etrambières.	Carouge.	
	Cranves, Lucingo.	idem.	
Thonon.	S. Cergue, Bons, Brontonno, Thonon.	Thonon.	
idem.			
Chambéry.	Yenne.	Chambéry.	
Annecy.			idem.
idem.			idem.
Chambéry.			idem.
Annecy.			idem.
Moûtiers.	Belleville.	Moûtiers.	idem.

DÉSIGNATION DES ÉMIGRÉS NOMS, PRÉNOMS, SURNOMS	PROFESSIONS	DERNIER DOMICILE CONNU Municipalités
Jocquet Jacques-Charles.	Prêtre régent.	Chêne.
Joly Charles.	Prêtre instit.	Megève.
Joly Pierre-François.	Prêtre.	idem.
Joly François.	Chanoine.	Moûtiers.
Jordan Michel.	Chanoine, curé.	Latour.
Jorioz Grégoire.	Curé.	La Côte d'Aime
Joud Jean-Michel.	Chanoine.	Flumet
Jourdan Joseph.	Lazariste.	Annecy.
Jourdan Charles.	Vicaire.	Châtillon.
Jourdan André.	Curé.	Pontamassey.
Jouret Jean-Louis.	Capucin.	Annecy.
Julliard Marie.	Curé.	S. André.
Julliard Isidore.	idem.	Thyl.
Julliard (fils de Guillaume) George.	Volontaire au 4e bat. du Mont-Blanc.	S. J. de Maur.
Julliard (feu George) Etienne.	Distributeur de tabac	idem.
Julliard Antoine.	Curé.	Sollières.
Jullien (la veuve, née Grange) Jeanne.		S. J. de Maur.
Jullien (fille de feu Sébastien Jullien) Charlotte.		idem.
Labalme François.	Off. pensionné.	Chêne.
Labeaume.	Noble.	Chambéry.
Labiche Paul-Antoine.	Curé.	Montailleur.
Lachenal Maurice.	Vicaire.	Passy.
Lachenal Jean-Baptiste.	Négociant.	Annecy.
Lachenal Claude.	Curé.	Thônes.
Lachenal Maurice.	idem.	Ugines
Lacombe Joseph.	idem.	S. Mar. la Porte
Lacombe Joseph.	Chanoine.	Annecy.
Lacroix François-Louis.	Doyen.	Samoëns.
Lacroix George.	Moine.	Thonon.
Laffin.	Vicaire.	Sixpey.
Lafleurenne Claude.	Noble.	Annecy.

| DERNIER DOMICILE CONNU | Municipalités dans lesquelles ils possèdent des Biens || OBSERVATIONS |
Districts	Municipalités	Districts	
Carouge.			Déporté (art. IV de la Loi du 22 Ventôse).
Cluses.	Megève.	Cluses.	idem.
idem.			idem.
Moûtiers.			idem.
Cluses.			idem.
Moûtiers.			idem.
Cluses.			idem.
Annecy.			
Cluses.			idem.
S. J. de Maur.			idem.
Annecy.			
idem.			idem.
S. J. de Maur.			idem.
idem.			
idem.			
idem.	Jarrié.	S. J. de Maur.	idem.
idem.			
idem.			
Carouge.			
Chambéry.	Chambéry.	Chambéry.	Emigré français réfugié.
idem.	idem.	idem.	Emigré.
Cluses.			Déporté (art. IV de la Loi du 22 Ventôse).
Annecy.	Annecy.	Annecy.	
idem.			idem.
idem.			idem.
S. J. de Maur.			idem.
Annecy.			idem.
Cluses.	Villard.	Cluses.	idem.
Thonon.			
Annecy.			idem.
idem.			

DÉSIGNATION DES ÉMIGRÉS NOMS, PRÉNOMS, SURNOMS	PROFESSIONS	DERNIER DOMICILE CONNU Municipalités
LAFLECHERE Georgine.	Noble.	Annecy.
LAFONTAINE Marin.	Curé.	Viuz-Faverges.
LAGLANIER Gabrielle.	Noble.	Bonne.
LAGRANGE (de) Joseph *(de Chaumont et du Wache)*.	Marquis.	Taninges.
LAGRANGE (de) Claude-François.	Curé.	Viry.
LAGRAVE Jacques-Clément.	Chanoine.	Avusy.
LALLIER Louis-Philibert.	Bénéficier.	Annecy.
LAMARRE Gaspard.	Noble et Offic. Municip.	Bonne.
LAMBERGIN Pierre.	Curé.	Minzier.
LAMBERT (et Joanne BERTIER, sa femme) Humbert-Antoine.	Praticien.	S. J. de Maur
LAMBERT Louis.	Négociant.	Annecy.
LANGARD.	Curé.	Humilly.
LANSARD.	Vicaire.	Cusy.
LAPALME Jean-Baptiste.	Chanoine.	Chambéry.
LAPIERRE.	Vicaire.	Montmin.
LAPLACE Marc-Antoine.	Noble.	Pringy.
LARDY (veuve Fantin).		Thonon.
LARIVE (sa fille ex-religieuse) Noel.	Maître de poste.	S. J. de Maur.
LARIVE-COURT Jean.	Chanoine et curé.	Villargondran.
LAROCHETTE Pierre-Jean.	Lazariste.	Annecy.
LAROQUETTE.	Noble.	Chambéry.
LAMPIN Joseph.	Curé.	Épagny.

DERNIER DOMICILE CONNU	Municipalités dans lesquelles ils possèdent des Biens.		OBSERVATIONS
Districts	Municipalités	Districts	
Annecy.			Déporté (art. IV de la Loi du 22 Ventôse).
idem.			
Carouge.			
	Chaumont, Savigny, Chevrier, Vulbens, Dingy, Vallory et Carouge.	Carouge.	
Cluses.	Taninge, les Gots et Châtillon.	Cluses.	
	Chambéry et Montmélian.	Chambéry.	
Carouge.			Emigré.
idem.	Avusy et Chenez.	Carouge.	Déporté (art. IV de la Loi du 22 Ventôse).
Annecy.			idem.
Carouge.	Bonne et Cranves.	idem.	
idem.			idem.
S. J. de Maur.	S. J. de Maur.	S. J. de Maur.	
Annecy.			
Carouge.			idem (Son père a des biens).
Annecy.			idem.
Chambéry.	Chambéry.	Chambéry.	idem.
Annecy.			idem.
	(Pringy.	Annecy.	
idem.	Frangy, Viry et S. Julien.	Carouge.	
Thonon.	Carouge.	idem.	A des droits dans l'hoirie de son mari.
S. J. de Maur.	S. J. de Maur.	S. J. de Maur.	
idem.			Déporté (art. IV de la Loi du 22 Ventôse).
Annecy.			
Chambéry.	Chambéry.	Chambéry.	Emigré français réfugié.
Annecy.			Déporté (art. IV de la Loi du 22 Ventôse).

DÉSIGNATION DES ÉMIGRÉS	PROFESSIONS	DERNIER DOMICILE CONNU
NOMS, PRÉNOMS, SURNOMS		Municipalités
Lasalle François.	Prêtre.	Thonon.
Lattard.	Moine.	idem.
Latout (feu Esprit et sa femme) Victor.		Auçoix.
Latout (née Gravier et ses filles) Marie-Claudine.		idem
Lathuile.	Novice cordelier.	La Chambre.
Lathuile François.	Vicaire.	Thônes.
Lathuile Pierre.	idem.	La Thuile.
Lavorel Joseph.	Aumônier des Annonciades.	Annecy.
Lavrian.	Comtesse.	Thonon.
Lazary (fils).	Noble.	Chambéry.
Lazary Hyacinthe-Marie.	Noble et Doyen.	Annecy.
Legier.	Prêtre.	Chambéry.
Lépine.	Curé.	Ruffieux.
Lépine.	Prieur.	S. Beron.
Lépine.	idem.	Chindrieux.
Levet François.	Domestique des Chartreux.	Scionzier.
Liannaz Laurent.	Curé.	Versonnex.
Livet (de) Alexis.	Noble.	Granves.
Loche Eugène (de Vanzy).	Comte.	Frangy.
Lollioz Jean-Baptiste.	Curé.	Novel.
Longet Bernard.	idem.	S. Silvestre.
Lornay Paul-Joseph.	Noble.	Hauteville.
Lottet Jacques.	Vicaire.	Cluses.
Loxet (fils de famille) Sigismond.	idem.	N. D. du Pré.
Lucinge (de) Marguerite.	Noble.	La Roche.
Lucrin André.	Curé.	Biot.
Luiset Michel.	Chanoine.	Moûtiers.
Luppox Joseph Marie.	Vicaire.	Haute-Ville-Gondon.
Lusignan.	Noble.	Chambéry.

— 105 —

| DERNIER DOMICILE CONNU | Municipalités dans lesquelles ils possèdent des Biens. | | OBSERVATIONS |
Districts	Municipalités	Districts	
Thonon.			Déporté (art. IV de la Loi du 22 Ventôse).
idem.			
S. J. de Maur.	S. J. de Maur. et S. Julien.	S. J. de Maur.	
idem.	S. J. de Maur.	idem.	
idem.			
Annecy.			idem.
idem.			idem.
idem.			idem.
Thonon.	Thonon.	Thonon.	
Chambéry.			
Annecy.			Emigré.
Chambéry.	Chambéry.	Chambéry.	
idem.	Ruffieux, Châtelard	idem.	Déporté (art. IV de la Loi du 22 Ventôse).
idem.			Emigré.
idem.	Chindrieux et Chambéry.	idem.	idem.
Cluses.			
Annecy.			Déporté (art. IV de la Loi du 22 Ventôse).
Carouge.	Aronthon, Cranves, Sales, Vétraz, Reinier.	Carouge.	
idem.	Eloïse.	idem.	
Thonon.	Chevenoz.	Thonon.	idem.
Annecy.			idem.
idem.	Hauteville.	Annecy.	
Cluses.			idem.
Moûtiers.			idem.
Annecy.	Aronthon.	Carouge.	
Thonon.	Biot.	Thonon.	idem.
Moûtiers.	S. J. de Bellevil.	Moûtiers.	idem.
idem.			idem.
Chambéry.	Chambéry.	Chambéry.	Emigré français réfugié.

DÉSIGNATION DES ÉMIGRÉS NOMS, PRÉNOMS, SURNOMS	PROFESSIONS	DERNIER DOMICILE CONNU Municipalités
MABBOUX (femme de Veuillet, notaire) Josephte.		Sallanches.
MACHARD Claude-François (de Chassey).	Noble.	Loëx.
MACHARD (son frère) Gaspard.	idem.	idem.
MAGDELAIN César.	Noble et Abbé.	Montmélian.
MAGDELAIN Fanchon. . . .	Noble.	idem.
MAGDELAIN (femme). . . .	idem.	idem.
MAGNIN Claude-François. . .	Régent de la ci-devant intendance.	Annecy.
MAGNIN Antoine.	Chanoine.	idem.
MAGNIN Claude-Louis. . . .	Curé.	La Balme.
MAGNIN Joseph.	idem.	Thonex.
MAGNON Jacques.	idem.	Bonne.
MAGNON (cadet) Jacques-Antoine.	Bourgeois.	Viuz-en-Sallaz.
MAGNON Pierre-François. . .	Homme de Loi et Juge de Paix.	idem.
MAISTRE André-Marie. . . .	Noble, Doyen.	Moûtiers.
MAISTRE (MORAND sa femme) Joseph-Marie.	Ex-sénateur.	Chambéry.
MAISTRE Jean-Joseph. . . .	Vicaire.	Villaz.
MAISTRE.	idem.	St-Eustache.
MAISTRE Claude.	Curé.	Entremont.
MAISTRE (femme d'Hyacinthe CONSTANTIN).	Noble.	Arthaz.
MAMI Jean-François. . . .	Chanoine.	La Chambre.
MAMI (ses fils Jacques et Isidore) Joseph.	Maître de poste et Maire.	Epierres.
MANIGLINIER.	Vicaire.	Desingy.
MANJAN Jean-François. . .	Lazariste.	Annecy.
MANUEL.	Augustin.	Chambéry.
MARCELLAZ (femme de LOCHE).	Noble.	idem.
MARCHANT Charles. . . .	Diacre.	Annecy.

— 107 —

| DERNIER DOMICILE CONNU ||Municipalités dans lesquelles ils possèdent des Biens ||OBSERVATIONS|
Districts	Municipalités	Districts	
Cluses			
Carouge.	Loëx, Nangy et Filinge.	Carouge.	
idem.			
Chambéry.	Montmélian.	Chambéry.	
idem.	idem.	idem.	
idem.	idem.	idem.	
Annecy.	Annecy-le-Vieux et Montagny.	Annecy.	
idem.			Déporté (art. IV de la Loi du 22 Ventôse).
idem.			idem.
Carouge.			Déporté volontairement en février 1793.
idem.			Déporté (art. IV de la Loi du 22 Ventôse).
Cluses.	Viuz et Ville-en-Sallaz, Bogève et Mieussy.	Cluses.	
idem.	idem.	idem.	
Moûtiers.	Chambéry.	Chambéry.	Émigré.
Chambéry.	idem.	idem.	
Annecy.			Déporté (art. IV de la Loi du 22 Ventôse).
idem.			idem.
idem.			idem.
Carouge.			
S. J. de Maur.			idem.
idem.	Epierres.	S. J de Maur.	
Annecy.			idem.
idem.			
Chambéry.			
idem.	Chambéry et Barberaz le Petit	Chambéry.	
Annecy.			idem.

DÉSIGNATION DES ÉMIGRÉS NOMS, PRÉNOMS, SURNOMS	PROFESSIONS	DERNIER DOMICILE CONNU Municipalités
MARCOZ Etienne.	Curé.	Albane.
MARCOZ Pierre-Antoine.	idem.	Montricher.
MARÉCHAL (femme de Janus SONNAZ).	Noble.	Habéres.
MARCEL Thomas-Denis.	Prêtre.	Thonon.
MARGERAUD Jean.	Curé de S. Priest.	Chambéry.
MARGUERY Jean-Baptiste.	Capucin.	idem.
MARGUERY Philippe-Louis.	Curé.	Cercier.
MARIN.	Vicaire.	Mesigny.
MARIN Jacques-Philippe-Emmanuel.	Prêtre.	Sallanches.
MARMOEN Joseph.	Curé.	Scionzier.
MARMOEX Joseph.	idem.	Songier.
MARTIN Jean-François.	Vicaire.	Les Clefs.
MARTIN Jean-Baptiste.	Curé.	Chêne.
MARTIN Joseph-Marie.	Chapelain.	Bourg S. M.
MARTIN (femme d'Arcolière).	Noble.	S.P. d'Albigny.
MARTIN.	Cordelier.	Moûtiers.
MARTIN Jean-Baptiste.	Curé.	Bourget.
MARTIN (fils de LAURENT) Jacq.	Volontaire au Bat. du Mont-Blanc.	S. J. de Maur.
MARTIN-LA-MOTTE Joseph.	Noble.	idem.
MARTIN (et toute sa famille) Jean-Baptiste-Alexandre.	Noble et Juge de paix.	idem.
MARTINET.	Prêtre.	Moûtiers.
MARTINY.	Curé.	Queige.
MARY Jacques.	Prêtre.	Granier.
MARY Jacques.	Capucin.	Bourg S. M.
MASSE Marie.	Professeur.	Sallanches.
MASSON Joseph.	Curé.	Lamuraz.
MATHIEU.	Perruquier.	Annecy.
MATHIEU François-George.	Off. pensionné.	Filly.

DERNIER DOMICILE CONNU	Municipalités dans lesquelles ils possèdent des Biens.		OBSERVATIONS
Districts	Municipalités	Districts	
S. J. de Maur.			Déporté (art. IV de la Loi du 22 Ventôse).
idem.			idem.
Thonon.			
idem.	Thonon.	Thonon.	idem.
Chambéry.			idem.
idem.			
Carouge.			idem.
Annecy.			idem.
Cluses.	Sallanches.	Cluses.	
idem.			idem.
Thonon.	Draillans.	Thonon.	idem.
Annecy.			idem.
Carouge.			idem.
Moûtiers.	Bourg S. M.	Moûtiers.	idem.
Chambéry.	S.P. d'Albigny.	Chambéry.	
Moûtiers.			
S. J. de Maur.	Modane.	S. J. de Maur.	idem.
idem.			
idem.	S. J. de Maur.	idem.	
idem.	S. J. de Maurienne, S. Colomban et Ste Marie de Cuines.	idem.	
Moûtiers.			idem.
idem.			idem.
idem.	Les Avanchers.	Moûtiers.	idem.
idem.			
Cluses.			idem.
Carouge.	Villagrand.	Carouge.	idem (ses biens sont indivis par moitié avec F. Masson, son neveu).
Annecy.	Annecy.	Annecy.	
	Ménier.	Carouge.	
Thonon.	Filly.	Thonon.	

DÉSIGNATION DES ÉMIGRÉS NOMS, PRÉNOMS, SURNOMS	PROFESSIONS	DERNIER DOMICILE CONNU Municipalités
Maugny François-Alexis.	Noble, Bénédictin.	Talloires.
Maure.	Curé.	Alleve.
Maurice Antoine-Philibert.	Homme de Loi.	Annecy.
Meloz François	Chartreux.	Thonon.
Menoud.	Vicaire.	Vimine.
Merlin François.	Prêtre.	Evian.
Mermet Louis.	Régent.	Beaufort.
Mermillod Philibert.	Prêtre.	St-Martin de Belleville.
Mermoz Joseph-Marie.	Curé.	Cruseilles.
Mermoz Joseph.	Vicaire.	Ayze.
Messy François.	Sacristin.	Les Contamines.
Messy (fils de famille) Joseph.		La Roche.
Mestrallet Jean-Baptiste.	Juge au Tribunal du District.	Termignon.
Mestrallet (fils dudit) Ch.-Jos.	Praticien.	idem.
Mestrallet (fils de Louis) Louis.	Commerçant.	idem.
Mestrallet Alexis.	Prêtre, recteur.	Jarrié.
Mestrallet Anasthase.	Curé.	Bramans.
Mestrallet François.	Chanoine.	La Chambre.
Mestrallet (feu Charles et Thérèse Mestrallet sa femme) Etienne.	Négociant.	Sollières.
Mestrallet (leur fils, et Marie Duffourd sa femme) Charles.	idem.	idem.
Mestrallet Jean.	Not. et Juge de paix.	idem.
Mestrallet (fils d'Amédé) Dominique.		Sardières.
Metral Jean-Joseph.	Admin. du District.	Thônes.
Metral (femme de fils Gay) Marie.		idem.

— 111 —

DERNIER DOMICILE CONNU	Municipalités dans lesquelles ils possèdent des Biens.		OBSERVATIONS
Districts	Municipalités	Districts	
Annecy.			
idem.	S. Blaise.	Carouge.	Déporté (art. IV de la Loi du 22 Ventôse).
idem.	Seinod, Annecy, Annecy-le-Vieux Menthon et Desingy.	Annecy.	Ses biens sont indivis avec une sœur.
Thonon.			
Chambéry.			Déporté (art. IV de la Loi du 22 Ventôse).
Thonon.	Evian.	Thonon.	idem.
Moûtiers.			idem.
idem.			idem.
Carouge.			idem.
Cluses.			idem.
idem.			idem.
Annecy.			
S. J. de Maur.	S. J. de Maur.	S. J. de Maur.	
idem.			
idem.			
idem.			idem.
idem.			idem.
idem.			idem.
idem.	Sollières.	idem.	
idem.			
idem.	idem.	idem.	
idem.			
Annecy.	Thônes et Talloires.	Annecy.	
idem.			

DÉSIGNATION DES ÉMIGRÉS NOMS, PRÉNOMS, SURNOMS	PROFESSIONS	DERNIER DOMICILE CONNU Municipalités
METRAL Claude.	Recteur.	S. Martin.
MICHAL (l'aîné) Marie-Charles Cagnol de la Chambre.	Marquis.	Chambéry.
MICHAUD Joseph.	Curé.	Quintal.
MICHAUD.	idem.	Cusy.
MICHAUD Jean-Baptiste.	Vicaire.	Héry-sur-Alby.
MICHAUD Charles.	idem.	Petit-Bornand.
MICHAUD Jean-François.	Chanoine.	Samoëns.
MICHAUD Joseph.	Clerc tonsuré.	idem.
MICHEL Albert.	Vicaire.	S. Julien.
MICHEL Félix.	Curé.	Termignon.
MICHEL Gaspard.	idem.	Aigueblanche.
MICHEL Jean-Baptiste.	Médecin.	Moûtiers.
MICHEL Jean-Baptiste.	Curé.	Fessons sous Briançon.
MICHELAU Jean-François.	Étudiant.	Valloires.
MICHELAU Benoît.	Curé.	S. Julien.
MICHON Maurice.	Vicaire.	Les Gets.
MICHON Jean.	Curé.	Villard.
MICHOUD Maurice.	idem.	Les Gets.
MICOLO François.	Vicaire.	S. Genix.
MIEGE Balthazard.	Curé.	Gilly.
MIFFON François.	idem.	Meytet.
MILLERET Antoine.	Chanoine.	Samoëns.
MILLIET (veuve d'Oncieux) Sébastienne.	Noble.	Chambéry.
MILLIET (l'oncle) Joseph (chevalier d'Arvilard).	Noble et officier pensionné.	idem.
MILLIET (oncle) Louis-Joachim.	Noble et Abbé.	idem.
MILLIET (aîné) Joseph-Henri (de Faverges).	Marquis.	idem.

DERNIER DOMICILE CONNU	Municipalités dans lesquelles ils possèdent des Biens		OBSERVATIONS
Districts	Municipalités	Districts	
Carouge.	Pers.	Carouge.	Déporté (art. IV de la Loi du 22 Ventôse).
Chambéry.	Chambéry, Cruet et Francin.	Chambéry.	
Annecy.			idem.
idem.			idem.
idem.			idem.
idem.			idem.
Cluses.			idem.
idem.			idem.
S. J. de Maur.	S. J. d'Arve.	S. J. de Maur.	idem.
idem.			idem.
Moûtiers.	Rognex.	Moûtiers.	idem.
idem.			
idem.			idem.
S. J. de Maur.			
idem.	S. Julien.	S. J. de Maur.	idem.
Cluses.			idem.
idem.			idem.
idem.	S. Paul.	Thonon.	idem.
Chambéry.	S. Genix.	Chambéry.	idem.
idem.	Gilly, Jumilly.	idem.	idem.
Annecy.			idem.
Cluses.	Samoëns.	Cluses.	idem. Son père est vivant. Elle a des droits dotaux sur les biens de l'absent d'Oncieux.
Chambéry.			
idem.	Chambéry, Jacob, Montagnole.	Chambéry.	
idem.			Emigré.
idem.	Chambéry, S. Ombre, Trivier, Montmélian.	idem.	

Les Emigrés en Savoie.

DÉSIGNATION DES ÉMIGRÉS NOMS, PRÉNOMS, SURNOMS	PROFESSIONS	DERNIER DOMICILE CONNU Municipalités
MILLIET Jos.-Frédéric-Pantaléon (d'Arvillard)	Marquis.	Chambéry.
MILLIET Simon.	Chan. régulier.	Pellionnex.
MILLIOZ (avec sa femme et leur fille) Joseph.	Directeur des Minières.	Pesay.
MILLIOZ François.		S. P. d'Albigny.
MIRANY Pierre-Joseph.	Homme de loi, vice-intendant.	Chêne-Thonex.
MISSILIEN Claude-François.	Not. et Offi. Muniei.	Thônes.
MOENE Étienne.	Chapelain.	Menthon.
MOISY (de) Pierre-François.	Noble et officier pens.	Vetraz.

DERNIER DOMICILE CONNU	Municipalités dans lesquelles ils possèdent des Biens		OBSERVATIONS
Districts	Municipalités	Districts	
Chambéry.	Favorges, Vieux-Faverges.	Annecy.	
	Chambéry, S. Ombre, Bissy, Voglans, la Ravoire, Bassens, Barberaz-le-Petit, St-Baldoph, Francin, Chignin, Arbin, Cruet, St-Jean la Porte, Villarsallet, la Trinité, Pontet en l'Hullies, la Croix de la Rochette, la Rochette, Arvillard, Détrier et Villarleger.	Chambéry.	
	Rumilly, Massingy, Bloye-Sallagine, Annecy-le-Vieux, Veyrier, Villy-le-Peloux.	Annecy.	
	Arsine, Archamp, S. Julien, Vanzy, Eloise, Chessenaz, Chêne-en-Semine, Planaz, Bassy, Clarafond, Usinens, Frangy, S. Germain.	Carouge.	
Cluses.			Déporté (art. IV de la Loi du 22 Ventôse).
Moûtiers.			
Chambéry.	S. P. d'Albigny.	Chambéry.	
Carouge.	Chêne-Thonex.	Carouge.	
Annecy.	Thônes et la Balme de Thuy.	Annecy.	
idem.			idem.
Carouge.	Votras et Monthoux.	Carouge.	

DÉSIGNATION DES ÉMIGRÉS NOMS, PRÉNOMS, SURNOMS	PROFESSIONS	DERNIER DOMICILE CONNU Municipalités
Moisy (de) Isaac-Mar. *(de Cranves)*.	Noble.	Cranves.
Molin Jean-Baptiste.	Chanoine.	S. J. de Maur.
Molin Joseph.	Curé.	S. Remy.
Molin François.	idem.	Epierres.
Mollaret Isidore.	Recteur.	Hermillon.
Molliet Jean.	Maire.	Bellecombe.
Mollinard Dominique.	Prêtre.	S. J. de Maur.
Monet Antoine.	Prêtre Bénéficier.	idem.
Monet (sa femme et deux enfans) Antoine.	Domestique de l'Archevêque.	Moûtiers.
Monet Gaspard.	Prêtre.	Vacheresse.
Mongenis Claude-Marie.	Noble.	Balaizon.
Montant Etienne.	Vicaire.	St-Jeoire.
Monfort (femme de Sauthier) Marie-Anne.		Bonneville.
Monfort (femme de La Balme) Marie-Josephte.	Noble.	idem.
Montréal François.	Homme de Loi.	Annecy.
Montréal André-Marie.	Chanoine.	idem.
Morard Claude.	Prêtre.	N. D. du Pré.
Morel Michel.	Chanoine.	Flumet.
Moret François.	Vicaire.	St-Gervais.
Moret (et sa femme) François.	Bourgeois.	Sallanches.
Mosset Jacques.	Curé.	Pont N. D.
Mosset Joseph.	idem.	Onnex.
Mouchet Pierre.	Vicaire.	Villard.
Mouchet George.	Frère Capucin.	Annecy.
Mouchet Aimé.	Professeur.	idem.
Mouchet.	Curé.	Bluffy.
Mouchet Jean-Baptiste.	Prêtre, vicaire.	Seloz.
Mougny Joseph.	Curé.	St-Jorioz.
Mounet Claude.	idem.	Seittenex.
Moutaz François.	Frère Cordelier.	La Chambre.
Mouthon Aimé.	Moine.	Thonon.

— 417 —

| DERNIER DOMICILE CONNU | Municipalités dans lesquelles ils possèdent des Biens. | | OBSERVATIONS |
Districts	Municipalités	Districts	
Carouge.	Monthoux, Cranves et Sales.	Carouge.	
S. J. de Maur.	Lanslebourg.	S. J. de Maur.	Déporté (art. IV de la Loi du 22 Ventôse).
idem.	idem.	idem.	idem.
idem.	idem.	idem.	idem.
idem.	Montrond.	idem.	idem.
Cluses.	Bellecombe	Cluses.	
S. J. de Maur.			idem.
idem.			idem.
Moûtiers.			
Thonon.	Evian.	Thonon.	idem.
idem.	Balaizon.	idem.	
Cluses.	Taninges.	Cluses.	idem.
idem.	Mioussy, Saint-Etienne, la Côte d'Hyot.	idem.	
idem.	Arenthon.	Carouge.	
Annecy.			
idem.			idem.
Moûtiers.			idem.
Cluses.			idem.
idem.			idem.
idem.	Sallanches.	Cluses.	Chef de rebelles.
Carouge.	Pont N. D.	Carouge.	idem.
idem.			idem.
Cluses.			idem.
Annecy.			
idem.			idem.
idem.			idem.
Thonon.	Boëge.	Cluses.	idem. Son père est décédé depuis lors et a laissé une forte succession.
idem.			idem.
idem.			idem.
S. J. de Maur.			
Thonon.			

DÉSIGNATION DES ÉMIGRÉS NOMS, PRÉNOMS, SURNOMS	PROFESSIONS	DERNIER DOMICILE CONNU Municipalités
Mouthon Jean-Marie.	Curé.	St-Blaise.
Mouthon Jacques.	idem.	Les Plagnes.
Mouxy Charles.	Noble, bénéd.	Talloires.
Mudry Guerin.	Moine.	Thonon.
Mudry François.	Prêtre.	Montriond.
Muffat Jean-Baptiste.	idem.	Morzine.
Muffat Laurent.	Ex-frère Cord.	Cluses.
Mugnier Pierre-Louis.	Curé.	Ayze.
Mugnier Jacques	idem.	Mont-Saxonex.
Mugnier Nicolas.	Prêtre.	Frangy.
Mugnier Jean-Marie.	idem.	Evian.
Mugnier Pierre.	idem.	Annecy.
Mugnier Eustache.	Chan. et profes.	idem.
Mugnier Joseph-Marie.	Curé.	Vallières.
Mugnier Alexis.	idem.	Les Avanchers.
Mugnier Pierre.	Marchand.	Annecy.
Muguet.	Chartreux.	Thonon.
Muraz Charles.	Prêtre.	Macôt.
Murgerey.	Curé.	Montagnole.
Murinet (la femme de Cosvaz).	Noble.	Beauregard.
Mussy Jean.	Vicaire.	S. Jeoire.
Mutillet Jean.	Prêtre.	Mesinge.
Mutillot Joseph.	Vicaire.	Annemasse.
Naiur Jean.	idem.	Ugines.
Nalet Claude-Sigismon-François.	Curé.	Clarafond.
Neurat Jean-Baptiste.	Cordelier.	Cluses.
Nicole (Laplace, noble).	Chanoine.	Chambéry.
Nicollet Pierre-Joseph.	Curé.	S. Maurice.
Noble Jean.	Chanoine.	La Roche.
Noel.	Curé.	Bassens.
Noir Jean.	Prêtre.	Moûtiers.
Noiton Jean-Marie.	idem.	Bons.

DERNIER DOMICILE CONNU	Municipalités dans lesquelles ils possèdent des Biens.		OBSERVATIONS
Districts	Municipalités	Districts	
Carouge.			Déporté (art. IV de la Loi du 22 Ventôse).
Cluses.			idem.
Annecy.			
Thonon.			
idem.	Biot.	Thonon.	idem.
idem.	Evian.	idem.	idem.
Cluses.			
idem.			idem.
idem.			idem.
Carouge.	Thonon.	idem.	idem.
Thonon.			idem.
Annecy.			idem.
idem.			idem.
idem.			idem.
Moûtiers.	Bozel, Saint-Bon.	Moûtiers.	idem.
Annecy.			
Thonon.			
Moûtiers.	Les Avanchers.	idem.	idem.
Chambéry.	Chambéry.	Chambéry.	idem.
Thonon.	Onnex.	Carouge.	
Cluses.	S. André.	Cluses.	idem.
Thonon.	Mesinge.	Thonon.	idem.
Carouge.			idem.
Annecy.			idem.
Chambéry.			idem.
Cluses.			
Chambéry.	Montmélian.	Chambéry.	Émigré.
Cluses.			Déporté (art. IV de la Loi du 22 Ventôse).
Annecy.			idem.
Chambéry.			idem.
Moûtiers.			idem.
Thonon.			idem.

DÉSIGNATION DES ÉMIGRÉS NOMS, PRÉNOMS, SURNOMS	PROFESSIONS	DERNIER DOMICILE CONNU Municipalités
Noiton Albert-Eugène.	Aumônier de l'Evêque.	Annecy.
Noraz Claude.	Proc. de Commune.	Epierres.
Novel Pierre.	Prêtre.	S. J. de Maur.
Octenier Alexandre.	Notaire.	S. Gervaix.
Octenier Louis.	Prêtre.	*idem*.
Odifroy.	Lazariste.	Annecy.
Olive Jean-François.	Curé.	Marlens.
Olive Charles, son frère.	Intendant.	Moûtiers.
Opinel (femme de Joseph Gravier) Charlotte.		Epierres.
Orsey Etienne.	Vicaire.	Megève.
Orsier Pierre.	*idem*.	S. Laurent.
Orsier François-Marie.	Chanoine.	La Roche.
Orsier Hypolite.		*idem*.
Orsier Sébastien.	Curé.	S. Romain.
Orsier André.	Prêtre recteur.	Vovray.
Paccad Marie-Héleine.	Bourgeoise.	S. Gervaix.
Paccard Pierre-Joseph.	Vicaire.	Chamonix.
Pachod Jean.	Prêtre.	Moûtiers.
Paget Claudine.	Noble.	Annecy.
Paget Joseph-Marie.	Evêque.	*idem*.
Paget Jerôme.	Frère Lazariste.	*idem*.
Paget.	Dominicain.	*idem*.
Pallice Claude-François.	Curé.	Arbusigny.
Paquier Aimé.	Prêtre.	S. Jeoire.
Paraz Jean.	Curé.	Villarrembert.
Paraz Etienne-François.	Etudiant.	S. André.
Paris Claude.	Relieur.	Annecy.
Paris.	Vicaire.	Maglan.
Paris Joseph.	Curé.	Frangy.
Paris Philibert.	Vicaire.	*idem*

— 121 —

| DERNIER DOMICILE CONNU | Municipalités dans lesquelles ils possèdent des Biens. | | OBSERVATIONS |
Districts	Municipalités	Districts	
Annecy.			Déporté (art. IV de la Loi du 22 Ventôse).
S. J. de Maur.	Epierres.	S. J. de Maur.	
idem.			idem.
Cluses.	S. Gervaix.	Cluses.	
idem.	idem.	idem.	idem.
Annecy.			
idem.			idem. Son père vit et a de la fortune.
Moûtiers.	Rumilly.	Annecy.	
S. J. de Maur.	Epierres.	S. J. de Maur.	
Cluses.	Megève.	Cluses.	idem.
idem.			idem.
Annecy.			idem.
idem.			Un legs lui étoit dû par ses parents.
Carouge.			Déporté (art. IV de la Loi du 22 Ventôse).
idem.	Vovray.	Carouge.	idem.
Cluses.	S. Gervaix.	Cluses.	
idem.	Chamonix.	idem.	idem.
Moûtiers.			idem.
Annecy.			
idem.			Emigré.
idem.			
idem.			Déporté (art. IV de la Loi du 22 Ventôse).
Cluses.	S. Jeoire.	idem.	idem.
S. J. de Maur.			idem.
idem.			
Annecy.	Annecy.	Annecy.	
Cluses.			idem.
Carouge.			idem.
idem.			idem.

DÉSIGNATION DES ÉMIGRÉS NOMS, PRÉNOMS, SURNOMS	PROFESSIONS	DERNIER DOMICILE CONNU Municipalités
Pascal Jacques-François.	Curé.	S. Michel.
Patissier Etienne.	idem.	Allues.
Peiraz Pierre-Nicolas.	Prêtre.	Bessans.
Pellerin Claude-François.	Curé.	Vallorsine.
Pellissier François.	Prêtre.	S. Jeoire.
Pelloux Claude.	Chanoine.	La Roche.
Pelloux Jérôme.	Curé.	Chapelle-Rambaud.
Pelly (de) Marguerite.	Noble.	Desingy.
Perier Pierre.	Chanoine.	Moûtiers.
Perillat Joseph.	Plebain.	Cluses.
Perissod Joseph.	Curé.	S. Eustache.
Perissod.	Vicaire.	Thônes.
Pernat Alexis.	Chappelain.	Araches.
Peronier Gaspard.	Curé.	Salin.
Perrand Christin-Sigismond.	Vicaire général.	Annecy.
Perray Joseph.	Curé.	Bernex.
Perreard Jean.	Vicaire.	Neydens.
Perreard Jean-Baptiste.	Prêtre.	Thônes.
Perret Jean-Pierre.	Vicaire.	Grand Bornand
Perret Claude-François.	Curé.	Ferrières.
Perret.	idem.	Aiguebelette
Perret Françoise-Pierre.	idem.	Villagrand.
Perret Charles.	Vicaire.	idem.
Perrier Nicolas.	Curé.	Chevrier.
Perrier Joseph-Marie.	Vicaire.	Araches.
Perrin Louis.	Noble et offi. sarde.	Chambéry.
Perrin Nicolas.	Noble et Chan.	idem.
Perroud Gaspard.	Prêtre.	Evian.
Perrucard François-Joseph (de Ballon).	Marquis.	Vanchi.

DERNIER DOMICILE CONNU	Municipalités dans lesquelles ils possèdent des Biens.		OBSERVATIONS
Districts	Municipalités	Districts	
S. J. de Maur.	Avrieux.	S. J. de Maur.	Déporté (art. IV de la Loi du 28 Ventôse).
Moûtiers.	Les Avanchers.	Moûtiers.	idem.
S. J. de Maur.			idem.
Cluses.			idem.
idem.			idem.
Annecy.			idem.
idem.			idem.
idem.			
Moûtiers.			idem.
Cluses.			idem.
Annecy.			idem.
idem.			idem.
Cluses.			idem.
Moûtiers.			idem.
Annecy.			
Thonon.	Evian, Maxilier, Neuvecelle, Publier.	Thonon.	idem.
Carouge.			idem.
Annecy.			idem.
idem.			idem.
idem.			idem.
Chambéry.	Aignebelette et Nances.	Chambéry.	idem.
Carouge.			idem.
idem.			idem.
idem.			idem.
Cluses.			idem.
Chambéry.	Chambéry, Lépin, St-Pierre d'Albigny.	idem.	
idem.	Chambéry, La Bauche.	idem.	idem.
Thonon.			idem.
Nantua (dép. de l'Ain).	Eloise.	Carouge.	

DÉSIGNATION DES ÉMIGRÉS	PROFESSIONS	DERNIER DOMICILE CONNU
NOMS, PRÉNOMS, SURNOMS		Municipalités
Personnaz Pierre.	Chanoine.	S. J. de Maur.
Peraonnaz Sébastien.	idem.	idem.
Phippaz Louis.	Vicaire.	Ayze.
Picollet.	Profes. Prêtre.	Rumilly.
Picton (fils de Pierre) Joseph.	Étudiant.	S. J. de Maur.
Picton Jean Louis.	Prêtre.	Argentine.
Pienoz Jean.	Curé.	Barberaz le Petit.
Pierre Thomas (Clerc).	Frère Capucin.	Chambéry.
Pierron.	Curé.	S. Sulpice.
Piffet Urbain.	Prêtre.	Longefoy.
Piffet Claude.	Prieur.	Scéz.
Pignarre Jacques.	Curé.	Andilly.
Pinget Ange-Marie.	idem.	Epagny.
Piollens (de) Jean-Honoré.	Marquis.	Chambéry.
Pissard François-Marie.	Chartreux.	Scionzier.
Pissard Jacques.	Chanoine.	Sallanches.
Pissard Marin-François.	idem.	idem.
Pissard Marin-Joseph.	idem.	Cordon.
Piton Jacques.	Curé.	Etable.
Placiardet Joseph.	idem.	Celliers.
Plagnat Jacques-Joseph.	idem.	Monthoux.
Poensin François.	Vicaire.	Les Houches.
Pollet Dominique.	Curé.	Bouchet, Onex de Serraval.
Pollet Joseph.	Prêtre.	Chambéry.
Poncet Louis.	Admin. de Dis.	S. Sigismon.
Poncet Bernard.	Vicaire.	La Tour.
Pontet Joseph.	Prêtre.	Samoëns.
Portaz Louis.	Curé.	S. P. Belleville
Portaz Jean-Antoine.	Praticien.	La Chapelle.
Porte Thomaz.	Curé.	S. André.
Portier Joseph.	Capucin.	Thonon.

Dernier Domicile Connu		Municipalités dans lesquelles ils possèdent des Biens.		OBSERVATIONS
Districts		Municipalités	Districts	
S. J de Maur.				Déporté (art. IV de la Loi du 22 Ventôse).
idem.				idem.
Cluses.				idem.
Annecy.				idem.
S. J. de Maur.				
idem.				idem.
Chambéry.		Barberaz le Petit.	Chambéry.	Emigré.
idem.				
idem.				Déporté (art. IV de la Loi du 22 Ventôse).
Moûtiers.				idem.
idem.				idem.
Carouge.		Andilly.	Carouge.	idem.
idem.		Epagny.	idem.	idem.
Chambéry.		Ayn, Novalaise, Nances, Yenno.	Chambéry.	
Cluses.				
idem.				idem.
idem.				idem.
idem.				idem.
Chambéry.		La Rochette, Etable.	idem.	idem.
Moûtiers.				idem.
Carouge.		Monthoux.	Carouge.	idem.
Cluses.				idem.
Annecy.				idem.
Chambéry.				idem.
Cluses.		S. Sigismon.	Cluses.	
idem.				idem. Son père a de la fortune.
idem.				idem.
S. J. de Maur.		La Chapelle.	S. J. de Maur.	idem.
idem.		idem.	idem.	idem.
idem.		Bourget, Avrieux.	idem.	idem.
Thonon.				

DÉSIGNATION DES ÉMIGRÉS NOMS, PRÉNOMS, SURNOMS	PROFESSIONS	DERNIER DOMICILE CONNU Municipalités
PORTIER (fils de famille) François *(Du Belair)*.	Noble et homme de Loi.	Rumilly.
PORTIER Sigismond *(Du Belair)*.	Noble, Abbé.	Chambéry.
POSSOZ.	Clerc tonsuré.	Montvalaisan sur Scez.
PRALON Joseph.	Homme de Loi.	Taninges.
PRILLEX Guerin.	Prêtre.	Milleret.
PRUNIER Claude.	Vicaire.	Marcelaz.
PUGIN Claude.	Curé.	Bossey.
PUTHOD Joseph.	Prêtre.	Annecy.
PUTHON Claude-Joseph.	Chanoine.	Sixt.
QUÉTAN Joseph.	Etudiant.	Annecy.
QUISARD François.	Moine.	S. J. d'Aulph.
QUISARD Jean-Claude.	Prêtre.	Thonon.
QUISARD Pierre-Joseph.	*idem*.	*idem*.
QUISARD (femme de Mathieu) Charlotte.	Noble.	Filly.
RACT Urbain.	Prêtre.	Conflans.
RACT Jean-Pierre.	Curé.	Césarches.
RACT Benoît.	*idem*.	Planay.
RAFFORT Germain.	Vicaire.	Salin.
RAFFORT Victor.	Chirurgien.	Megève.
RAMBAUD Collomban.	Curé.	S. J. d'Arve.
RAMBAUD Jean-Baptiste.	Prêtre.	Valloires.
RAMBAUD Joseph.	Notaire.	Alblez-le-Vieux.
RAMBAUD.	Curé.	Chamoux.
RAMEL Pierre-Joseph-Marie.	Notaire.	Thonon.
RAMUS Jean-Baptiste.	Curé.	Briançon.
RANGUIS Etienne.	*idem*.	Annecy.
RAPIN François.	Darnabite.	*idem*.
RAPIN François.	Curé.	S. Oyen.

DERNIER DOMICILE CONNU	Municipalités dans lesquelles ils possèdent des Biens.		OBSERVATIONS
Districts	Municipalités	Districts	
Annecy.			
Chambéry.			Emigré.
Moûtiers.			Déporté (art. IV de la Loi du 2? Ventôse).
Cluses.	Taninges.	Cluses.	
Thonon.	Bernex.	Thonon.	idem.
Annecy.			idem.
Carouge.			idem.
Annecy.			idem.
Cluses.			idem.
Annecy.			
Thonon.			
idem.	Massongy.	idem.	idem.
idem.	Douvaine.	idem.	idem.
idem.			
Moûtiers.			idem.
idem.			idem.
idem.			idem.
idem.			idem.
Cluses.			
S. J. de Maur.			idem.
idem.	Valloires.	S. J. de Maur.	idem.
idem.			
Chambéry.			idem.
Thonon.	Thonon, Allinges.	Thonon.	
Moûtiers.	Moûtiers, Fesson.	Moûtiers	idem.
Annecy.			idem.
idem.			
Moûtiers.			idem.

DÉSIGNATION DES ÉMIGRÉS NOMS, PRÉNOMS, SURNOMS	PROFESSIONS	DERNIER DOMICILE CONNU Municipalités
Rapin Jean-Joseph	Curé	S. Eusèbe de Cœur
Rassiat Louis	Vicaire	Cret-Volant
Ratel Mathieu	Chirurgien	Modane
Raudon Joseph-Marie	Prêtre	Armoy
Ravinet Jean-Marie	Vicaire	Jarsy
Ravoire	Curé	La Trinité
Ravoire Antoine	idem	S. Colomban des Villards
Regard Claude-Louis *(de Vars)*	Nob. Chanoine	Chambéry
Reinaud André	Curé	Les Frasses
Renaud Jean-Nicolas	Prêtre	Pernex
Renaud Joseph	Vicaire	S. J. de Bellev.
Renaud Noël	Curé	Araches
Renaud Joseph *(de Bissy)*	Noble, Prêtre	Chambéry
Renevrier Jean-Baptiste	Curé	Grand Bornan
Relornaz Jean-Dominique	Notaire	Valloires
Revet François	Prêtre	Chevron
Revillod Joseph	Curé	Chamonix
Revillod Claude-Joseph	Chapelain	Scionzier
Revillod Charles	Vicaire	Taninge
Revuz François	Cordelier	Cluses
Rey Jean-Baptiste	Prêtre	Megève
Rey Jean-Michel	Professeur	Montaimont
Rey Marc-Antoine	Curé	Montgirod
Rey Jean-Pierre	Vicaire	Conflans
Rey Philibert	Prêtre	idem
Rey Jean	idem	S. Laurent de la Côte
Rey Pierre	Diacre	Mollevaux
Rey Simond	Vicaire	Cernex
Rey Ennemond	Curé	Françin
Rey Joseph	Vicaire	Faverges
Rey Gabriel	Curé	Sillingy

DERNIER DOMICILE CONNU	Municipalités dans lesquelles ils possèdent des Biens		OBSERVATIONS
Districts	Municipalités	Districts	
Moûtiers.			Déporté (art. IV de la Loi du 22 Ventôse).
Cluses.			idem.
S. J. de Maur.	Modane.	S. J. de Maur.	idem.
Thonon.	Armoy.	Thonon.	idem.
Chambéry.			idem.
idem.	La Trinité.	Chambéry.	Émigré.
S. J. de Maur.			Déporté (art. IV de la Loi du 22 Ventôse).
Chambéry.	Chambéry, Jacob, Montagnole.	idem.	idem.
Cluses			idem.
Carouge.			Déporté volontairement en février 1793.
Moûtiers.	S. J. de Bellev.	Moûtiers.	Déporté (art. IV de la Loi du 22 Ventôse).
Cluses.			idem.
Chambéry.			idem.
Annecy.			idem.
S. J. de Maur.			
Chambéry.	Chevron.	Chambéry.	Émigré.
Cluses.			Déporté (art. IV de la Loi du 22 Ventôse).
idem.			idem.
idem.			idem.
idem.			idem.
idem.			idem.
S. J. de Maur.	Montalmont.	S. J. de Maur.	idem.
Moûtiers.			idem.
idem.			idem.
idem.			idem.
idem.			idem.
Thonon.			idem.
Carouge.			idem.
Chambéry.			idem.
Annecy.			idem.
idem.			idem.

Les Émigrés en Savoie. 9.

DÉSIGNATION DES ÉMIGRÉS NOMS, PRÉNOMS, SURNOMS	PROFESSIONS	DERNIER DOMICILE CONNU Municipalités
Reydet Michel.	Frère laïque cordelier.	Araches.
Reydet (De St-Paul).	Prêtre, Noble.	Moûtiers.
Reymond Jean-François.	Curé.	Bozel.
Reymond Pierre-François.	Vicaire.	Montagny.
Reynond Pierre.	Prêtre.	Hauteluce.
Reymondat Philibert.	Curé.	St-Bon.
Reynaud Joseph-Marie.	Vicaire.	Leschaux.
Richard.	Cordelier.	La Chambre.
Richard Jean.	Prêtre.	Thonon.
Richard Jacques.	Vicaire.	Andilly.
Richard Noël.	Curé.	Latable.
Richardet.	Vicaire.	Bellecombe.
Richardet.	Curé.	Epersy.
Riond Jean-Dominique.	*idem.*	Orelle.
Rioutard Claude.	Dominicain.	Annecy.
Rivol Joseph-Alexandre.	Chanoine.	S. J. de Maur.
Rivol Joseph.	*idem.*	*idem.*
Rivollat Jean-Antoine.	Homme de loi.	Thonon.
Rivollat (femme de Duperier) Polixène.		*idem.*
Rivollat Josephte.		*idem.*
Rivollier Jean-Claude.	Bénéficier.	Annecy.
Roch Jean-Joseph.	Chartreux.	Selonzier.
Roch Jean-Claude.	Curé.	La Compôte.
Roche Jean.	*idem.*	Lanslebourg.
Rochet Claude.	Sculpteur.	S. Michel.
Rochet Jean-Baptiste.	Curé.	Clarafond.
Rogès Dominique.	Grand-Vicaire.	S. J. de Maur.
Rogès Jean-François.	Homme de loi.	*idem.*
Rogès Dominique.	Sans profession.	*idem.*
Rogès Jean-Michel.	Abbé.	*idem.*

DERNIER DOMICILE CONNU	Municipalités dans lesquelles ils possèdent des Biens.		OBSERVATIONS
Districts	Municipalités	Districts	
Cluses.			
Moûtiers.			
idem.			Déporté (art. IV de la Loi du 22 Ventôse).
idem.	St-Martin.	Moûtiers.	idem.
idem.			idem.
idem.	Moûtiers, Le Bois.	idem.	idem.
Chambéry.	3.-J. la Porte, N.-P. d'Albigny, Leschaux.	Chambéry.	idem.
S. J. de Maur.			
Thonon.			idem.
Carouge.			idem.
Chambéry.			idem.
idem.			idem.
idem.			idem.
S. J. de Maur.			idem.
Annecy.			
S. J. de Maur.			idem.
idem.			idem.
Thonon.	Thonon, Allinges.	Thonon.	
idem.			
idem.			
Annecy.			idem.
Cluses.			
Chambéry.			idem.
S. J de Maur.			idem.
idem.			
Carouge.			idem.
S. J. de Maur.	S. J. de Maur.	S. J. de Maur.	idem.
idem.			
idem.			
idem.			idem.

DÉSIGNATION DES ÉMIGRÉS NOMS, PRÉNOMS, SURNOMS	PROFESSIONS	DERNIER DOMICILE CONNU Municipalités
Rogés Pierre-François	Noble, curé.	Cernex.
Rogés Gas.-Jer. *(de Choulex)*.	Noble.	Bonneville.
Rogés François	Commis à l'entrepôt des sels.	Talloires.
Rolland (de) Jean-François.	Nob. Chan.	Annecy.
Rosaz Jean-Baptiste	Commerçant.	Termignon.
Rosiere	Noble.	Chambéry.
Rosset François	Vicaire.	Cluses.
Rosset Claude-François	Chanoine.	Moûtiers.
Rosset Jacques	Vicaire.	Grand-Bornand.
Rostaing	Curé.	St-Marcel.
Rostaing Louis	Notaire et proc.	S. J. de Maur.
Rostaing Jacques-Antoine	Abbé.	idem.
Rostaing Joseph	Etudiant.	idem.
Rostaing Jean-Baptiste	Notaire.	Ste-Marie de Cuines.
Rostaing Jacques-Emanuel	idem.	St-Colomban-des-Villars.
Roulet Ignace	Curé.	Fontcouverte.
Roux Gaspard	idem.	S. Sigismond.
Roux Jean-Pierre	idem.	Hautecour.
Roux	idem.	La Motte-en-Bauges.
Roux Claude	Professeur.	Thônes.
Ruaz Bartholemi	Curé.	Montvernier.
Rubellin Charles-Maurice	Bénédictin.	Talloires.
Ruphier Pierre.	Chanoine.	Sixt.
Ruffier Maurice	Curé.	Haute-Luce.
Ruffier Noël	Vicaire.	Alme.
Rullier Pierre	idem.	Hellentre.
Rullier Joseph	Curé.	idem.

DERNIER DOMICILE CONNU	Municipalités dans lesquelles ils possèdent des Biens.		OBSERVATIONS
Districts	Municipalités	Districts	
Carouge.			Déporté volontairement.
Cluses.	Villagrand, Choulex.	Carouge.	
	Ponchy, Bonneville, Rumilly.	Cluses.	
Annecy.	Talloires.	Annecy.	
idem.			Déporté (art. IV de la Loi du 22 Vontôse).
S. J. de Maur.	Termignon.	S. J. de Maur.	
Chambéry.			
Cluses.			idem.
Moûtiers.			idem.
Annecy.			idem.
Moûtiers.			idem.
S. J. de Maur.	S. J de Maur., S. E. de Cuines.	idem.	
idem.			idem.
idem.			
idem.	Ste-M. de Cuines.	idem.	
idem.			
idem.			idem.
Cluses.	S. Sigismond.	Cluses.	idem.
Moûtiers.			idem.
Chambéry.			idem.
Annecy.			idem.
S. J. de Maur.			idem.
Annecy.			idem.
Cluses.			idem.
Moûtiers.	Champagny.	Moûtiers.	idem.
idem.			idem.
idem.	Bourg-Saint-Maurice.	idem.	idem.
idem.		idem.	idem.

DÉSIGNATION DES ÉMIGRÉS NOMS, PRÉNOMS, SURNOMS	PROFESSIONS	DERNIER DOMICILE CONNU Municipalités
SAGE Joseph.	Curé.	Serraval.
SAGE Jean-Claude.	Négociant.	Moûtiers.
SAILLET Joseph-Marie.	Aumônier.	Sallanches.
SAILLET Victor-Amedé *(la Tour)*.	Noble et Abbé.	Chambéry.
SAINT-MARCEL Pierre.	Chanoine.	Annecy.
SALES.	Curé.	Loisieux.
SALOMON (et sa femme) Mathieu.	Médecin.	S. J. de Maur.
SARDES *(la Forêt)*.	Curé.	La Motte.
SAULNIER Jean-Pierre.	idem.	Amancy.
SAUTHIER Claude-Benoît.	Juge-mage.	Bonneville.
SECHAL Etienne.	Chanoine.	S. J. de Maur.
SEINABAL Charles.	Moine.	Thonon.
SEISSEL François-Victor.	Nob. offi. pens.	Bonne.
SEISSEL (fils dudit) Joseph.	idem.	idem.
SEISSEL, femme Cordon *(dit Choisel)*.	Noble.	Chambéry.
SILVOZ Claude-Humbert.	Prêtre.	St-Thomas de Cœur.
SIMEON.	Cordelier.	La Chambre.
SIMIEN Jacques.	idem.	Chambéry.
SIMOND Claude-Joseph.	Curé.	Gruffy.
SION (femme de Pierre-Charles Mirany) Gabrielle.	Noble.	Chêne.
SION Philippine.	idem.	idem.
SOCQUET Jean-François.	Prêtre.	Megève.
SONGEON Jean-Joseph.	Vicaire.	Carouge.
SONGEON Dominique.	Bénéficier.	Annecy.
SOUDAN Jean-Louis.	Vicaire.	Rumilly.
SOUCILLON Antoine.	idem.	Ugines
SOUQUET.	Prêtre.	Doucy.
SUARD Boniface.	Domes. de chartreux.	Sciouzier.
SUARÈS.	Vicaire.	Rumilly.

DERNIER DOMICILE CONNU		Municipalités dans lesquelles ils possèdent des Biens.		OBSERVATIONS
Districts		Municipalités	Districts	
Annecy.				Déporté (art. IV de la Loi du 22 Ventôse).
Moûtiers.				
Cluses.		Magland.	Cluses.	idem.
Chambéry.				Emigré.
Annecy.				Déporté (art. IV de la Loi du 22 Ventôse).
Chambéry.		Loisieux.	Chambéry.	idem.
S. J. de Maur.		S. J. de Maur., St-Avre.	S. J. de Maur.	
Chambéry.		La Motte.	Chambéry.	Emigré.
Annecy.				Déporté (art. IV de la Loi du 22 Ventôse).
Cluses.				
S. J. de Maur.				idem.
Thonon.				
Carouge.		Chavanod.	Annecy.	
idem.		Bonne, Lucinge, Cranves, Sales.	Carouge.	
Chambéry.		St-Paul, Yenne, Chevelu.	Chambéry.	
Moûtiers.		St-Thomas de Cœur.	Moûtiers.	idem.
S. J. de Maur.				
Chambéry.				
Annecy.				Déporté volontairement.
Carouge.				
idem.				
Cluses.				Déporté (art. IV de la Loi du 22 Ventôse).
Carouge.				idem.
Annecy.				idem.
Cluses.				idem.
Annecy.				idem.
Moûtiers.				idem.
Cluses.				
Annecy.				idem.

DÉSIGNATION DES ÉMIGRÉS NOMS, PRÉNOMS, SURNOMS	PROFESSIONS	DERNIER DOMICILE CONNU Municipalités
Suaton Jean-François.	Chanoine.	La Roche.
Suchard Jean François.	Vicaire.	Magland.
Tappas Jean-Aimé.	Prêtre.	La Roche.
Taravel Jean-Pierre.	Etudiant.	S. J. de Maur.
Tardy Blaise.	Curé.	La Croix de la Rochette.
Tasset.	Vicaire.	Desingy.
Tavernier François.	idem.	Marigny.
Tavernier Anselme.	Not. et agent nation.	Morsine.
Teignier Mongenis.	Ex-Sénateur.	Balaizon.
Teillier Joseph.	Curé.	Couz.
Teillier.	Aumônier de l'Evêque.	Chambéry.
Tenseau.	Noble.	idem.
Terrier Pierre-Benoît.	Curé.	Manigod.
Terrier Joseph.	idem.	Mentonnex.
Terrier Etienne.	Vicaire.	Crêt-Volant.
Tessier.	Curé.	Mentonnex.
Thabuis Joseph.	idem.	St-Sixt.
Thevenet Jacques.	idem.	Etercy.
Thevenet Sébastienne.	Domestique.	Annecy.
Thevenot Pierre-François.	Vicaire.	Scionzier.
Thimel Jean-Claude.	Plébaniste.	S. J. de Maur.
Thomé Jean-François.	Vicaire.	Annecy-le-Vieux.
Thonin.	idem.	Annecy.
Thonin Paul-François.	Curé.	Villaz.
Thonin Thérèse.		Chambéry.
Thonin Louis-Marie.	Officier Sarde.	idem.
Thouvex.	Curé.	Moye.
Tissay Jacques.	Abbé.	Chamonix.
Tissot Angelon.	Bourgeois.	Megève.

DERNIER DOMICILE CONNU	Municipalités dans lesquelles ils possèdent des Biens		OBSERVATIONS
Districts	Municipalités	Districts	
Annecy.			Déporté (art. IV de la Loi du 22 Ventôse).
Cluses.			idem.
Annecy.			Reclus.
S. J. de Maur.	S. J. de Maur., Font-Couverte.	S. J. de Maur.	
Chambéry.	La Croix de la Rochette.	Chambéry.	Déporté (art. IV de la Loi du 22 Ventôse).
Annecy.			idem.
Cluses.			idem.
Thonon.	Morsine.	Thonon.	
Carouge.	Annemasse.	Carouge.	
Annecy.			idem.
Chambéry.			idem.
idem.			Emigrée franç. réfugiée.
Annecy.			Reclus.
idem.			Déporté (art. IV de la Loi du 22 Ventôse).
Cluses.			idem.
Annecy.			idem.
idem.			Détenu.
idem.			Déporté (art. IV de la Loi du 22 Ventôse).
idem.			
Cluses.			idem.
S. J. de Maur.			idem.
Annecy.			idem.
idem.			idem.
idem.			idem.
Chambéry.			
idem.			
Annecy.			idem.
Cluses.	Chamonix.	Cluses.	idem.
Cluses.			

DÉSIGNATION DES ÉMIGRÉS NOMS, PRÉNOMS, SURNOMS	PROFESSIONS	DERNIER DOMICILE CONNU Municipalités
Tissot (fille dudit) Balthazarde.		Megève.
Tissot François.	Curé.	Copponex.
Tissot Aimé.	*idem*.	Villi-le-Bouveret.
Tissot Jean-Marie.	Bénéficier.	Annecy.
Tissot.	Curé.	Les Ollières.
Tissot Etienne.	*idem*.	Hauteville.
Tochon Louis-Michel.	Juge de paix.	Annecy.
Tognet (et sa femme) Jean-Louis.	Notaire et sec. greff.	La Chambre.
Ses enfans, Tognet (et sa femme), Nicolas.	Praticien.	*idem*.
Tognet Claude-Cyprien.	*idem*.	*idem*.
Tognet Joseph-Alexandre.		*idem*.
Torain Jean-Baptiste.	Curé.	Albiez-le-Vieux.
Tornafol Pierre.	Chanoine.	Annecy.
Tremay Jean-Baptiste.	Prêtre recteur.	Termignon.
Treppier (aîné).	Chanoine.	Chambéry.
Treppier (cadet).	Prêtre.	*idem*.
Treppier Jean-Louis.	*idem*.	Rumilly.
Trincaz Joseph.	Curé.	Brenthonne.
Trincaz Jacques.	*idem*.	St-Paul.
Trolliard Claude.	Vicaire.	S. M. de Cuines.
Trollier Aimé.	Noble.	Moûtiers.
Trouillet.	Curé.	S. Alban.
Truchet.	Chanoine.	Chambéry.

DERNIER DOMICILE CONNU	Municipalités dans lesquelles ils possèdent des Biens.		OBSERVATIONS
Districts	Municipalités	Districts	
Cluses.			
Carouge.			Déporté volontairement.
idem.			idem.
Annecy.			Déporté (art. IV de la Loi du 2ᵉ Ventôse).
idem.			idem.
idem.			idem.
idem.	Annecy, Metz, Pringy, Grand-Bornand.	Annecy.	
S. J. de Maur.	La Chambre, St-Avre, Cruet, Chavannes, Mongelafrey, Ste-M. de Cuines, S. Martin sur la Chambre.	S. J. de Maur.	
idem.			
idem.			
idem.			
idem.	Font-Couverte, S. Jul.	idem.	idem.
Annecy.			idem.
S J. de Maur.	Termignon.	idem.	idem.
Chambéry.	Chambéry.	Chambéry.	idem.
idem.			idem.
Annecy.	Rumilly.	Annecy.	idem.
Thonon.			idem.
idem.	St-Paul.	Thonon.	idem.
S. J. de Maur.			idem.
Moûtiers.	Moûtiers, Allées, Aigueblanc, la Bâtie.	Moûtiers	
Chambéry.			Emigré.
idem.	Chambéry, la Serraz sur le Bourget.	Chambéry.	Déporté (art. IV de la Loi du 2ᵉ Ventôse).

DÉSIGNATION DES ÉMIGRÉS NOMS, PRÉNOMS, SURNOMS	PROFESSIONS	DERNIER DOMICILE CONNU Municipalités
TULLE Gaspard-Esprit.	Noble.	Compesieres.
TURBAN Joseph.	Frère convers.	Taninges.
TURBIL Benoît.	Professeur.	S. J. de Maur.
TURBIL Joseph-Benoît.	Vicaire.	S. J. d'Arve.
TURBIL (et Truchet sa femme) Jean-Baptiste.	Notaire.	S. J. de Maur.
TURINAZ François.	Curé.	Ville-en-Salaz.
ULLIEL Jean-Martin.	Vicaire.	Bozel.
VACHERANT Jean.	idem.	Arbusigny.
VACHOUX Marie.	Domestique.	Chêne-Thonex.
VAGNAT François.	Min. conventuel.	Cluses.
VAGNAT Claude-Joseph.	Curé.	Veigier.
VALAZ Joseph.	Prêtre.	Bourg S. Maur.
VALFRAY (veuve Castanière) Ther.	Noble.	Chambéry.
VALLIER François.	Bénéficier.	Sallanches.
VALLOIRE Jean.	Com. et Maire.	Bramans.
VANDAUX Victor.	Chan régulier.	Pellionex.
VANDAUX.	Vicaire.	Veigier.
VANELMONT Jean-Baptiste.	Domestique.	Annecy.
VARAX (de).	Noble et commandant.	Carouge.
VAUCHEZ Louis.	Prêtre.	Bons.
VELAT Claude.	Chanoine.	Gilly.
VELUS.	Ag. du c. d. de Sales.	Annecy.
VERDEL Jean.	Vicaire.	St-Jeoire.
VERDET Joseph.	idem.	Sillingy.
VEREL Jean-François.	Chanoine.	Annecy.

| DERNIER DOMICILE CONNU | Municipalités dans lesquelles ils possèdent des Biens. | | OBSERVATIONS |
Districts	Municipalités	Districts	
Carouge.	Compesieres, Cornier.	Carouge.	
Cluses.	Châtillon.	Cluses.	
S. J. de Maur.	Lans-le-Villard.	S. J. de Maur.	Déporté (art. IV de la Loi du 22 Ventôse).
idem.		idem.	
idem.	idem.	idem.	
Cluses.			idem.
Moûtiers.			idem.
Annecy.			idem.
Carouge.	Chêne-Thonex.	Carouge.	
Cluses.			
Carouge.	Veigier.	idem.	Déporté volontairement.
Moûtiers.	Cevins.	Moûtiers.	Déporté (art. IV de la Loi du 22 Ventôse).
Chambéry.	Chambéry.	Chambéry.	
Cluses.			idem.
S. J. de Maur.	Bramans.	S. J. de Maur.	
Cluses.			idem.
Carouge.			idem.
Annecy.			
Carouge.	Grésy-sur-Aix.	Chambéry.	
	Desingy.	Annecy.	
Thonon.			idem.
Chambéry.	Gilly.	Chambéry.	Emigré.
Annecy.	Thorens.	Annecy.	
Cluses.	St-André.	Cluses.	Déporté (art. IV de la Loi du 22 Ventôse).
Annecy.			idem.
idem.			idem.

DÉSIGNATION DES ÉMIGRÉS NOMS, PRÉNOMS, SURNOMS	PROFESSIONS	DERNIER DOMICILE CONNU Municipalités
VERMINET Joseph	Prêtre.	Moûtiers.
VERNIER Pierre-Honoré.	Prêtre Bénéficier.	S. J. de Maur.
VEUILLET Jean-Baptiste.	Chanoine.	Sallanches.
VEUILLET Aimé.	Notaire.	idem.
VEUILLET (femme de St-Severin).	Noble.	Chambéry.
VEUILLET Fréd.-Alex. (d'Yonne).	Marquis.	idem.
VEZE (de) J.-C.-Gab.-Aug.	idem.	Chêne.
VIALLET Jean-Michel.	Prêtre Bénéfic.	S. J. de Maur.
VIANEY.	Professeur.	Moûtiers.
VIARD (femme de Délort).		Thonon.
VIBERT Joseph.	Prêtre.	Beaufort.
VIBERT Jean-Baptiste.	idem.	Chambéry.
VIBERT (de Massingy).	Noble et Abbé.	idem.
VIBERT Joseph (de La Pierre).	Marquis.	idem.
VIBERT (femme de Vettier), Gabrielle-Lucie.	Noble.	idem.
VIDOMNE Antoine.	Aubergiste.	Annecy.
VIDOMNE (fils dudit) Jean.	Dés. des Allobroges.	idem.
VIDOMNE Prosper-Demonetier.	Curé.	Velrier.
VIGNET Aimé-Louis.	Baron, Intend.	Thonon.
VIGNET Marguerite.	Noble.	idem.

DERNIER DOMICILE CONNU	Municipalités dans lesquelles ils possèdent des Biens.		OBSERVATIONS
Districts	Municipalités	Districts	
Moûtiers.	Moûtiers, Salin, Fesson-sur-Salin.	Moûtiers.	Déporté (art. IV de la Loi du 22 Ventôse).
S. J. de Maur.	Montvernier.	S. J. de Maur.	idem.
Cluses.			idem.
idem.	Thyz, Sallanches, Cluses.	Cluses.	
Chambéry.			Elle a ses droits dotaux.
idem.	Yenne, Chevelu, Billième, Jongieux, Gerbaix, Leisieux, S. Pierre d'Alvey, S. Maurice de Rothorons, Ayn, Champagneux, la Ravoire, Chindrieux, Chambéry.	Chambéry.	
Carouge.	Ambilly.	Carouge.	
S. J. de Maur.			Déporté (art. IV de la Loi du 22 Ventôse).
Moûtiers.			idem.
Thonon.			
Moûtiers.	Beaufort.	Moûtiers.	idem.
Chambéry.			idem.
idem.	Chambéry, Coguin.	Chambéry.	Émigré.
idem.	Coguin, Chambéry, Hôpital sous Conflans.	idem.	
idem.			Elle a ses droits dotaux.
Annecy.	Annecy.	Annecy.	
idem.			
idem.			Déporté (art. IV de la Loi du 22 Ventôse).
Thonon.	Thonon, Allinges, Draillant, Mesinge, Anthy, Orcier, Marin.	Thonon.	
idem.			

DÉSIGNATION DES ÉMIGRÉS NOMS, PRÉNOMS, SURNOMS	PROFESSIONS	DERNIER DOMICILE CONNU Municipalités
VIGNET (sa femme, sa fille et sa belle-sœur d'Arvillars), Claude.	Noble.	Moûtiers.
VILLARD Pierre.	Curé.	Modane.
VILLET Pierre.	Aubergiste.	idem.
VINCENT Pierre-Joseph.	Curé.	Montpascal.
VIOLLAT Jean-Baptiste.	Professeur.	Thonon.
VIOLLET.	Vicaire.	Vaux.
VIOLLET Joseph.	Curé.	Viux-la-Chiesaz.
VIOLLET Claude.	idem.	Mûres.
VITTOZ Jean-François.	idem.	Cornier.
VOIRON Sébastien.	Prêtre Bénéfic.	Chambéry.
VOUTIER Claude-Raymond.	Vicaire.	Chevron.
VUAGINER François-Marie.	idem.	Mieussy.
VUILLIET Jean.	Curé.	Taninges.
VULLIERMET Jean-Bapt.-François	Doyen.	La Chambre.
VULLIEZ Pierre-Joseph.	Curé.	Reyvroz.
VULLIEZ Jean-Pierre.	Not et Châtel.	Biot.

EXTRAIT *du procès-verbal de l'Administration du Directoire du département du Mont-Blanc, du 27 Fructidor an 2 de la République Française, une, indivisible et démocratique.*

Vu l'état des noms des Émigrés des Districts de Chambéry, Annecy, Carouge, Thonon, Cluses, Mont-Salin (ci-devant Moûtiers) et Arcq (ci-devant Saint-Jean de Maurienne) formant le Département du Mont-Blanc, dressé en exécution des Lois du 8 avril 1792 et 28 mars 1793 (vieux style).

Le Directoire du Département du Mont-Blanc arrête que ledit état sera imprimé, publié et affiché dans tout le ressort du département; que conformément à l'art. XVI de la section V, il en sera adressé des exemplaires à chacune des douze commissions exécutives, à tous les Départements de la République, au Tribunal criminel du Département, au Directeur-Général de l'agence nationale des domaines et de l'enregistrement du Département, pour prendre l'administration des biens qui leur ont appartenus, aux Directoires des Districts pour être par eux envoyé à toutes les Municipalités; aux Comités de surveillance et sociétés populaires du Département; et invite lesdites Municipalités et Comités de surveillance, Sociétés populaires et tous les Citoyens qui auraient des renseignements ultérieurs à fournir, relativement aux Émigrés qui n'auraient pas été compris dans la

DERNIER DOMICILE CONNU	Municipalités dans lesquelles ils possèdent des Biens.		OBSERVATIONS
Districts	Municipalités	Districts	
Moûtiers.	Moûtiers, la Saulce, les Allues.	Moûtiers.	
S. J. de Maur.			Déporté (art. IV de la Loi du 22 Ventôse).
idem.	Modane.	S. J. de Maur.	
idem.	S. J. de Maur., Fontcouverte.	idem.	idem.
Thonon.			idem
Annecy.			idem.
idem.			idem.
idem.			idem.
Carouge.	Cornier.	Carouge.	idem.
Chambéry.	Chambéry.	Chambéry.	idem.
idem.	Chevron.	idem.	Émigré.
Cluses.	Viuz.	Cluses.	Déporté (art. IV de la Loi du 22 Ventôse).
idem.			idem.
S. J. de Maur.			idem.
Thonon.			idem.
idem.	Biot.	Thonon.	

présente liste, soit qu'ils possèdent des biens, soit qu'ils n'en possèdent pas, ou qui seroient Émigrés depuis la formation de ladite liste, de les adresser dans le délai d'une huitaine, prescrit par l'art. XIV, section V, de la Loi du 28 mars 1793, aux Directoires des Districts, et ceux-ci dans pareil délai à l'administration du Département pour en être dressé des listes supplétives, de tenir enfin la main à l'exécution des Lois des 31 octobre, 1, 8, 10 et 25 novembre 1792 (vieux style), invite pareillement les Municipalités, Comités de surveillance, Sociétés populaires et tous les citoyens, à dénoncer les Émigrés qui seroient rentrés ou rentreroient sur le territoire de la République, soit qu'ils ayent été compris dans la liste, soit qu'ils n'y soient pas, leur rappelant, à cet effet, l'art. LXXII, section XII, de la Loi du 28 mars, qui accorde cent livres de récompense à tous ceux qui les dénonceront.

Signés au registre, CHAMOUX, *Président;* GRAND, OLIVE, SOMELIER, DUFOUR, GUCHER, *Administrateurs, et* VELAT, *Secrétaire-Général.*

Certifié conforme à l'original.
VELAT, *Secrétaire-Général.*

1ᵉʳ SUPPLÉMENT à la Liste des Émigrés du Département du Mont-Blanc arrêtée le 21 Fructidor an II.

DÉSIGNATION DES ÉMIGRÉS NOMS, PRÉNOMS, SURNOMS	PROFESSIONS
ALBERT Simon *(de Chamoux)*.	Officier dans le régiment de Maurienne.
ANGLANCIER (femme de Gaspard-Philibert-Magdeleine Lamarre), Marie-Gabrielle *(Saint-Germain)*.	Se disant noble.
ANTONIOZ François.	Commandant la garnison au fort de Miolans, noble.
ARNAUD Jacques.	Carme.
AUBRIOT Louis-François *(Lapalme)*.	Officier dans Aoste infanterie.
BARLESTIER (femme Doncieux Labâtie) Françoise.	Marquise.
BASIN Charles *(Duchaney)*.	Officier dans Maurienne.
BASIN Louis *(Duchaney)*.	Officier dans Maurienne.
BAUNIER (fils de Joseph) Claude.	Laboureur et fondeur de boucles.
BELIFER Lazare-Antoine.	Négociant.
BELLEGARDE Frédéric *(Saint-Romain)*.	Officier dans la Légion des Campemens.
BENOIT Constantin.	
BERARD Sébastien.	
BERTHIER Eugène *(de Crimpigny)*.	Offic. dans Maurienne, noble.
BERTHIER (aîné) Joseph *(de Crimpigny)*.	Offic. dans Chablais, noble.
BERTHIER (cadet) Joseph *(de Crimpigny)*.	Offic. dans Maurienne, noble.
BERTHOD Jean-Joseph.	Vagabond.
BERTRAND Joseph *(de Gilly)*.	Officier dans Savoye, noble.
BERTRAND fils cadet, Joseph *(de Saint-Rémy)*.	Officier de cavalerie, noble.
BESSON Maurice *(Novet)*.	Sergent dans Maurienne.
BIENVENU Benoît-Jérôme.	Offic. dans Maurienne, noble.
BIMET Antoine-Maurice.	Laboureur.
BOCRY Joseph-Marie.	Procureur de commune.

DERNIER DOMICILE CONNU		SITUATION DES BIENS que possédoient les Emigrés		OBSERVATIONS
Communes	Cantons	Communes	Cantons	
Chambéry.	Chambéry.	Chamoux.	Chamoux.	
Bonne.	Bonne.	Grenoble, Bourgoin.	Grenoble, Bourgoin.	Portée à la liste sous la dénomination de *Glanier Gabrielle*.
St-P. d'Albigny.	St-P. d'Albigny.			
Larochette.	Larochette.			
Chambéry.	Chambéry.			
Chambéry.	Chambéry.	Chambéry, St-Jean d'Arvey.	Chambéry.	
Chambéry.	Chambéry.			
Chambéry.	Chambéry.			
Monthonex.	Arbusigny.			
Chambéry.	Chambéry.			
Chambéry.	Chambéry.	Chambéry.	Chambéry.	
Annemasse.	Annemasse.	Annemasse.	Annemasse.	Réquisitionnaire, désert. à l'ennemi.
Bellentre.	Bellentre.		Maurienne.	Désert. à l'ennemi.
Chambéry.	Chambéry.	Tresserve, Aix.	Aix.	
Chambéry.	Chambéry.	Tresserve, Aix.	Aix.	
Chambéry.	Chambéry.	Tresserve, Aix.	Aix.	
Montvalaisan.	Bellentre.			
Chambéry.	Chambéry.	Betonnet, Gilly.	Chamoux, l'Hôpital s/Conflans.	
Chambéry.	Chambéry.			
Eporcey.	Lablolle.			
Chambéry.	Chambéry.	Saint-Genix.	Saint-Genix.	
Haute-Ville.	Bellentre.	Haute-Ville.	Bellentre.	Désert. à l'ennemi.
Héry.	Alby.	Héry.	Alby.	A passé au service du Roi Sarde.

DÉSIGNATION DES ÉMIGRÉS NOMS, PRÉNOMS, SURNOMS	PROFESSIONS
Bogey François.	Laboureur.
Boisson Joseph, fils de Joseph.	Tisserand.
Bouclier Etienne.	Cultivateur.
Bouclier Jacques.	Cultivateur.
Bourgeois (femme de Regard de Lucinge) Antoinette-Antelmette	Noble.
Bracorand Joseph (*de Savoiroux*)	Officier dans Maurienne.
Bracorand Philibert (*de Savoiroux*).	Officier au régiment de la Reine.
Brun Jacques (*de Charly, de Cernex*).	Officier pensionné, noble.
Buet Gabriel.	Frère Cordelier.
Buttet Jean-Hyacinte (*de Tresserve*).	Officier dans la Légion des Campemens, noble.
Buttet Jean-François-Marie.	Maire.
Caloud Joseph.	Dominicain.
Capré fils, Maurice (*de Megève*).	Officier dans Savoye, noble.
Carteron Louis (*Neveu*).	Procureur de commune.
Castagnère (femme Paernat de la Palud) Désirée (*Châteauneuf*).	Noble.
Castagnère fille, Héleine (*Châteauneuf*).	Noble.
Castagnère (femme divorcée) Julie-Lucie-Janus (*Châteauneuf*).	Noble.
Castagnère (femme de Livet) Thérèse.	Noble.
Cérisier Théodore.	Garde-du-Corps du Roi Sarde.
Charbonoz Louis.	Commandant jubilé.
Charot Christin (*de la Chavane*).	Noble.
Charot Etienne (*de la Chavane*).	Offic. dans Genevois, noble.
Charot fille, Marianne (*de la Chavane*).	Noble.
Charot fille, Thérèse (*de la Chavane*).	Noble.

DERNIER DOMICILE CONNU		SITUATION DES BIENS que possédoient les Émigrés		OBSERVATIONS
Communes	Cantons	Communes	Cantons	
Héry.	Alby.	Héry.	Alby.	A passé au service du Roi Sarde.
S. P. d'Alb.	S. P. d'Alb.			
Arvillard.	La Rochette.			
Arvillard.	La Rochette.			
Feterne.	Evian.			
Chambéry.	Chambéry.			
Chambéry.	Chambéry.			
Chambéry.	Chambéry.	Chambéry, St-Ombre.	Chambéry.	
Cluses.	Cluses.			
Aix.	Aix.	Grésy, Aix.	La Biolle, Aix.	
S. J. d'Aulph.	Biot.	S. J. d'Aulph.	Biot.	
Montmélian	Montmélian	Novalaise.	Novalaise.	
Tresserve.	Aix.			
Balmont.	Alby.	Balmont.	Alby.	
S. J. de la Porte	S. P. d'Alb.			
Chambéry.	Chambéry.	Chambéry, Epierre, Châteauneuf.	Chambéry, Chamoux.	
Chambéry.	Chambéry.	Chambéry, Epierre, Châteauneuf.	Chambéry, Chamoux.	
Chambéry.	Chambéry.			
Avieronce.	Avignère, dép. de l'Ain.	Saint-Genix.	Saint-Genix.	
Montmélian	Montmélian			
Chambéry.	Chambéry.	Chambéry.	Chambéry.	
Chambéry.	Chambéry.	Chambéry.	Chambéry.	
Chambéry.	Chambéry.	Chambéry.	Chambéry.	
Chambéry.	Chambéry.	Chambéry.	Chambéry.	

DÉSIGNATION DES ÉMIGRÉS NOMS, PRÉNOMS, SURNOMS	PROFESSIONS
Chesal Antoine (dit le comte Bourru).	Laboureur.
Chichignon Valentin.	Laboureur.
Chironze Joseph.	Vagabond.
Chivron cadet, Charles *(Villette)*.	Offic. dans Maurienne, noble.
Chivron François - Sébastien - Théophile *(Villette)*.	Officier dans Maurienne.
Chollet Maurice *(du Bourget)*.	Officier dans le régiment des Chevaux légers.
Chollet Jean-Baptiste *(du Bourget)*.	Prêtre premicier.
Chuit François, fils de François.	
Clement Michel.	Officier dans Maurienne.
Conversi Jean.	
Costaz aîné, Joseph-Henri *(de Beauregard)*.	Officier dans la Légion des Campemens, noble.
Costaz fils, Eugène *(de Beauregard)*.	Officiers au service du Roi Sarde.
Costaz cadet, Télémaque *(de Beauregard)*.	
Dapvril Antoine-Théodore.	Officier dans Maurienne.
David (femme Pedersin) Marie.	Cabaretière.
Debieux Joseph *(de Flumet)*.	Officier dans la Légion des Campemens, comte.
Dechillaz François.	Officier dans Savoye, noble.
Décombe.	Adjudant au fort de Miolans.
De Cornillon Joseph-Antoine.	Oficier dans Genevois, noble.
De Cornillon Joseph - Marie-Isidore.	Officier dans Genevois, noble.
De Forax Joseph-Amédé.	Comte.
De Genève, fils cadet de Gaspard *(de Boringe, de Nangy)*.	Officier dans Genevois.
Delaunay Louis-Philibert.	Offic. dans Maurienne, noble.

| DERNIER DOMICILE CONNU || SITUATION DES BIENS que possédoient les Emigrés || OBSERVATIONS |
Communes	Cantons	Communes	Cantons	
Landry.	Bellentre.	Landry.	Bellentre.	Déserteur d'un bat. du Mont-Blanc.
La Table.	La Rochette.			
Peisey.	Bellentre.	Peisey.	Bellentre.	
Chambéry.	Chambéry.			
Chambéry.	Chambéry.	Chambéry, Barberaz, etc.	Chambéry.	Porté dans la liste du dép. de l'Ain.
Chambéry.	Chambéry.	Chambéry.	Chambéry.	
La Roche.	La Roche.			Déporté.
Collonge-sur-Bellerive.	Annemasse.			Réquisitionnaire, désert. à l'ennemi.
Argentine.	Argentine.			
St-Girod.	Labiolle.	Saint-Girod.	Labiolle.	
Chambéry.	Chambéry.	Chambéry, le Villard, la Motte, Beauregard et Compesière.	Chambéry, Yenne, le Bourget, Douvaine, Saint-Julien.	
Chambéry.	Chambéry.			
Chambéry.	Chambéry.	Chambéry, le Villard, la Motte Compesière.	Chambéry, le Bourget, Saint-Julien	
St-Genix.	St-Genix.	Saint-Genix.	Saint-Genix.	
Argentine.	Argentine.			
Chambéry.	Chambéry.	Chambéry, Flumet.	Chambéry, Flumet.	
Fillinge.	Bonne.	Fillinge.	Bonne.	
S. P. d'Alb.	S. P. d'Alb.			
Passy.	Salanche.	Passy.	Salanche.	
Passy.	Salanche.	Passy.	Salanche.	
Thonon.	Thonon.	Douvaine, Thonon.	Douvaine, Thonon.	
Vetraz.	Annemasse.			
Duing.	Duing.	Saint-Jorioz, Duing.	Duing	

DÉSIGNATION DES ÉMIGRÉS NOMS, PRÉNOMS, SURNOMS	PROFESSIONS
DÉMOZ (veuve Charot) Jeanne-Baptiste *(la Chavanne)*. . .	Comtesse.
DÉMOZ-LA-SALE Valentin. .	Lieut. au fort Miolan, noble.
DÉNARIÉ Joseph.	Officier dans Genevois.
DEPELLY Claude-François. .	Officier dans Genevois.
DÉPOLLIER Joseph-François-Marie.	Officier dans Genevois.
DESFORGES Joseph-François. .	
DE SONAZ Janus *(d'Habères)*. .	Colonel du régim. de Savoye.
DÉVILLE Julie.	Religieuse Bernardine.
DICHAT Gaspard *(de Toisinges)*. .	Officier dans Aoste infanterie.
D'HUMILLY Gaspard-François-Justin *(de Chevilly)*. . .	Officier dans Genevois, noble.
D'HUMILLY Louis-Gabriel. .	Officier dans Genevois.
DIDIER cadet, Michel. . . .	Officier dans Aoste infanterie.
DONCIEUX fils aîné, Jean-Baptiste *(La Bâtie)*. . . .	Officier dans Genevois.
DORLIER Claude.	Au service du Roi Sarde, noble.
DUBOIS Antoine.	Carme.
DUCLOS (femme Saillet-Chivron) Adélaïde *(Désery)*. .	Baronne.
DUCLOS *(de Choulet)*. . . .	Capit. au fort Miolan, noble.
DUCROS François-Gabriel. . .	Notaire.
DUNOYER Joseph. . . .	
DUROCH Nicolas.	Officier dans Maurienne.
DU SERRES Jacques. . . .	Officier reformé.
EXCOFFIER Jean-Claude. . .	Prêtre.
FAVIER Silvestre.	Officier dans Maurienne.

DERNIER DOMICILE CONNU		SITUATION DES BIENS que possédoient les Emigrés		OBSERVATIONS
Communes	Cantons	Communes	Cantons	
Chambéry.	Chambéry.	Chambéry, St-Joire, la Ravoire, St-Genix, Albens et Yenne.	Chambéry, les Marches, Saint-Genix, Labiolle et Yenne.	
S. P. d'Alb.	S. P. d'Alb.			
Chambéry.	Chambéry.			
Desingy.	Clermont.	Desingy, Motz, Mons, Vallod.	Clermont, Rufieux, Frangy, Seissel.	
Duing.	Duing.	Vieugy.	Annecy.	
Megève.	Megève.			
D'Habères.	Lullin.	Thonon, Habères, Lullin, Bonnes, Contamines, Côte d'Hiot, Arenthon, Scientrier.	Thonon, Lullin, Bonnet, Bonneville, Reignier.	
Chambéry.	Chambéry.			
Chambéry.	Chambéry.	Aiton.	Aiguebelle.	
Humilly.	Viry.	Viry, Humilly.	Viry.	
Menthonex.	Clermont.			
Chambéry.	Chambéry.	Chambéry.	Chambéry.	
Chambéry.	Chambéry.	Douvre, dép. de l'Ain.		
Viuz-la-Chesaz.	Alby.			
La Rochette.	La Rochette.			
Chambéry.	Chambéry.			
S. P. d'Alb.	S. P. d'Alb.			
La Roche.	La Roche.	La Roche.	La Roche.	Inscrit à la liste sous le prénom de *Gabriel*.
Annemasse.	Annemasse.			Réquisitionnaire, désert. à l'ennemi.
Chambéry.	Chambéry.			
Mians.	Les Marches.	Les Marches.	Les Marches.	
Arvillard.	La Rochette.			
Chambéry.	Chambéry.	Chambéry, Montmélian, S. Genix.	Chambéry, Montmélian, S. Genix.	

DÉSIGNATION DES ÉMIGRÉS NOMS, PRÉNOMS, SURNOMS	PROFESSIONS
Favier (femme Gerbaix de Sonaz) Irénée.	Comtesse
Favier Charles-Albert *(Dunoyer)*.	Baron.
Favier fils, Louis *(Dunoyer)*.	Officier de cavalerie.
Favre Laurent.	Orfèvre.
Felizas Jean.	Horloger.
Felizas fils, Claude-Marie.	Horloger.
Floccard Joseph-François.	Officier dans Genevois.
Foncet Henri, fils cadet.	Noble.
Foncet Marie, fille cadette.	Noble.
Foncet Péronne-Clémence.	Noble.
Gabet (fils de George-Antoine) Gaspard-Nicolas.	
Garcin Pierre.	Laboureur.
Garçon Claude.	Laboureur.
Garnier Gabriel.	Officier pensionné.
Genevois Jean.	Prêtre.
Genoux (femme de Michel-Clément) Marie-Sébastienne.	
Girod fils, Pierre *(Digot)*.	Laboureur.
Gontard Joseph-Marie.	Ex-administrateur du district de Cluses.
Goybet (veuve Laflechère) Benoîte *(de Veyrier)*.	Noble.
Grenaud Marc-François.	Noble.
Grey.	Adjudant au fort de Miolan.
Grosset-Grange Ambroise.	Notaire.

DERNIER DOMICILE CONNU		SITUATION DES BIENS que possédoient les Emigrés		OBSERVATIONS
Communes	Cantons	Communes	Cantons	
Chambéry.	Chambéry.	Sonaz.	Chambéry.	
Chambéry.	Chambéry.	Chambéry, S. P. d'Albigny.	Chambéry, S. P. d'Albigny.	
Chambéry.	Chambéry.			
Chambéry.	Chambéry.	St-Alban.	St-Alban.	
Cluses.	Cluses.	Villard.	Viuz-en-Sallaz.	
Cluses.	Cluses.	Villard.	Viuz-en-Sallaz.	
Annecy.	Annecy.	Duing, Doussard.	Duing, d'Héré.	
Chambéry.	Chambéry.			
Chambéry.	Chambéry.			
Artaz.	Bonne.			Inscrite à la liste sous la désignation de *Foncet la cadette, sœur, belle-sœur et tante.*
Chambéry.	Chambéry.			
Balmont.	Alby.	Balmont.	Alby.	Un des agents de l'insurrection du mois d'août 1793.
Peisey.	Bellentre.	Peisey.	Bellentre.	
Chambéry.	Chambéry.	S. P. de Soucy.	Ste-Hélène du Lac.	
Chambéry.	Chambéry.			
Argentine.	Argentine.			
Bellentre.	Bellentre.	Bellentre.	Bellentre.	
Cluses.	Cluses.	Saint-Gervais.	Saint-Gervais.	Il étoit secrétaire de la ci-devant intendance du Faucigny.
Evian.	Evian.	Evian.	Evian.	
Samoëns.	Samoëns.			Porté sur la liste sous le prénom de *Marie-Françoise.*
S. P. d'Alb.	S. P. d'Alb.			
Megève.	Megève.	Megève.	Megève.	

DÉSIGNATION DES ÉMIGRÉS NOMS, PRÉNOMS, SURNOMS	PROFESSIONS
Guigue fils, Gaspard-Anne *(de Revel)*.	Officier dans Savoye, noble.
Guillet-Pougny Marie-Jean-Antoine-Joseph-François *(de Monthoux)*.	Officier dans Savoye, noble.
Jaillet Pierre-François.	Officier dans Genevois.
Jaquet Prosper.	
Jourdan.	Officier dans Genevois.
Laflechère Claude-François-Marie *(de Veyrier)*.	Officier au service du Roi Sarde, noble.
Laflechère fille, Françoise *(de Veyrier)*.	Noble.
Laflechère fille, Jeanne *(de Veyrier)*.	Noble.
Lagrange fils, François-Marie *(de Chaumont)*.	Officier dans la Légion des campemens.
Lagrange, autre fils *(de Bourbonge)*.	Officier d'infanterie.
Lallée Joseph-Marie *(de Songy)*.	Noble.
Lamarre Gaspard-Phillibert-Magdeleine.	Offic. dans Maurienne, noble.
Lambert Benoît-Denis *(de Soyrier)*.	Colonel du régim. de Genevois.
Laracine Jean-Baptiste.	Employé dans les gabelles.
Laracine Louis.	Officier de solde.
Laurent Aimé *(Saint-Agnès)*.	Officier dans Savoye.
Lavigne Françoise.	Marchande.
Lazary père, Jean-Baptiste *(Comte)*	Général d'armée du Roi Sarde.
Lazary fils, Louis.	Noble.
Lazary Pauline, fille de Louis.	Noble.
Leblanc Charles.	Offic. dans Genevois, noble.

DERNIER DOMICILE CONNU		SITUATION DES BIENS que possédoient les Emigrés		OBSERVATIONS
Communes	Cantons	Communes	Cantons	
Chambéry.	Chambéry.			
Annemasse.	Annemasse.	Annemasse.	Annemasse.	
Annemasse.	Annemasse.	Annemasse.	Annemasse.	
Essert.	Annemasse.	Essert.	Annemasse.	
Samoëns.	Samoëns.	Samoëns.	Samoëns.	
Veyrier.	Carouge.	Veyrier, Carouge.	Carouge.	
Evian.	Evian.	Evian.	Evian.	
Evian.	Evian.	Evian.	Evian.	
Chambéry.	Chambéry.	Chambéry, Vuâche, Montmélian, Chaumont.	Chambéry, Montmélian, Chaumont.	
Chambéry.	Chambéry.			
Saint-Silvestre.	Alby.			
Bonne.	Bonne.	Bonne, Cranve.	Bonne.	Inscrit sur la liste sous le prénom de *Gaspard.*
Chambéry.	Chambéry.	Chambéry, Jacob, Albens.	Chambéry, la Biolle.	
Chambéry.	Chambéry.			
Chambéry.	Chambéry.			
Chambéry.	Chambéry.	Chambéry, Vivier.	Chambéry, Aix.	
Chambéry.	Chambéry.			
Chambéry.	Chambéry.	Montmélian, Arbin, Cruet.	Montmélian.	
Chambéry.	Chambéry.			Porté sur la liste sous la dénomination de *Lazary fils.*
Chambéry.	Chambéry.			
La Rochette.	La Rochette.			

DÉSIGNATION DES ÉMIGRÉS NOMS, PRÉNOMS, SURNOMS	PROFESSIONS
LEBLANC Etienne.	Offic. dans Genevois, noble.
LEBLANC Jacques, fils d'Etienne. .	Offic. dans Genevois, noble.
MAGDELAIN Amédée. . . .	Noble.
MAISTRE Nicolas.	Offic. dans Savoye, noble.
MAISTRE Xavier.	Offic. dans la Marine, noble.
MAISTRE Anne.	Noble.
MAISTRE Jeannette. . . .	Noble.
MANUEL fils, Sébastien (*Locatel*).	Offic. dans les Chevaux legers.
MARCLEY Amable.	Noble, commandant.
MARCLEY sa fille, Françoise. .	Noble.
MARTINEL Joseph.	Officier dans la Légion des campemens.
MARTINEL Alban.	Offic. au régim. de Saluce.
MATHIEU Georges-François-Philippe.	Offic. dans Maurienne, noble.
MERANDON André (*Mertoz*). .	Laboureur.
MÉTRAL Christine, femme Favier (*Dunoyer*).	Baronne.
MILLET Louis-Joachim (*d'Arvillard*).	Noble, Abbé.
MILLET Clément (*de Faverge*). .	Noble.
MILLET fille, Adélaïde (*de Faverge*).	Noble.
MILLET fille, Gabrielle (*de Faverge*).	Noble.
MONTOLIVET Catherine, femme Dorlier.	Marquise.
MORAND François.	Officier dans le régiment aux Gardes.

DERNIER DOMICILE CONNU		SITUATION DES BIENS que possédoient les Emigrés		OBSERVATIONS
Communes	Cantons	Communes	Cantons	
La Rochette.	La Rochette.	Rochette, Croix de la Rochette, Verneil, Etable, La Table, Bourget, Rhoterens, Chamousset, Champlauront, Villard-Léger, Châteauneuf.	La Rochette, Chamoux.	
La Rochette.	La Rochette.			
Montmélian	Montmélian	Montmélian, Francin.	Montmélian.	Portée sur la liste sous le prénom de *Magdelain femme.*
Chambéry.	Chambéry.			
Chambéry.	Chambéry.			
Chambéry.	Chambéry.			
Chambéry.	Chambéry.	Conflans.	Conflans.	
Montmélian	Montmélian	Montmélian.	Montmélian.	
Montmélian	Montmélian			
Chambéry.	Chambéry.	Chambéry, Aix, Cognin, Serrières.	Chambéry, Aix, Ruffieux.	
Chambéry.	Chambéry.			
Filly.	Douvaine	Douvaine, Filly, Porrigny.	Douvaine, Thonon.	
Bellentre.	Bellentre.	Bellentre.	Bellentre.	
Chambéry.	Chambéry.			
Chambéry.	Chambéry.			
Chambéry.	Chambéry.			
Chambéry.	Chambéry.			
Chambéry.	Chambéry.			
St-Innocent.	Aix.	St-Innocent.	Aix.	
Chambéry.	Chambéry.			

DÉSIGNATION DES ÉMIGRÉS NOMS, PRÉNOMS, SURNOMS	PROFESSIONS
MORAND Claude.	Etudiant pour la prêtrise.
MORAND Joseph (*Baron*).	Officier dans la Légion des campemens.
MORAND (femme d'Arvillard) Henriette (*de Saint-Sulpice*).	Marquise.
MORAND (femme de Joseph-Marie Maistre) Françoise.	Noble.
MORAND Eugène (*de Saint-Sulpice*).	Officier dans le régiment aux Gardes.
MORAND Joseph-Clément (*de Saint-Sulpice*).	Officier dans le régiment aux Gardes.
MOUXY Joseph (*Deloche*).	Offic. dans le régim. de Saluce.
MOUXY Charles (*Deloche*).	Officier dans la Légion des campemens.
NEIRET Georges.	Cultivateur.
NICOLE Eugène.	Officier dans Maurienne.
NOITON Antoine.	Etudiant en théologie.
PACORET Jean-François (*de Saint-Bon*).	Officier dans Maurienne.
PACORET François-Marie (*de Saint-Bon*).	Officier dans Maurienne.
PAERNAT Pierre-François (*de la Pallud*).	Officier dans Maurienne.
PASSERAT Louis-Joseph-Joachim (*de Saint-Séverin*).	Colonel du rég. de Maurienne.
PAUTEX Georges.	
PEDRUSIN Pierre (*Italien*).	Cabaretier.
PELLICIER-GENOD Gaspard (*Philibert*).	Laboureur.
PEPIN François.	Horloger.
PERRET Joseph-Marie (*d'Anglez*).	Officier dans Maurienne.

DERNIER DOMICILE CONNU		SITUATION DES BIENS que possédoient les Emigrés		OBSERVATIONS
Communes	Cantons	Communes	Cantons	
Arit et Annecy.	Lescheraine Annecy.	Lescheraine.	Lescheraine.	
Chambéry.	Chambéry.	Chambéry, S. Girod, S. Alban.	Chambéry, S. Girod, S. Alban.	
Chambéry.	Chambéry.			
Chambéry.	Chambéry.			Inscrite à la liste sous la dénomination de *femme de Maistre Joseph-Marie.*
Chambéry.	Chambéry.			
Chambéry.	Chambéry.			
Chambéry.	Chambéry.			
Chambéry.	Chambéry.	Grésy, la Biolle.	La Biolle.	
Faverges. Montmélian. Rumilly.	Faverges. Montmélian. Rumilly.			
Chambéry.	Chambéry.	Chambéry, la Motte.	Chambéry, Bourget.	
Chambéry.	Chambéry.	S. P. d'Albigny, Chignin, Tormory.	S. P. d'Albigny, Montmélian.	
S. J. de la Porte.	S. P. d'Albigny.	S. P. d'Albigny, S. J. de la Porte, Chamoussot.	S. P. d'Albigny, Aiguebelle.	
Chambéry.	Chambéry.	Douvaine, Carouge, Dullin, St-Gonix.	Douvaine, Carouge, Dullin, St-Gonix.	
Annemasse.	Annemasse.	Annemasse.	Annemasse.	Réquisitionnaire, désert. à l'ennemi.
Argentine.	Argentine.			
Montvalaisan.	Bellentre.	Montvalaisan.	Bellentre.	Déserteur à l'ennemi.
Cluses.	Cluses.	Cluses.	Cluses.	
Rumilly.	Rumilly.	Rumilly, Sales, Moye, Ruffieux.	Rumilly, Ruffieux.	

Les Émigrés en Savoie.

DÉSIGNATION DES ÉMIGRÉS NOMS, PRÉNOMS, SURNOMS	PROFESSIONS
Perrin François-Modeste (baron d'Athenas).	Officier dans la Légion des campemens.
Perrin cadet, Frédéric. . . .	Officier dans la Légion des campemens.
Picollet Claude.	Offic. dans Genevois.
Pignier Louis.	Officier dans Maurienne.
Piochet fils, Joseph (Salins). .	Officier dans Genevois.
Portier Joseph (Dubelair). . .	Officier dans Genevois.
Portier fils, Charles (Dubelair)	Officier dans Genevois.
Regard fils aîné, Joseph (de Villeneuve). .	Officier dans Maurienne.
Regard fils cadet, Joseph (de Villeneuve). .	Officier dans Genevois.
Reynaut Nicolas-Charles-Martin (de Bissy).	Officier retiré du service de l'Empire.
Rogès Pierre-Antoine. . . .	Carme.
Roux Joseph, fils de Joseph. .	Cultivateur.
Roux Humbert, fils de Joseph. .	Cultivateur.
Saillet Victor-Amé, et sa femme originaire anglaise (de Cordon).	Général d'infanterie
Saillet Joseph-Amédé (de la Tour, de Chivron).	Colonel de cavalerie.
Saillet fils, César.	Officier de cavalerie.
Saillet, autre fils, François-Joseph.	Officier de cavalerie.
Seissel Joseph-François. . .	Officier pensionné, noble.
Seissel fils, Prosper-Henri. . .	

| DERNIER DOMICILE CONNU || SITUATION DES BIENS que possédoient les Emigrés || OBSERVATIONS |
Communes	Cantons	Communes	Cantons	
Chambéry.	Chambéry.	Chambéry, la Bauche, Avressieux.	Chambéry, les Echelles, Saint-Genix.	
Chambéry.	Chambéry.			
Annecy.	Annecy.			
S. P. d'Albigny.	S. P. d'Albigny.	S. P. d'Albigny, Grésy, la Trinité, S. J. de la Porte, Chamousset.	S. P. d'Albigny, Grésy, la Rochette, Aiguebelle, Chamoux.	
Chambéry.	Chambéry.	Chambéry, Rumilly, Boussy, Marcellaz.	Chambéry, Rumilly.	
Rumilly.	Rumilly.			
Rumilly.	Rumilly.			
Chambéry.	Chambéry.			
Chambéry.	Chambéry.			
Chambéry.	Chambéry.			
La Rochette.	La Rochette.			
Etable.	La Rochette.			
Etable.	La Rochette.			
Chambéry.	Chambéry.	Chambéry, Bassin, Chevron, Bourget.	Chambéry, l'Hôpital, Bourget.	
Chambéry.	Chambéry.	Chambéry, Bassin, Chevron, Bourget, Cléry, Tournon, Verrens, Gilly.	Chambéry, Bourget, Grésy, l'Hôpital sous Conflans.	
Chambéry.	Chambéry.			
Chambéry.	Chambéry.			
Bonnes.	Bonnes.	Bonnes, Cranves, Sales, Lucinges, Annecy, Vieugi.	Bonnes, Annecy.	Inscrit sur la liste sous le prénom de *F. Victor.*
Thonon.	Thonon.	Annecy, Menthon.	Annecy, Talloires.	Inscrit sur la liste sous le prénom de *Joseph.*

DÉSIGNATION DES ÉMIGRÉS NOMS, PRÉNOMS, SURNOMS	PROFESSIONS
Sion Charles-Louis (de Saint-André).	Officier dans la Légion des campemens.
Socquet fils, Joseph-Marie.	Médecin.
Storkinfeld Jean.	
Talin François.	Maréchal-des-logis d'artillerie.
Tellier Jean.	Ouvrier menuisier.
Thomas Benoîte, femme de Louis Lazary.	
Thomé Etienne.	Domestique.
Thomé Joseph (Fayon).	Huissier.
Tissot fils, Louis.	
Tissot Joseph.	Employé dans les charrois.
Vallet Jean-Jacques.	Officier dans Genevois.
Veuillet César (d'Yenne).	Officier dans le régim. aux Gardes.
Viallet Gaspard, fils de Jean-Claude.	
Viollet Pierre.	Etudiant en théologie.
Viviant Françoise.	Ex-religieuse visitandine.

Vu les états des absens formés par plusieurs administrations municipales de ce département, en exécution de l'article II, titre III de la loi du 25 brumaire an 3.

L'Administration centrale du département du Mont-Blanc, ouï le rapport, le Commissaire du Directoire exécutif entendu,

En vertu de l'article V, du titre précité, et des lois des 28 germinal an 3, et 17 prairial an 4, arrête le premier supplément à la liste des émigrés de ce département, de la manière que précède le présent arrêté :

| DERNIER DOMICILE CONNU || SITUATION DES BIENS que possédoient les Emigrés || OBSERVATIONS |
Communes	Cantons	Communes	Cantons	
Sion.	Rumilly.	Sion, Versonnex, S. André.	Rumilly.	
Chambéry.	Chambéry.			
Chambéry.	Chambéry.			
Montmélian	Montmélian	Montmélian.	Montmélian.	
Faverges.	Faverges.			
Montmélian	Montmélian			
Annecy.	Annecy.			
Alby.	Alby.			Réquisitionnaire, désert. à l'ennemi.
Annemasse.	Annemasse.			
Ste-Héleine du Lac.	Ste-Héleine du Lac.			
Annecy.	Annecy.	Duing, Annecy, S. Jorioz, Doussard, Talloires.	Duing, Annecy, Talloires.	
Chambéry.	Chambéry.	Chindrieux.	Ruffieux.	
Montmélian	Montmélian			
Rumilly.	Rumilly.			
Annecy.	Annecy.			

ordonne que ce supplément sera imprimé, publié et affiché dans toutes les communes de ce département.

Chambéry, le 19 nivôse, an 6 de la République française, une et indivisible.

Signé EMERY, *président ;* CHATEL, DUFOUR, DUFRESNE et BAVOUZ, *administrateurs ;* GARIN, *commissaire du Directoire exécutif ;* PALLUEL, *secrétaire en chef.*

Par copie conforme :
Le secrétaire en chef de l'Administration centrale,
PALLUEL fils.

2ᵉ SUPPLÉMENT à la Liste des Émigrés
du Département du Mont-Blanc.

DÉSIGNATION DES ÉMIGRÉS NOMS, PRÉNOMS, SURNOMS	PROFESSIONS
Amblet Sigismond.	Officier dans Genevois.
Borganel Jacques.	Etudiant.
Déossens Pierre.	Officier dans Genevois, noble.
De Rochette Joseph.	Officier dans Genevois, noble.
De Rochette Gabriel.	Officier dans Savoye.
Duclos Balthasard, fils de Jacques-Gabriel.	Noble.
Dumolan aîné, Charles-Pompée-Bernard.	Officier dans Genevois.
Garbillon Melchior.	Officier dans Genevois.
Gaudin Guillaume.	Tailleur.
Giardin Jean-Laurent.	Architecte.
Lacombe Claude-Christin.	
Laflechère Thérèse.	Noble.
Laflechère Claudine.	Noble.
Laflechère Péronne.	Noble.
Miffon Josephte, veuve Lacombe.	Marchande en quincaillerie.
Mougenet Gaspard.	Officier d'artillerie.
Montréal Joseph.	Officier dans Genevois.
Pelard Josephte, veuve de la Pesse (Dipagny).	Noble.
Plantard Ignace.	Perruquier.
Regard Centaure (de Ballon).	Officier dans Maurienne, noble.
Rollier Prosper François.	
Saint-Marcel Pierre.	Commis à l'enregistrement des sels.
Sales Péronne-Françoise.	Noble.
Sales François-Maurice-Benoît (Marquis).	Noble.
Seissel Félicité.	Noble.

DERNIER DOMICILE CONNU		SITUATION DES BIENS que possédoient les Emigrés		OBSERVATIONS
Communes	Cantons	Communes	Cantons	
Annecy.	Annecy.	Annecy-le-Vieux.	Annecy.	
Annecy.	Annecy.	Annecy, Veyrier.	Annecy, Talloires.	
Annecy.	Annecy.	Menthon.	Talloires.	
Annecy.	Annecy.	Annecy, Annecy-le-Vieux, Veirier, Meytet, Poisy, Bonneville, Ayse.	Annecy, Talloires, Bonneville.	
Chambéry.	Chambéry.	Rumilly.	Rumilly.	
Cluses.	Cluses.			
Chambéry.	Chambéry.			
Annecy.	Annecy.	Gevrier, La Roche, Menthon.	Annecy, La Roche, Talloires.	
Annecy.	Annecy.			
Annecy.	Annecy.			
Annecy.	Annecy.	Alex, Veyrier.	Talloires.	
Annecy.	Annecy.	Menthon.	Talloires.	
Annecy.	Annecy.	Menthon.	Talloires.	
Annecy.	Annecy.			
Chambéry.	Chambéry.			
Annecy.	Annecy.	La Roche.	La Roche.	
Annecy.	Annecy.	Epagny, Annecy.	Annecy.	
Annecy.	Annecy.			
Annecy.	Annecy.			
Annecy.	Annecy.	Sillingy, Annecy.	Sillingy, Annecy.	
Annecy.	Annecy.			
Thorens, Mez.	Thorens, Annecy.			
Annecy.	Annecy.			
Annecy.	Annecy.			

DÉSIGNATION DES ÉMIGRÉS NOMS, PRÉNOMS, SURNOMS	PROFESSIONS
VINCENT Hector *(de Fisigny)*.	Noble.
VINCENT Valentin *(de Fisigny)*.	Noble.
VINCENT Auguste *(de Fisigny)*.	Noble.
VINCENT Pierre *(de Fisigny)*.	Noble.

| DERNIER DOMICILE CONNU || SITUATION DES BIENS que possédoient les Emigrés || OBSERVATIONS |
Communes	Cantons	Communes	Cantons	
Annecy.	Annecy.			
Annecy.	Annecy.			
Annecy.	Annecy.			
Annecy.	Annecy.			

Vu les états des absens formés par plusieurs administrations municipales de ce département, en exécution de l'article II, titre III de la loi du 25 brumaire an 3.

L'Administration centrale du département du Mont-Blanc, ouï le rapport, le Commissaire du Directoire exécutif entendu,

En vertu de l'article V, du titre précité, et des lois des 28 germinal an 3, et 17 prairial an 4, arrête le second supplément à la liste des émigrés de ce département, de la manière que précède le présent arrêté : ordonne que ce supplément sera imprimé, publié et affiché dans toutes les communes de ce département.

Chambéry, le 11 pluviôse, an 6 de la République française, une et indivisible.

Signé EMERY, *président;* CHATEL, DUFOUR et BAVOUZ, *administrateurs;* GARIN, *commissaire du Directoire exécutif;* PALLUEL, *secrétaire en chef.*

Par copie conforme :

Le secrétaire en chef de l'Administration centrale,

PALLUEL fils.

3ᵉ SUPPLÉMENT à la Liste des Émigrés du Département du Mont-Blanc.

DÉSIGNATION DES ÉMIGRÉS NOMS, PRÉNOMS, SURNOMS	PROFESSIONS
ALBERT Jean-François (*Montandry*).	Officier du roi sarde.
BOTTON Castellamont.	Ci-devant intendant à Chambéry, ex-comte.
BERTRAND Augustin (*de Chamousset*).	Officier du roi sarde.
BOVET Laurent.	idem.
CAPRÉ fils, Eugène (*de Megève*).	idem.
CAPRÉ fils, Victor (*de Megève*).	idem
CARRET Claude.	Sergent au régiment de Savoie.
CASTAGNERE Jean-Esther (*Châteauneuf*).	Officier du roi sarde.
CHARROT Nicolas-Joseph (*Lachavanne*).	idem.
COURTOIS (*Darcollière*).	idem.
DALLINGES Prospert-Gaëtan.	idem.
DÉVILLE Jean-Louis (*de Traverney*)	idem.
DÉVILLE cadet, Joseph-Henri (*de Traverney*).	Page du roi sarde.
DIDIER Laurent.	Officier du roi sarde.
DONCIEUX Louis-Esther (*Chafardon*).	idem.
DUMAS Marie, femme de Charles Rossage.	
GARNIER Pierre.	Au service du roi sarde.
GERBAIX Albert-François (*Sonnaz*)	Officier du roi sarde.
GUMERY Vincent.	Prêtre.

DERNIER DOMICILE CONNU		SITUATION des biens qu'ils possédaient		OBSERVATIONS
Communes	Cantons	Communes	Cantons	
Chamoux.	Chamoux.	Chamoux.	Chamoux.	
Chambéry.	Chambéry.			Inscrit en exécution d'un arrêté du Directoire exécutif du 17 floréal an 7.
idem.	idem	Chamousset, Aiton.	idem.	
idem.	idem.	Chambéry.	Chambéry.	
idem.	idem.	idem.	idem.	
idem.	idem.	idem.	idem.	
idem.	idem.	idem.	idem.	
idem.	idem.	Un des héritiers de Thérèse Valfray, veuve Castagnere.	Chambéry, Châteauneuf	
idem.	idem.	A sa légitime dans l'hoirie du père.		
Yenne.	Yenne.	Yenne.	Yenne.	
Chambéry.	Chambéry.	Chambéry, Apremont, la Rochette, Allinges, etc	Chambéry, etc	
idem.	idem.	Fils de famille	Chambéry.	
idem.	idem.	Fils de famille.	idem.]	
idem.	idem.	Chambéry, Sonnaz.	idem.	
idem.	idem.	Chambéry, Mont-Fugny, S. Jean d'Arvey et Chautagne.	Chambéry, Ruffieux, Aix.	
Conflans.	Conflans.	Conflans.	Conflans.	
Cruet	S. P. d'Alb.	Cruet.	S. P. d'Albigny	
Chambéry.	Chambéry.	Sonnaz.	Chambéry.	
Cevins.	Fesson.	Cevins, Rognex, la Batie.	Fesson.	Inscrit sur la liste générale comme déporté, et maintenu comme émigré par un arrêté du Directoire exécutif du 27 prairial an 7.

DÉSIGNATION DES ÉMIGRÉS NOMS, PRÉNOMS, SURNOMS	PROFESSIONS
GUIGUE père, Joseph-Emanuël *(Derevel)*.	Officier du roi sarde.
HUDRY Etienne.	Au service du roi sarde.
MAISTRE cadet, Victor.	Officier du roi sarde.
MARÊTE Melchior *(Centagneux)*.	idem.
MILLIET Louise-Adélaïde, femme Duclos *(de Bonne-Dezery)*.	
MILLIET François-Sylvestre *(d'Arvillard)*.	idem.
MICHAL Guillaume *(Montaimont)*.	idem.
MICHAL Jean-Baptiste *(Chaffard)*.	idem.
MORAND Pierre-Gabriel *(Monfort)*.	idem.
MORAND Alexandre *(St-Sulpice)*.	idem.
MORAND Noël *(St-Sulpice)*.	idem.
MORAND Joseph *(St-Sulpice)*.	idem.
MOLLOT Michel.	idem.
NOEL Frédéric *(Bellegarde)*.	idem.
PACHOUD Michel, fils de Michel.	Soldat du roi sarde.
PIGNIER Charles.	Capitaine dans le régim. de Savoie.
PIGNIER Jean-Baptiste.	Officier dans le régim. de Savoie.
PERRIN Pierre-Marie.	Officier du roi sarde.
REGARD François-Joseph *(Devars)*.	idem.
ROBERTY François-Auguste *(Ste-Hélène)*.	Noble.
ROSE Joseph.	Officier du roi sarde.
ROSSAGE Charles.	Peintre.
ROSSAGE Jacqueline, fille de Charles.	
ROSSAGE Josephte, fille de Charles.	

DERNIER DOMICILE CONNU		SITUATION des biens qu'ils possédaient		OBSERVATIONS
Communes	Cantons	Communes	Cantons	
Chambéry.	Chambéry.	Chambéry, Chignin.	Chambéry, Montmélian.	
Ecole.	Châtelard.			
Chambéry.	Chambéry.	Réduit à sa légitime.		
idem.	idem.	Avressieux, Arbin, Saint Paul, Yenne, Gerbaix, Chevelu, Vertenex, etc.	S. Genix, Montmélian, Yenne, Novalaise.	
idem.	idem.	Chambéry.	Chambéry.	
idem.	idem.	Chambéry, Annecy, Semine, Chessena.	Chambéry, Annecy.	
idem.	idem.	On ne lui connaît aucun bien.		
idem.	idem.	idem.		
idem.	idem.	Chambéry, la Motte, S. Sulpice et Montmélian.	Chambéry, Montmélian, Bourget.	
idem.	idem.	Réduit à sa légitime.		
idem.	idem.	idem.		
idem.	idem.	idem.		
S. P. d'Alb.	S. P. d'Alb.	Fils de famille.		
Chambéry.	Chambéry.	Chambéry.	Chambéry.	Porté à la liste sous la dénom. de Bellegarde Frédéric.
Allondaz.	L'Hôpital.			
S. P. d'Alb.	S. P. d'Alb.	Réduit à sa légitime.		
idem.	idem.	idem.		
Chambéry.	Chambéry.	Fils de famille.		
idem.	idem.	Chambéry, Clermont, Saint-Cassin.	Chambéry, Clermont.	
Sto-Héleine-du-Lac.	Sto-Héleine-du-Lac.	Sto-Héleine du Lac.	Sto-Héleine du Lac.	Maintenu sur la liste en vertu d'un arrêté du D. E. du 18 floréal an 7.
Chambéry.	Chambéry.	St-Genix.	St-Genix.	
Conflans.	Conflans.	Conflans.	Conflans.	
idem.	idem.			
idem.	idem.			

DÉSIGNATION DES ÉMIGRÉS NOMS, PRÉNOMS, SURNOMS	PROFESSIONS
Rossage Antoine, fils de Charles.	
Rosset Victor *(de Tours)*. . .	Officier du roi sarde.
Sarde Henri-Charles *(de Candie)*.	*idem*.
Sarde Bernard *(la Forêt)*. . .	*idem*.
Salteur Jacques.	*idem*.
Trepier Henri.	Cap. au régim. de Savoie.
Trepier François-Philibert. .	Officier du roi sarde.
Vectier cadet, Joseph. . . .	*idem*.
Veuillet Charles.	*idem*.
Veuillet Hector.	*idem*.
Vibert Claude-Joseph *(Massingy)*.	*idem*.
Vichard Joseph-Marie *(Saint-Réal)*.	*idem*.

Vu les états des absens, formés par plusieurs administrations municipales de ce département, en exécution de l'article II, titre III de la loi du 25 brumaire an 3 ;

Vu l'arrêté du Directoire exécutif, du 25 messidor dernier, relatif aux émigrés des départemens de l'Ain, des Alpes-Maritimes et du Mont-Blanc ;

L'administration centrale du département du Mont-Blanc, ouï le commissaire du Directoire exécutif ;

En vertu de l'article V, du titre précité, et des lois des 28 germinal an 3, et 17 prairial an 4 ; arrête le 3° supplément à la liste des émigrés de ce département, de la manière que précède le présent arrêté ; ordonne que ce supplément sera imprimé, publié et affiché dans toutes les communes de ce département, le 5 fructidor prochain ; et les certificats de publication seront transmis à cette administration, dans les cinq jours de la même décade.

DERNIER DOMICILE CONNU		SITUATION des biens qu'ils possédaient		OBSERVATIONS
Communes	Cantons	Communes	Cantons	
Conflans.	Conflans.	Tours, Conflans, Grésy.	Conflans, Grésy.	
Tours.	idem.	Chambéry, Ste-Ombre, St-Baldoph.	Chambéry, les Marches.	
Chambéry.	Chambéry.	La Motte.	Bourget.	
idem.	idem.	Chambéry, Arbin, Montmélian, Francin, les Molettes.	Chambéry, Montmélian.	
idem.	idem.	Gresin, Ste-Marie d'Alvay.	Saint-Genix.	
St-Genix.	St-Genix.	Chambéry, Barberaz, Moutmélian.	Chambéry, Montmélian.	
idem.	idem.	Chindrieux, a une légitime.	Ruffieux.	
Chambéry.	Chambéry.	idem.	idem.	
idem.	idem.	Chambéry, Ruffieux.	Chambéry, Ruffieux.	
idem.	idem.	Duing, Albigny.	Duing, Albigny.	
idem.	idem.			
Duing-d'Héré.	Duing-d'Héré.			

Conformément à l'article XVII, titre III, section III de la loi du 25 brumaire an III, tout individu porté sur la présente liste, est tenu de se pourvoir en réclamation, pardevant l'administration centrale, dans le délai de cinq décades, à compter du jour de la publication de ladite liste, sous peine d'être définitivement réputé émigré.

Chambéry, le 17 thermidor, an 7 de la République française, une et indivisible.

Signé à l'original, Charles BAVOUZ, *président;* EMERY, REYMOND, BELLEMIN, *administrateurs;* visé GARIN, *commissaire du Directoire exécutif;* contre-signé PALLUEL, *secrétaire en chef.*

Pour copie conforme :
Le Secrétaire en chef de l'administration centrale du département du Mont-Blanc,
PALLUEL fils.

§ II. — La Terreur à Annecy.

1. — Relevé de détenus du Palais de l'Isle, à Annecy, avec indication des motifs de leur arrestation [1].

Ce relevé, que nous empruntons à l'ouvrage de M. Aimé Burdet, et qui trouve sa place naturelle dans une réunion de documents relatifs à l'émigration, est intéressant à deux points de vue :

Il démontre que, contrairement à l'opinion courante, toutes les classes de la société, et non seulement le clergé et la noblesse, ont été les victimes des proscriptions de la période révolutionnaire.

Il met d'autre part en lumière, et par des constatations prises sur le vif, la puérilité des motifs d'arrestation à cette époque où, au nom de la liberté, on faisait si bon marché de la justice et des droits des citoyens.

Voici, en effet, à titre d'exemples, les mentions que nous fournissent les archives départementales de la Haute-Savoie :

En 1793 :

François REY, de Moye, emprisonné le 11 avril pour *soupçon de fonction de prêtre*.

Joseph FONTAINE, professeur de mathématiques, pour *avoir forcé ses arrêts*.

Pierre-Joseph DE PILLY fils, amené par la gendarmerie et emprisonné le 3 mai, par ordre du commandant du département de l'Indre.

---

[1] Aimé BURDET, *Le Palais de l'Isle à Annecy* (Annecy, Fr. Abry, éditeur), pages 23 et suivantes.

Claude-François DE PILLY, son père, incarcéré le 18 mai.

Guillaume DUMOLLARD, de Rumilly, *soupçonné de quitter sa patrie pour s'en aller en Piémont.*

Julien BOCANIER, officier ; Louis BOCQUIN, sergent-major dans la garde nationale de Rumilly ; *soupçonnés d'engager pour le roi de Sardaigne.*

Claude MATHELON, officier municipal d'Alex, prévenu *d'avoir donné les clefs du clocher, pour sonner le tocsin, lors de l'insurrection de la vallée de Thônes.*

Claude NAVILLOZ, dit COLLOMBET, de Pers, prévenu de *faits anticiviques.*

Joseph DURET, d'Aviernoz, hameau du Vuard, prévenu *d'aristocratie et d'incivisme marqué, et de préférer le service du roi sarde à celui de la République.*

Jean FAVRE, d'Evires, prévenu *d'avoir refusé de remettre les monuments de la féodalité dont il était le détenteur.*

Claude LAFFIN, maire de Thorens, prévenu *d'avoir édit et flétri la liberté contre révolutionnaire.*

Guillaume DUMOLLARD, d'Annecy, convaincu de *s'être porté à des propos désorganisateurs.*

Eloi DERRIEY, du Jura, prévenu de *la plus forte suspiscion.*

Vincent VALENTIN, ci-devant DE FÉSIGNY, pour *suspicion.*

François-Marie DE LA FLÉCHÈRE, prévenu de *correspondance contre la sûreté publique.*

Constant VALENTIN, garçon tailleur, prévenu *d'avoir tenu des propos inciviques et tendant à la désorganisation.*

Marie DURET, veuve DUPACHET, pour *propos désorganisateurs.*

Claude GUIDONNET, pour *discours tendant à décourager et soulever le peuple.*

Etienne ADAM, ci-devant ermite, pour *propos liberticides et révolutionnaires.*

CROSET, c[...]rgier, pour *refus de dénoncer le lieu où s'est retiré [...] nommé d'Osnier.*

Joseph ASTRUZ, de Poisy, pour *recel d'un individu (Eucher Astruz) se montrant désobéissant à la loi.*

Eucher ASTRUZ, pour *avoir désobéi à la loi qui ordonne au prêtre insermenté de se déporter.*

GURRET ; JÉRICOZ, sœur hospitalière ; pour *fanatisme, incivisme et sentiments contre révolutionnaires.*

Germain FAVRE, pour *propos contre révolutionnaires.*

Joseph EXERTIER, de Groisy, pour *son nom de guerre.*

Claude LAVILLAT, pour *incivisme.*

Victor JOURNEL ; Jean-Claude LAVANCHY, d'Annecy ; pour *vues contre révolutionnaires.*

Jean REIGNIER, de Viuz-la-Chiésaz, prévenu *d'incivisme et considéré comme révolutionnaire.*

Pierre-Nicolas TISSOT, pour *avoir favorisé et concouru même aux vues contre révolutionnaires.*

Claude CHAGNON ; Claude DECHOSAL ; Jean TERRIER ; prévenus *d'émigration.*

Bernard-Thomas THOMASSET, ci-devant recteur de la chapelle de la Maladière, pour *propos liberticides et incendiaires.*

DÉCISIER, de Sévrier, pour *contre révolution.*

COLLOMB DE BOVAGNE ; Pierre DAGAN, d'Allèves ; François DE COUSSY ; pour *actes et mouvements contre révolutionnaires.*

François-Marie REYDET, ci-devant noble (arrêté le 23 octobre 1793, libéré le 24 décembre 1794), pour *abandon de domicile.*

Pierre ORTOLLAN, de Viuz-la-Chiésaz, comme *ci-devant jardinier de l'émigré du Belair.*

Jean-Baptiste BAILLY, de Thusy, pour *avoir porté les armes contre la République.*

Pierre COPPEL, d'Eteaux, pour *s'être refusé de servir comme volontaire après son élection.*

Henry MOUXY, dit CHARRIÈRE, pour *vues contre révolutionnaires.*

Claude PANISSET, de Saint-Ferréol, pour *refus d'assignats.*

Alexis BURDET, pour *détention d'écrits contre révolutionnaires.*

André MÉTRAL, pour *suspicion.*

Jean-Baptiste LAPLACE, négociant en petit détail, pour *propos nuisibles à la société républicaine.*

Jean-Claude DEMOTZ, de Rumilly, *homme suspect et prévenu d'émigration.*

Jean-Pierre CHAPELAIN ; Jean-Baptiste CHAPELAIN ; André JACONIN ; Jean-Louis BAUDÉ ; pour *contre révolution.*

Claude ROUX, de Faverges, pour *incivisme.*

BOGUET fils ; Claude HÉRISSON et sa femme ; la femme DESUSSE ; Claude CONTAT ; Pierre NANCHE ; la femme PATUREL, boulangers ; comme *suspects.*

Claude-Joseph COSTER et sa femme, comme *trouvés sans civisme et suspects.*

Balthazard VANDAT, marchand de Rumilly, pour *avoir distingué le prix de l'assignat et du numéraire.*

Jean THOMÉ, ci-devant curé d'Héry-sur-Alby.

En 1794 :

Jean-Antoine REINIER, de Poisy, arrêté le 7 janvier, prévenu *d'avoir par mépris tiré deux coups de fusil au bonnet de l'arbre de la Liberté de la commune de*

Lovagny, *de l'avoir criblé et encore d'être un perturbateur, agitateur et un homme dangereux à la société.*

Joseph DONIER, d'Annecy, comme *suspecté contre révolutionnaire.*

Gibert MASSET, menuisier, pour *refus d'assignats.*

Catherain BALLEIDIER, agent du ci-devant noble de Reydet, pour *avoir témoigné du mépris pour les assignats.*

Nicolas DE LALIER, marchand de vin à Héry-sur-Ugines ; François PRICAZ ; pour *discours tendant à la provocation de la royauté.*

Claude TOURNIER cadet, horloger à Héry-sur-Ugines, pour *s'être absenté sans passeport.*

Péronne DEPOLIER, femme AMBLET ; Georges MAGNIN, d'Annecy ; Henry MAGNIN, fils du précédent ; Henry D'ANIÈRES, de Hauteville ; prévenus *d'émigration.*

Joseph JOLI ; Jean-Baptiste DURHÔNE ; Claude PERRIN ; Pierre VIBERT ; ci-devant prêtres, *qui n'ont pas abjuré.*

DUMONT, horloger, pour *échange d'assignats contre le numéraire.*

Antoine GUINDIN, dit ROCHER, pour *avoir enterré le corps de son petit-fils au* ci-devant cimetière de Saint-Maurice (cimetière béni), *au lieu de l'avoir fait dans celui de la commune.*

Antoine TERRIER, de Versonnex, pour *avoir voulu vendre un chevreau en argent.*

DUCRUET, de Marlens, pour *avoir toujours donné des preuves d'incivisme.*

THYRION Pierre-Charles ; THYRION Joseph ; pour *émigration*.

Anne GURLIA, ci-devant gouvernante au château de Chitry, commune de Vallière, pour *bris de scellés apposés par la municipalité.*

Jeanne FALCONNET, pour *avoir tenu des propos tendant à rallumer le fanatisme et n'être pas nantie, conformément à la loi, d'une cocarde tricolore.*

Anthelme HUET, pour *avoir désiré la mort de quatre représentants du peuple, étant à Chambéry.*

Jean-Baptiste PERRÉARD, de Chevrier, qualifié de *vagabond,* pour *avoir propagé le fanatisme et désobéi à la constitution civile du clergé, être prêtre réfractaire et avoir été sujet à la déportation.*

Antoine BABIOZ, prévenu *d'émigration, sujet à la déportation.*

Bernard PRUNIER, de Rumilly, pour *avoir fait la différence de la monnaie de la République avec le numéraire, en vendant des peignes à faire la toile.*

Pierre-Joseph DUMONT, horloger, pour *avoir, par propos incivique, discrédité les assignats.*

Jean VERBOUX, de Allondaz, pour *avoir manifesté un refus formel des assignats, en demandant 20,000 livres d'une paire de bœufs.*

Pierre OLIVE, de Chambéry, pour *avoir tenu des propos inciviques tendant à avilir la Convention nationale, les autorités constituées et même tout le peuple français.*

Claude QUÉTANT; François CHAPPAZ ; Louis CHAPPAZ, de Thorens ; arrêtés aux environs d'Evires, *disant venir des vêpres célébrées ce jour (6 janvier 1795) dans l'église de cette paroisse.*

Joseph BALLEYDIER et sa femme, condamnés à trois jours de prison pour *avoir manqué de respect aux autorités constituées.*

François DUPONT, de la Roche, prévenu *de suspicion comme venant de l'étranger.*

Luc Dupraz, de Neydens, pour *avoir été saisi avec de la monnaie prohibée.*

Jean-François Thonin, *prêtre réfractaire.*

Pierre Richard ; Claude Fournier, de Menthonnex-en-Bornes, pour *avoir participé à l'enlèvement de cinq cloches*[1] *sur la place de la Liberté à Annecy.*

Joseph Dujardin, de l'Hôpital-sous-Roc-Libre[2], pour *avoir tenu des propos contre révolutionnaires.*

Claude-François Perret, de Mégève, pour *avoir tenu des propos contre révolutionnaires et alarmants sur l'entrée prochaine des Piémontais en France.*

Claude Avrillier, cordonnier ; Antoine Favre, procureur de la commune de Thorens ; pour *incivisme.*

Jean-Joseph André, de Thônes ; Joseph Bochet, de Villard-sur-Thônes ; Michel Morand, de Charvennes ; pour *avoir troublé l'assemblée populaire de Pringy.*

Fortunat Mécour, de Champ (Isère), émigré.

Claude Faget.

---

[1] On est tenté de se demander si cette histoire ne ressemble pas à celle du vol des tours de Notre-Dame : elle est pourtant rigoureusement authentique. Il faut, en effet, savoir que les cloches de toutes les paroisses leur avaient été enlevées et que plus de cinq cents étaient déposées sur la place Notre-Dame (vieux style) d'Annecy, où des catholiques courageux venaient les enlever à la faveur de la nuit, en se trompant d'ailleurs d'une façon plus ou moins volontaire et en prenant parfois les grosses pour les petites. Ainsi que le fait remarquer M. Aimé Burdet (ouv. cité, page 28), on n'avait aucun scrupule à voler le voleur.

[2] Nom dont la ville de Conflans s'était affublée à cette époque. Quelle singulière phraséologie que cette phraséologie révolutionnaire !

2. — Prisonniers arrêtés à la suite de l'insurrection de la vallée de Thônes[1] **(mai 1793).**

Ecroués le 8 mai 1793 :

    Etienne BRACHET, de Dingy-Saint-Clair.
    Jean-Baptiste LAGRANGE, de Dingy-Saint-Clair.
    Jean-Louis MABBOUX, de Dingy-Saint-Clair.
    Etienne BERGÉ, de Dingy-Saint-Clair.
    Jean-Claude MERMILLOD, de Villard-sur-Thônes.
    Etienne DUCRET, de Villard-sur-Thônes.
    Joseph CLARIS, de Thônes [2].
    Jean BOCHET, de Villard-sur-Thônes.
    Claude COMBAZ, du Bouchet [3].

Ecroués le 12 mai :

    Jean-François MISSILIER.
    Pierre-François AVET, de Thônes.

Ecrouée le 15 mai :

    Marguerite AVET *(la Frigelette)*, de Thônes, passée par les armes le 18 mai.

Ecroué le 21 mai :

    Jean-François AVRILLON, passé par les armes le 29 mai.

Ecroué le 31 décembre :

    Louis REVET, exécuté le 9 mars 1794.

Ecroué le 20 janvier 1794 :

    Joseph D'ONIERS, exécuté avec Revet le 9 mars.

---

[1] Voir Aimé BURDET, ouv. cité, pages 81 à 85, 166 et suiv. — Fr. DESCOSTES, *Joseph de Maistre pendant la Révolution*; chap. VIII, *Vendée et Savoie*, pages 346 à 360.
[2] Relâchés en fin mai 1793.
[3] Délivrés dans la nuit du 21 au 22 août.

Parmi les victimes de la guerre de Thônes, il faut citer encore Dupont de Glapigny, à qui on coupa les oreilles et les pieds avant de le tuer [1]; Pierre Ducroz et son fils Joseph, fusillés; Barthélemy Tissier, tué; Maurice Genand, des Golets, commune de Villard-sur-Thônes, Jean-Michel Avrillon, Savay-Guerraz, de Serraval, fusillés après s'être rendus; Louis Pin, barbier, arrêté sur l'ordre du général d'Oraison, pour propos inciviques, et fusillé.

3. — Prisonniers arrêtés à la suite de l'affaire de la porte du Sépulcre et de l'assassinat du commandant de La Fléchère (21 août 1793).

André Rassat, prévenu *d'attaque contre les conducteurs du charriot pillé à la porte du Sépulcre.*

André Godet.

Marie Godet.

François Collomb.

François Montréal.

Jean Barut.

Ambroise Décisier.

Joseph Lance, prévenu *d'avoir répandu le bruit de l'arrivée de 40,000 Piémontais avec 40 pièces de canon.*

Désirée du Bellair.

Parent père.

Guillot, aubergiste.

Fournier père, horloger.

Antoinette Rivollet, femme Quintel.

---

[1] Voir Aimé Burdut, p. 88. — « Combien le sauvage est proche du civilisé aux époques d'insurrection ! » Paul Bourget, *L'Etape*, page 115.

Françoise FALCONNET.

François GURRET.

Jean AILLOUD, de Grenoble, prévenu *d'avoir porté la hache sur l'arbre de la Liberté*.

Fredelane DECOUZ, dite BONAME.

Claude CHAGNON.

Claude DECHOSAL.

Christin DUBOULOZ.

François LACOMBE.

Jeanne VIBERT.

Etiennette et Françoise ABÉ.

Marie GUILLOT.

Aimée CHAPELLE.

Veuve DEPASSIEUZ.

Aimée GUERRAZ.

François DE COUSSY.

Le Tribunal criminel du département du Mont-Blanc, siégeant extraordinairement à Annecy et présidé par Gauthier, élargit la plupart des détenus et condamna les autres à quelques mois de prison.

François de Coussy fut conduit à Paris. Un bon nombre des inculpés, entr'autres Collomb de Bovagne (François Collomb), s'échappèrent dans la nuit du 21 au 22 décembre 1793, par une brèche pratiquée dans les latrines de la prison.

La plus cruellement punie des personnes arrêtées à l'occasion de l'affaire du Sépulcre fut la femme Fredelane Decouz, dite *Bonâme*, qui, le 11 septembre, fut « conduite sur la place de la Liberté pour y être attachée au pilori, qui sera placé à ses frais, où elle restera pendant deux heures, après quoi elle sera relâchée et mise en liberté¹, le tout en exécution de l'arrêté du représentant du peuple Simond. »

§ III. — L'éducation civique des enfants de la noblesse.

Dans sa séance du 26 octobre 1792, l'Assemblée nationale des Allobroges avait prononcé la confiscation de tous les biens des émigrés absents du pays dès le 1ᵉʳ août précédent. Dans celle du 27, elle décréta l'abolition de tous les titres de noblesse et de tous les droits féodaux. Dans une proclamation du 13 mars 1794, elle divise la noblesse en trois sections : les jeunes gens de 10 à 18 ans; les hommes, les dames et les jeunes filles de 18 à 70 ans, et les vieillards au-delà de 70 ans.

L'article 2 de cette proclamation, reproduite en entier dans les *Mémoires* du cardinal Billiet³, porte que l'arrêté du 12 ventôse sera rigoureusement exécuté à l'égard des jeunes gens de l'un ou de l'autre sexe qui n'auraient pas atteint l'âge de dix-huit ans. On devait leur procurer à tous une éducation nationale et, à cette fin, les placer chez des artisans chargés de leur apprendre un métier⁴.

---

¹ Aimé BURDET, ouvrage cité, page 45.
² L'ex-abbé Philibert Simon, né à Rumilly en 1755, député à la Convention nationale, commissaire auprès de l'armée du général Montesquiou en 1792, puis en Savoie avec Grégoire, Jagot et Hérault de Séchelles, représentant du peuple auprès de l'armée des Alpes, exécuté le 21 germinal an II (18 avril 1794), en même temps que Chaumette et Gobel.
³ *Mémoires pour servir à l'histoire ecclésiastique du diocèse de Chambéry*, pages 153, 154, 409.
⁴ Archives municipales de Chambéry. — Archives de M. André Perrin (copie provenant de la succession Claret).

C'est à l'organisation et à la mise à exécution de ces mesures que se réfèrent les documents ci-dessous [1].

9 Mars 1794.

On présente à la municipalité la note des enfants [2] des nobles qui sont détenus dans les prisons de la ville, ainsi que celle des citoyens et citoyennes jugés propres à leur faire apprendre un métier.

Voici ces deux notes :

Note des filles des suspects détenus dans la maison d'arrêt.

Joséphine-Victoire VILLETTE...	18 ans.
Césarine PIOLLENS............	16 —
Victoire PIOLLENS............	17 —
Sophie ORINGIANY............	17 —
Irénée ORINGIANY............	18 —
Cécile BRUN.................	9 —

[1] « A Chambéry, dit le cardinal Billiet, en exécution de cette disposition, la municipalité plaça le jeune marquis de Lescheraines chez le coutelier Leblond, le marquis de Travernay chez le cordonnier Bourille, le comte de Varo chez le jardinier Martin-Burdin, le baron d'Attnas chez le citoyen de Bry, bijoutier, Ernest de la Serras chez le procureur Charvet, et Alphonse de Morand chez l'armurier Magnin. Mⁱˢ d'Arvillard, devenue Mᵐᵉ de St-Sulpice, qui avait alors dix-sept ans, laissa croire qu'elle en avait dix-neuf, parce qu'elle aimait mieux être en prison avec sa mère que d'être placée dans quelque mauvais atelier de couture. Le marquis de Lescheraines avait pris goût à l'état de coutelier ; plus tard, quand les jours de la Terreur furent passés, il voulut établir dans sa propriété de Saint-Pierre d'Albigny une grande fabrique, qui causa la ruine de sa fortune. »

[2] La plupart des enfants étaient menés très durement par leurs maîtres; leur pension était de 1,200 fr. pour ceux au-dessus de 12 ans, et de 1,000 fr. pour ceux qui n'avaient pas encore atteint cet âge. Ces frais étaient payés sur le produit des propriétés des parents.

Les frais faits à l'occasion des fêtes publiques étaient pris sur le produit de la vente des biens séquestrés des émigrés.

Rosalie CAPRÉ	19 ans.
Victoire BUTTET	24 —
Françoise DE VILLE	26 —
Marie DE VILLE	24 —
Joséphine CAPRÉ	25 —
Marie DUCLOS	23 —
Thérèse DUCLOS	21 —
Anne GARBILLON	26 —
Anne PACCORET	22 —
Christine CAPRÉ	22 —
Césarine BUTTET	21 —

Enfants mâles des suspects.

Félix LECHERAINE	17 ans.
Alphonse MORAND	8 —
Erasme DE VILLE	10 —
Jacques fils, que demande à adopter Jean-Jacques CHOULET	10 —

Note énoncée ci-dessus pour donner l'éducation.

HOMMES	FEMMES
MORIZET.	LEBLOND.
PHILIPPAN.	HYPOLYTHE.
GUILLERMET.	JOUTHOD.
DESFRENE, horloger.	NICOUD.
JOLY, tourneur.	CARTOZ.
Pierre PERRIER, agriculteur	VERDET.
BOURUILLE, cordonnier.	SUISSET, rue de la Convention.
NIETTIN, serrurier.	
BERGER, charron.	PERRIN, tailleuse.
RAYMOND, barrois.	VAILLANT, tailleuse.
DIANAND, boulanger.	GUICHERD, tailleuse.
MICHAUD, instituteur.	LULIN (Couty) Dulong.

1794.

En exécution de l'arrêté du Directoire du district en date du 3 germinal an II (23 mars 1794), les citoyens Lognoz, Jourdan et François Guy, membres de la municipalité et du comité de surveillance, se transportèrent dans la maison d'arrêt, ci-devant évêché, pour y intimer aux citoyens et citoyennes enfants de ci-devant, de l'âge au-dessous de dix-huit ans, l'ordre de sortir pour se rendre à leur destination, c'est-à-dire chez les individus qui ont été désignés pour leur apprendre un métier (Voir les éphémérides du 9 mars). Les prisonniers demandent un sursis de quelques heures pour prendre leur repas et faire leurs préparatifs. Ce sursis leur est accordé.

A trois heures de l'après-midi, les mêmes délégués se présentent de nouveau à l'évêché, d'où ils font extraire les jeunes prisonniers des deux sexes, lesquels sont confiés successivement aux citoyens et citoyennes qui s'en sont chargés et qui doivent en donner un récépissé.

Le citoyen Lullin, au nom de sa femme, ne veut pas faire de récépissé parce que, dit-il, il n'est pas dans le cas de pouvoir loger la citoyenne Oringiany Sophie qui lui est assignée. « Cependant, dit le rapport des membres de la municipalité, il n'a allégué que des motifs frivoles à cet égard, et dans le vrai, si on lui avait assigné la citoyenne Villette, il ne se serait pas refusé, puisqu'il en a proposé l'échange..... C'est au district à délibérer sur les motifs ou non de convenance de l'échange..... Au reste, Lullin a été rendu responsable du dépôt qui lui a été confié provisoirement. »

D'après les difficultés élevées par le citoyen Lullin et le désir de la citoyenne Oringiany et de ses parents d'aller dans son ancien voisinage chez les frères et sœurs Desfrene, horlogers, on laisse au district l'arbitrage de sa nouvelle destination.

Par arrêté du district du 11 germinal (31 mars) la citoyenne Oringiany est confiée définitivement à la citoyenne Mermoz, en remplacement de la citoyenne Lullin.

La citoyenne Cécile Brun ne peut pas être extraite de la prison, parce que, au moment de la visite des délégués, elle a été prise d'une attaque nerveuse qui a nécessité un sursis pour son élargissement.

§ IV. — L'odyssée d'un prêtre réfractaire [1].

En vertu de la proclamation du 8 mars 1793 qui exigeoit le serment de tout ecclésiastique, je demandai un passeport pour sortir des Etats de la République, (le terme fixé

---

[1] Le chanoine Thomas Collomb, né à Rumilly le 28 décembre 1769, décédé à Chambéry le 1ᵉʳ mars 1847, à l'âge de 77 ans. — (Conf. Cardinal BILLIET, *Mémoires pour servir à l'histoire ecclésiastique du diocèse de Chambéry*, chap. XVI, pages 281 et 282. — Fr. CROISOLLET, *Histoire de Rumilly*, pages 240 à 243. — L. MORAND, *Personnel ecclésiastique du diocèse de Chambéry*, *Mémoires* de l'Académie Savoie, *Documents*, tome VII, 1893, page 560.)

Ces divers historiens ont visé, sans la reproduire, la relation abrégée de l'arrestation et de l'emprisonnement de l'abbé Collomb, relation rédigée par lui-même et déposée aux archives de l'Archevêché de Chambéry (Fr. CROISOLLET, ouvrage cité, p. 243). Je possède une copie de cette pièce écrite de la main de l'abbé Collomb. Elle m'a été donnée en 1876 par le vénérable ancien curé de Rumilly, Rᵈ Jean-Louis Simond (20 octobre 1789 — 26 mai 1876, L. MORAND, ouvrage cité, pages 713 et 714), de la main duquel elle est annotée. J'ai cru devoir, en raison de son intérêt, la publier intégralement.

La copie, dont nous respectons scrupuleusement la ponctuation et l'orthographe, porte au dos la mention suivante, de l'écriture de l'abbé Collomb : *Notice demandée par Monseigneur l'Archevêque, 1842.*

pour les réfractaires n'étoit que trois jours), j'arrivai à Genève le second jour, de là en Suisse et à Turin. Mon séjour en Piémont a été d'environ trois ans, j'y fus ordonné prêtre, au mois de septembre 1793, par Mgr Paget, mon évêque ; et sur la fin de décembre 1796, Mgr me fit appeler pour m'annoncer qu'on me reclamoit à Rumilly, et pour savoir si je pouvois me décider à rentrer en Savoye. Quoique la place d'instituteur d'un seul élève dans une maison respectable m'étoit très favorable en tous genres, l'amour de la patrie me tenant au cœur, je répondis à Sa Grandeur, que j'étois tout entier à ses ordres ; et qu'elle n'avoit qu'à me fixer approximativement le temps du départ, qui fût pour le commencement de l'année 1796.

Je quittai Turin le quinze janvier, avec trois autres prêtres, et nous arrivâmes à Lauzanne, pour apprendre de M. Bigex le lieu de notre mission. M. le G. V.[1] nous la donna d'une manière générale, sans limitation, et un mois après la spécialisa pour tout le canton du dit Rumilly, et en particulier comme missionnaire dans cette paroisse. On avoit réconcilié son église quelques jours avant mon arrivée, mais la prudence ne permettoit pas encore d'y exercer les fonctions d'une manière publique. De concert avec l'autre missionnaire, M. Dunoyer, décédé recteur de la Motte, nous commençâmes à réunir les jeunes gens dans la dite église pour faire des catéchismes, et ensuite avec l'autorisation de l'agent, qui étoit un bon chrétien, nous nous décidâmes d'y célébrer la Sainte Messe, le 25 mars, fête de l'Annonciation, avant l'aurore. Le peuple étant averti, la foule fut immense ; déjà M. Dunoyer avoit fixé la célébration, et s'étoit retiré à l'ancien presbytère, et je me

[1] Grand Vicaire.

disposois à jouir de ce bonheur, lorsqu'occupé à réconcilier quelques personnes dans la sacristie, j'entends un tumulte s'élever dans l'intérieur de l'église (c'étoit un bataillon de soldats, qui étoit de passage, et dont le capitaine, qui avoit eû une vive altercation avec l'agent, voulut se venger à son départ, en cernant l'église).

A ce bruit je quitte mon pénitent, j'entre au milieu du chœur, et je vois les soldats se saisir d'un jeune homme qui prioit, et l'entraîner dehors, pensant que c'étoit un prêtre. L'erreur heureuse ne fut pas longue ; et pendant cet intervalle je me glissai dans une chapelle qui avoit une sortie sur le cimetière, mais malheureusement je ne pûs en ouvrir la porte. Bientôt ils rentrent dans l'église, et probablement d'après le signe d'un traître, trois soldats en furie pénétrent dans cette chapelle, me saisissent en me frappant avec la crosse de leurs fusils, dont l'un m'arrache ma montre, me mettent au milieu du bataillon, et prennent la route de Chambéry. Tout le peuple me suivit, espérant de me délivrer de leurs mains : arrivés sur la place d'armes, le capitaine craignant pour sa troupe, à la vue de la multitude des assaillans, ordonna de me conduire au fond de la dite place, où ses soldats formèrent un bataillon quarré, et fit charger les fusils. Le peuple, aveuglé par son zèle à ma délivrance, avance avec une grêle de pierres qu'il jetto sur la troupe, qui riposta par une décharge en l'air. Pendant cette espèce de bataille, le capitaine me tenoit son épée nûe sur le cœur, et deux soldats le sabre sur le cou, en me disant que si une pierre les blessoit, ils me couperaient la tête ; je crûs alors voir mon dernier moment, et la grace me favorisa de faire mon acte de contrition.

Ce cher peuple, sans être intimidé par cette décharge, pensant qu'il n'y avoit que de la poudre, s'avança avec plus d'acharnement, et tous, hommes, femmes et enfants redoublèrent leurs jets de pierres : ce qui rendit furieux les soldats et le capitaine qui commanda une seconde décharge, et un jeune homme, boulanger, reçut une bâle dans la cuisse, dont il mourut huit jours après. Dans cette détresse je représentai au chef d'ouvrir le bataillon, et que me voyant encore en vie, j'obtiendrois de ce pauvre peuple de se retirer, en leur criant qu'ils m'exposoient : ce qui fut heureusement exécuté. On reprit la grande route avec le prisonier, et on s'achemina jusqu'à Aix au pas de course, et pour sureté on commanda un piquet, pour ne laisser dépasser ni voitures, ni piétons. En entrant à Aix, ayant apperçu le brigadier des gendarmes que je connoissois, ayant été mon écolier, je le priai de m'envoyer le citoyen commissaire du Directoire : le capitaine qui n'étoit pas encore revenu de sa première frayeur, et craignant qu'à Aix on fît la même démonstration qu'à Rumilly, fit continuer la route à sa troupe, sans s'arrêter dans cette ville, et ne fit faire halte qu'à un quart d'heure de distance, où l'on me mit dans une prairie au milieu de douze fusiliers, avec défense sévère de ne laisser approcher personne ; et pendant ce temps les autres soldats revinrent en ville prendre leur étape. Sur ces entrefaites arriva le citoyen commissaire, à qui on fit beaucoup de difficulté de laisser approcher, je lui représentais qu'en passant dans son canton, il voulût bien demander au capitaine par quel ordre il m'avoit arrêté, et s'il avoit un mandat d'arrêt de l'autorité : sa réponse fut que la demande étoit juste et légale, et que je m'en expliquerois au Tribunal de Chambéry ; harrassé, fatigué par la course accélérée et à jeun, je suppliai M. le Comissaire de me procurer, en payant, un bouillon et vin chaud pour pouvoir continuer la route, il l'exécuta avec une généreuse humanité.

Arrivé sur la place de S¹ Léger, où beaucoup de monde étoit rassemblé, un Monsieur qu'on me dit ensuite être l'avocat Didier, s'approcha des rangs et me dit qu'il sembloit me connoître, et qu'il ne se rappelloit pas de mon nom; après l'avoir satisfait, un individu, capucin apostat, le *Père Arnaud*, qui étoit proche, ayant entendu mon nom, s'écria avec triomphe: *Cette fois on te tient, membre d'une famille contre-révolutionnaire* : en me tournant vers lui, je lui dis qu'il y avoit justice pour tous, et qu'il ne lui appartenoit pas de me la rendre ; on m'emmena ensuite à la Conciergerie des prisons, en attendant mon interrogation. D'après la demande de ma sœur qui m'avoit suivi en poste, et sur le bruit d'une sédition soulevée à Rumilly, le Département fut aussitôt assemblé, où intervint le général Kellarman; on m'y conduisit sur les sept heures du soir, et je demeurai sur la sellette jusqu'à dix. M. le président, mon compatriote et compagnon de collége[1], commença les interrogations de formalité, et après y avoir répondu, il ouvrit le cahier des émigrés et déportés, et me demanda juridiquement si j'étois donc *Thomas Collomb, diacre*, natif de Rumilly, déporté à cause du refus de serment? Réponse affirmative.
— D. Comment êtes-vous rentré en Savoye, puisque la loi s'y opposoit ? — R. Pour obéir à mon Evêque et pour être utile à mes concitoyens. — D. De quelle utilité pouviez-vous être, puisque vous n'êtes que diacre? — R. Je n'étois que diacre, lorsque je demandois un passeport, mais j'ai eu l'honneur d'être élevé à la prêtrise dans le lieu de ma déportation. — D. Avez-vous fonctionné à Ru-

[1] M. Emory, né à Crimpigny, habitant à Rumilly. *(Note écrite de la main du curé Simond.)*

milly? — R. Oui, citoyen président. — D. Y avait-il d'autre prêtre avec vous dans cette localité, et comment s'appelle-t-il? — R. Quoique la charité m'interdiroit de répondre à votre question, je vous dirai que le prêtre se nomme *M. Denucé* (c'était feu Dunoyer). — D. Vous avez été la cause d'une sédition, qui pouvoit avoir de graves résultats. — R. Ce n'étoit pas moi qui en ai été la cause, mais la victime. — D. On dit que le soldat qui vous a arrêté, a dérobé votre montre. — R. Oui... Elle vous sera rendue. — D. Pour éviter les suites de votre arrestation, voulez-vous prêter le serment exigé par la Loi? — R. Mes mêmes principes et ma religion s'y opposent. — Après les interrogations, MM. les membres du Département entrèrent en Conseil privé, et le résultat fut un mandat d'arrêt qui me conduisoit en prison.

Mon séjour dans ce lieu d'épreuves fut d'environ deux mois, mais il étoit adouci par la société de trois autres prêtres qui partagions en communauté nos peines, et pour avoir plus de liberté pour recevoir la visite des parents et amis, nous nous mîmes en pension chez la concierge, Pasquier et moi, où nous payions soixante francs par mois. Comme c'étoit le temps pascal, et que nous n'avions pas satisfait au devoir prescrit, nous concertions des moyens à prendre pour avoir ce bonheur; mais des difficultés sans nombre se présentoient à surmonter; nous fîmes part de nos désirs à une pieuse femme qui venoit de tems en tems nous voir, et faisoit nos commissions *(la Sanctus)*; nous lui insinuâmes de tenter, par le moyen de l'argent, le geolier qui étoit un bon homme, pour arriver à pouvoir célébrer la Ste Messe dans la chambre commune que nous occupions : cet homme succomba, quoiqu'avec des craintes, à la tentation, vû les visites journalières de l'acerbe concierge dans chaque appartement ; nous profitâmes de sa faiblesse, et nous reçumes par son organe dans un sac tout ce qui étoit nécessaire pour la messe : nous fîmes une table avec nos lits plians, dressâmes une espèce d'autel, et le jour de Pâque et la fête suivante, nous célébrâmes tous quatre le St Sacrifice à deux heures après minuit. O jours heureux ! jamais ils ne sortiront de mon souvenir.

Comme dans ce temps les prisons regorgeoient de détenus de toute espèce, et que la rage contre la religion et ses ministres était rallentie, nous fîmes une pétition au Département à l'effet d'être transférés à l'ancienne maison de détention, l'évêché, où étoient les écoles centrales, alléguant pour motifs les malaises et infirmités que nous éprouvions plus ou moins, lesquelles ayant été constatées par forme, par le médecin, nous obtînmes notre translation. Nous fumes placés au second étage, qui fut bientôt rempli par trois autres prêtres, Pissard, Nalé, Fortin, qui furent arrêtés successivement. Là le Gouvernement s'occupa de notre vie animale : on nous passoit pour chacun quinze sols par jour, un pain de deux livres et une bouteille de vin : ration bien raisonnable. Nous proposâmes au concierge, le père Berthet, s'il vouloit nous nourrir avec cette solde réunie, ce qui fut accepté sans réclamation, et avec la satisfaction de tous, nous traitant de la manière la plus honnête, et même avec un certain luxe, par suite des cadeaux de toute espèce que nous recevions des personnes charitables de la ville, et spécialement de la respectable D^{lle} Morand. Dans ce lieu de paix où nous jouissions d'une parfaite liberté, nous soupirions après l'avantage de pouvoir offrir le St Sacrifice : nous en fîmes la proposition au brave concierge, qui l'agréa volontiers, et s'offrit même pour dresser un autel très décent dans une salle au premier étage, qui n'étoit pas occupée (le réfectoir actuel de l'archevêché). Après la bénédiction nous y célébrions tous les jours, et par prudence dans les commencemens nous n'y admettions pour y assister que des personnes choisies ; et ensuite nous laissâmes au concierge la liberté de permettre l'entrée à tous ceux qu'il voudroit. Dès lors cette chapelle avec ses alentours ne pouvant suffire pour la foule qui s'y rendoit, nous élévâmes un autre autel à l'angle des deux grands corridors, où nous célébrions les jours de dimanche et fêtes, et nous y comptâmes un jour à la messe de dix heures, plus de neuf cents personnes : ces jours-là il y avoit toujours une instruction, et nous continuâmes les exercices jusqu'au milieu d'aout, tems où M. le maire vient nous signifier la défense d'admettre plus de vingt personnes à la messe. Mgr De La Palme, alors G. V. du Diocèse nous avoit conferé tous les pouvoirs de *propre prêtre*, nous y confessions, bénissions des mariages, réhabilitions des unions faites civilement, des premières communions, etc.

Au comencement de septembre des symptomes de troubles s'élèvent dans l'assemblée à Paris : les passions forcément assoupies se réveillent, se déchaînent, le parti jacobin triomphe, arrive le 18 fructidor, jour qui replonge la France et la Savoye dans le deuil. Les bulletins l'annoncent à Chambéry, et le 14 septembre à neuf heures du matin, nous entendons le bruit des tambours, des fanfares qui resonnoient la *Marseillaise,* suivi de toutes les autorités civiles et militaires, prendre la route à la cathédrale, pour y publier solennellement les décrets. Dans l'empressement inquiétant où nous étions d'en connoître la portée, nous montâmes, l'abbé Pasquier et moi, sur la voute de l'église pour en écouter la lecture ; j'approchai l'oreille du trou de la lampe, qui tomboit presque perpendiculairement sur la cathedrette du secrétaire lecteur, et quand on fût à l'article qui regardoit la religion, j'entendis très distinctement celui-ci : *tous les décrets faits jusqu'ici en faveur des prêtres sont rapportés...* Je le communiquai à M. Pasquier, et quand tous les bulletins furent lus, nous descendîmes aussitôt pour faire part à nos confrères de cette déplorable annonce..... La délibération fut unaniment prise de nous échapper le soir même. Une réflexion cependant sembloit répugner à notre sortie, c'était de compromettre le brave concierge, qui nous avoit dit dès le premier jour de notre détention, que le Département lui avoit offert une sentinelle pour nous garder, et qu'il l'avoit refusée, persuadé que nous n'abuserions pas de la liberté qu'il nous laissoit. Nous avions répondu à cette honnêteté, que jamais nous ne songerions à sortir, à moins qu'il y eût un danger réel pour nous ; et à cette condition énoncée, il avoit repliqué que s'il survenoit un danger, il favoriseroit lui-même notre évasion... La promesse réciproque étoit conditionnelle, le danger urgent, nous nous occupâmes des moyens à prendre pour faciliter notre sortie. Dans la journée nous ne reçumes aucune visite, seulement sur le soir se présenta M. l'avocat Didier qui en plaignant notre état de peine et d'inquiétude, nous dit que tout ce qui pouvoit nous arriver, c'étoit d'être déportés ; et intérieurement nous nous disions tous qu'il valloit mieux se déporter soi-même que de l'être par d'autres, peut-être à la Guianne. Nous montrâmes toute la soirée devant la famille du concierge, le père étant absent, une absolue indifférence sur notre position, et après avoir soupé à la Conciergerie, sur les dix heures, nous montâmes à nos chambres, bien résolus d'exécuter notre évasion. Arrêtés au vestibule, nous examinâmes si la clef de la porte du jardin étoit laissée en dedans, comme à l'ordinaire, elle avait été retirée ; je viens faire la même observation à la grande porte d'entrée qui donne sur la place, et la clef avoit été enlevée ; au fond du corridor au premier étage, nous crûmes appercevoir un homme que nous jugeâmes être là en surveillance ; que faire ? disions-nous, il n'est pas prudent de tenter une évasion, attendons la nuit suivante ; cette résolution prise, tous se mirent au lit : je me couche tout habillé, et agité par le oui, ou le non, je demeurai une demi-heure dans l'embrasure de ma fenêtre, pour écouter et découvrir si on nous veilloit ; n'appercevant aucun bruit, je descendis silencieusement au premier, et après avoir parcouru les deux corridors, je conclus que tout le monde étoit retiré, et qu'on avoit nulle défiance de nous. J'en avorti aussitôt l'abbé Pasquier qui se détermina promptement à la sortie ; nous réveillâmes les autres confrères qui hésitèrent pendant une heure à la proposition, surtout le chanoine Cohendet ; et en attendant leur décision, nous allâmes chercher une échelle au rez-de-chaussée, nous la descendimes par la fenêtre de la chambre de Pasquier, qui étoit plus basse que les autres ; et quand tout fut préparé, nous vinmes leur annoncer que nous partions. (Par réconnaissance des bontés du concierge, je fis un billet au nom de tous avec mon crayon, au clair de la lune, par lequel nous nous engagions solidairement à lui payer tous les dommages qu'il pourroit éprouver de notre sortie. Quoique le susdit n'ait été condamné à aucune peine civile, néanmoins à cause d'une absence qu'il fit par prudence, nous lui envoyâmes chacun 48 francs pour dédomagement.)

Dès lors plus d'indécision : nous descendîmes tous dans le jardin, nous portâmes l'échelle du côté des fossés, et comme étant le plus jeune, je montai le premier sur la muraille, et pensai à dresser ladite échelle en déhors pour descendre ; sur ces entrefaites, un particulier qui avoit sa fenêtre au nord-est du jardin, l'ouvre et se mit à respirer l'air, avec une chandèle à côté de lui, il promène un moment dans sa chambre et enfin la ferme, comme avec précipitation ; ces autres Messieurs qui étaient accroupis au pied intérieur du mùr, sont saisis de crainte, et s'imaginant que cet homme m'avoit vû à cheval sur la muraille, et qu'il alloit nous dénoncer, me crièrent de descendre et de retourner à la hâte dans nos chambres. Comme la hauteur du mur n'étoit que de 8 ou 9 pieds, je me jetai en bas, sans éprouver rien de facheux : je me crampponai le long du dit mur, et Pasquier descendit appuyant ses pieds sur mes épaules, et tous les autres parvinrent ainsi à descendre sans accident ; après nous être embrassés, chacun prit avec son compagnon la route qui le conduisoit en lieu de sureté. Je traversai avec M. Rauguier curé de St Maurice d'Annecy le faubourg du Reclus, et continuâmes la grande route jusques vers la maison *Basse*, et ayant entendu le bruit de personnes à cheval, nous nous écartâmes, cotoyâmes le bas de St Ombre, du Viviers et de Tresserve, et nous arrivâmes à cinq heures du matin à St Innocent, où après nous être un peu restaurés, nous gravimes la montagne, dinâmes à St Germain, couchâmes à Cessens ; le lendemain je procurai un guide sûr à M. Ranguis, pour le diriger vers Annecy, et n'osant pas moi-même par prudence descendre à Rumilly chez mes parens, je fis prier la maîtresse de l'auberge de la Poste, que je connoissois bonne chrétienne, de me recevoir comme un étranger voyageur, ce qui réussit, à la satisfaction réciproque. J'y demeurai trois semaines, et y disois presque tous les jours la messe ; et ayant fait construire une cachotte dans la maison paternelle, je m'y retirai et y demeurai deux ans environ, malgré les visites fréquentes des gendarmes et des colonnes mobiles ; et par le secours de travestissemens, je voyois les malades, confessois toute la nuit, et éxerçois toutes les autres fonctions de missionnaire.

Autems du Concordat, Mgr Demerinville me continua comme vicaire en cette ville sous l'ancien curé, M Gabert, et ensuite sous M. Besson, jusqu'au mois d'octobre 1808, où Mgr Dessole m'écrivit que mon règne de vicaire étoit fini, qu'il me destinoit à commencer l'organisation d'un petit séminaire dans cette ville, à la place du ci-devant pensionnât qui étoit éteint. A la fin de l'année scholastique, ayant demandé à Sa Grandeur d'être déchargé de ce fardeau, je fus nommé recteur à Lornay ; en mai 1811, transféré à la cure de Ruffieux en Chautagne ; en novembre 1818, à la cure d'Aix-les-Bains ; et enfin au mois de septembre 1835, Mgr Martinet me fit l'honneur de m'appeler à Chambéry pour remplir un canonicât vaquant à sa métropole. Ainsi est.

T. COLLOMB, chan°.

§ V. — Le régime des suspects [1].

Règlement à l'usage des Détenus dans le Palais épiscopal de Chambéry, 7 Prairial an II (26 mai 1794).

ÉGALITÉ, LIBERTÉ, FRATERNITÉ OU LA MORT

Extrait du procès-verbal de l'Administration du district de Chambéry du 7º prairial an II de la République française une et démocratique.

L'administration du district de Chambéry ayant entendu la lecture du projet proposé par la Municipalité de cette commune pour mettre à exécution le décret du 26ᵉ brumaire dernier qui porte que les suspects détenus doivent avoir la même nourriture frugale.

Considérant que la même détermination prise de les réunir tous dans un même local nécessite des changements dans ledit projet.

Considérant que ces individus ayant par leur immoralité et leur incivisme non seulement retardé notre régénération, mais encore tout mis en usage pour opérer une contre-révolution et nous ramener à l'esclavage par leurs coalitions, sinon de fait tout au moins de volonté avec les ennemis de la République, ce serait insulter aux principes de la justice et de l'humanité que de les traiter mieux que nos frères d'armes qui répandent journellement leur sang pour consolider la liberté.

---

[1] Archives municipales de Chambéry. — Archives de M. André Perrin (copie). — Le document que nous reproduisons a été publié, mais en partie seulement, par le Cardinal Billiet, dans ses *Mémoires*, pages 165, 166, 471 à 479.

Considérant enfin que la Convention nationale dans sa sagesse a fixé le maximum de leur dépense à cinquante sols par jour chacun, et qu'il est juste que l'excédent de leurs revenus soit employé à des objets d'utilité publique pour venger en partie l'humanité des maux qu'ils ont causés, est d'avis d'adopter les articles ci-après :

Art. 1er.

Toutes les personnes mises un état d'arrestation pour cause de suspicion seront renfermées dans le ci-devant évêché et bâtiments y annexés, de manière que les ci-devant prêtres ne puissent avoir aucune communication avec les ci-devant nobles et autres, et que les femmes ne puissent également communiquer ni avec les uns ni avec les autres.

Art. 2.

Il sera formé trois tables dans cette maison d'arrêt, l'une pour les ci-devant prêtres, l'autre pour les ci-devant nobles, et l'autre pour les femmes, dans trois différentes salles, et l'on placera dans chacune d'elles un fourneau pour le chauffage pendant les temps d'hiver.

Art. 3.

Il sera établi dans ladite maison deux infirmeries, l'une pour les hommes dans la salle existante près du jardin, il y sera placé dix lits dont neuf pour les détenus et le dixième pour l'infirmier.

L'autre destinée aux femmes sera placée dans les deux chambres contiguës qui sont à droite avant de monter l'escalier, l'on y placera sept lits pour les détenues et un pour l'infirmière.

Art. 4.

Il y aura dans cette maison un infirmier et une infirmière pour servir les malades ; ils seront sous la responsabilité du concierge et pourront être employés à d'autres travaux, lorsqu'il n'y aura personne dans les infirmeries.

Art. 5.

L'heure des repas demeure fixée à onze heures pour le dîner et à six heures pour le souper.

Art. 6.

Le dîner des détenus sera composé de la soupe, de deux portions en pommes de terre, légumes ou autres hortolages, et le souper en une portion pareille à celle du dîner, une portion de salade, du fromage ou du fruit. Les jours de decadi et de quintidi l'on substituera à une des portions ci-dessus, savoir : pour le dîner une portion de bouilly et pour le souper une portion de rôti ; les portions seront fournies d'une demi livre de viande par jour pour chaque individu.

Art. 7.

Il sera fourni par jour à chaque détenu une bouteille de vin soit demi pot franc, potable et vieux, jusqu'au 1er germinal, et une demi bouteille pour les femmes, et tant aux uns qu'aux autres une livre demi de pain de l'Egalité.

Art. 8.

Ceux qui seront dans les infirmeries auront cependant tous les jours à chaque repas une portion en gras et du bouillon, ensuite d'un certificat d'un officier de santé.

Art. 9.

Les détenus des deux sexes qui s'occuperont à des travaux utiles à la chose publique, après en avoir obtenu l'agrément de la Municipalité, percevront au moins du produit de leur travail qui devra être versé immédiatement entre les mains du concierge qui en tiendra notte, se procurer les différents autres comestibles et objets qu'ils jugeront à propos. Mais il est expressément défendu au concierge d'en permettre l'introduction de toute autre manière.

Art. 10.

Pendant chaque repas qui ne devront durer qu'une heure, il sera fait lecture dans chaque salle par un des détenus à tour de rôle, à haute et intelligible voix, des Bulletins de la Convention nationale, de l'acte constitutionnel et de quelques autres écrits civiques.

Art. 11.

Il sera fourni aux détenus des deux sexes le tabac nécessaire à ceux qui ont l'habitude d'en user.

Art. 12.

Il leur sera de plus fourni les linges et habillements qui seront jugés nécessaires par la Municipalité, sur la note que lui fera passer le concierge tous les trois mois, soit le 1er vendémiaire, nivôse, germinal et messidor, contenant le détail des articles réclamés par chacun d'eux, laquelle note sera de suite transmise avec l'avis de la Municipalité à l'administration du district qui prendra les mesures convenables pour faire lesdites fournitures.

Art. 13.

Il sera livré au concierge sous sa responsabilité moyennant inventaire préalable qu'en fera faire la Municipalité, et les meubles et linges nécessaires à l'usage de la table qu'il sera obligé de soigner et de retirer en lieu sûr à la fin de chaque repas.

Art. 14.

L'on changera le linge des détenus tous les décadi et les draps de lit tous les mois en hiver et tous les quinze jours en été.

Art. 15.

Les détenus des deux sexes seront obligés de faire eux-mêmes leurs lits, de balayer et de tenir propres leurs chambres, les appartements destinés à leur usage, de s'aider alternativement à placer la table, et s'il y en a de vieux et de valétudinaires, les autres seraient obligés de remplir pour eux et à tour de rôle ces différents objets; ils ne pourront tenir aucuns animaux domestiques.

Art. 16.

La nourriture qui leur sera fournie sera mise aux enchères, au rabais.

Art. 17.

Le cuisinier et ses préposés ne pourront communiquer en aucune manière dans l'intérieur des appartements. Pour cela il sera construit une porte sur le derrière pour l'entrée de la cuisine. Celle sur le devant sera bouchée et l'on formera dans le mur un guichet pour y faire passer les plats et comestibles; ils seront surveillés par le concierge qui ne laissera le guichet ouvert qu'au moment et pendant le repas.

Art. 18.

Le concierge pourra entrer dans la cuisine lorsqu'il le jugera à propos pour cause de sûreté seulement et non pour se mêler des affaires relatives à la cuisine; il devra se choisir un homme probe et bon patriote pour recevoir et placer à leur destination les plats et comestibles.

Art. 19.

Le cuisinier et ses préposés ne devant pas entrer dans l'intérieur des appartemens occupés par les détenus, il s'en suit qu'il ne peut être chargé que de leur nourriture.

Art. 20.

Le concierge devra en conséquence se charger des fournitures en bois, lumières, chauffage, blanchissage des linges et ballets.

Art. 21.

Durant l'hiver, soit dès le 1er brumaire au 1er floréal, il devra fournir une corde de bois chaque trois jours, tant pour les fourneaux que pour les infirmiers, un reverbère dans chacune des salles, et une chandelle dans chaque infirmerie, et il lui sera payé pour ces fournitures, y compris celle des *ballets (sic)*, quatorze livres par jour.

Art. 22.

Le concierge devra en outre fournir à chaque détenu, pendant l'hiver seulement, une chandèle de quatre à la livre, tous les quintidi; et tant en hiver qu'en été, le blanchissage de leur linge personnel, de celui de la table, ainsi que des draps, et pour cette fourniture il recevra, à l'expiration de chaque trois mois, une indemnité fixée, commune faitte, à raison de cinq livres pour chaque détenu.

Art. 23.

L'usage de la poudre est prohibé à tous les détenus; en conséquence, l'on ne pourra introduire tous les decadi et les quintidi un barbier que pour leur faire la barbe, et il recevra pour ce quinze sols par mois pour chaque homme détenu.

Art. 24.

Pour extirper le fanatisme dans la maison commune, l'on n'y laissera entrer ni subsister d'autres livres que ceux analogues au Gouvernement de la République, la Municipalité demeure en conséquence chargée d'y faire une visite pour enlever tous les autres et tous signes du fanatisme.

Art. 25.

Les détenus des deux sexes qui contreviendraient à quelques-unes des articles de ce règlement, qui se qualifieraient des titres ridicules proscrits par la Révolution, seront renfermés dans une salle de discipline établie à ces fins pendant trois jours au pain et à l'eau, et en cas de récidive pendant une décade, après en avoir participé à l'officier municipal indiqué dans l'article ci-après ; cette salle ne sera jamais chauffée ni éclairée que par la lumière du jour.

Art. 26.

La Municipalité est chargée de faire dans le plus bref délai toutes les réparations nécessaires pour l'exécution du présent, sous l'inspection de l'architecte Lampoz, et de surveiller à ce qu'il soit ponctuellement exécuté dans tout son contenu ; elle devra, à ces fins, au commencement de chaque mois, nommer un de ses membres qui fera la visite de la Maison commune au moins deux fois par décade et qui s'y rendra chaque fois qu'il en sera requis par le concierge.

Art. 27.

Il sera fait plusieurs copies du présent règlement pour être affiché dans toutes les salles et autres endroits les plus fréquentés de la Maison commune et remis à ceux qui sont chargés d'en surveiller l'exécution, par la Municipalité, à qui il sera de suite transmis.

Signé à l'original : DELABEYE, président, MOREL, agent national, les membres présents à la séance et GADET, secrétaire.

§ VI. — L'exode de la comtesse de Maistre sous la Terreur[1].

Sommaire apprise faite par le Juge de paix du canton de Saint-Alban sur les motifs qui ont occasionné la fuite de Françoise Maistre née Morand[2].

Teneur de pétition au Juge de paix du canton de Saint-Alban

La citoyenne Anne-Marie Favier, veuve de Jean-Pierre Morand, domiciliée à Chambéry, département du Mont-Blanc,

Expose que pour prouver des faits allégués dans une pétition présentée au bureau du ministre de la police générale par Franceline Morand sa fille, elle a intérêt d'établir que si la dite Franceline Morand a abandonné sur la fin du mois d'août mil sept cent nonante (v. s.[3]) son domicile, elle a été victime de la terreur causée par les

---

[1] En août 1793, Joseph de Maistre se trouvait à Lausanne et Mᵐᵉ de Maistre était demeurée à Chambéry (Fr. Descostes, *Joseph de Maistre pendant la Révolution*, chap. xx, *Cabinet noir et rayons de soleil*, pages 519 et suiv.). Effrayée par les mesures de rigueur prises contre les *ci-devant*, Mᵐᵉ de Maistre se décide à s'enfuir, emmenant avec elle sa fille Anne. Son départ eut lieu en fin août 1793.
Plus tard, sa mère, Mᵐᵉ de Morand, remplit les formalités nécessaires pour obtenir en sa faveur l'autorisation de rentrer en Savoie. La pièce que nous reproduisons et qui nous a été gracieusement communiquée par M. le baron de Morand, établit d'une façon précise les circonstances de ce voyage dramatique. C'est exactement le 10 septembre 1793, à dix heures du soir, qu'après mille péripéties la vaillante femme arriva à Lausanne. (Voir ouvrage cité, pages 580 à 640.)
[2] Archives de M. le baron de Morand. *Document inédit.*
[3] Vieux style.

mesures rigoureuses et cruelles qui alors avaient été employées contre ceux que l'on considérait comme suspects, notamment contre les nobles avant même le décret du dix-sept septembre de la même année, les arrêtés des seize août mil sept cent nonante-trois et jours suivants en font la preuve.

Par ces motifs elle vous requiert, citoyen, de recevoir les déclarations de ceux qui ont été instruits de sa fuite et des causes qui l'ont occasionnée.

Chambéry, le vingt-neuf fructidor an IV de la République française.

Signée FAVIER, veuve MORAND.

Teneur de Décret

Vûe la pétition ci-devant à nous présentée aujourd'hui par le citoyen COLLOMB, mandataire de la recourante, sera par nous procédé à la sommaire apprise le onze de ce mois par le moyen des témoins savants des faits dont il s'agit, qui nous seront à ces fins produits.

Fait à Leissse, commune de Saint-Alban, le cinquième vendémiaire an V de la République française.

Signé par le citoyen PACHE, juge de paix, et par le citoyen FAGUET, secrétaire-greffier.

Teneur de Sommaire apprise

L'an V de la République française et le onze vendémiaire, au lieu de Leisse, commune de Saint-Alban, près Chambéry, à neuf heures du matin, par-devant nous soussigné, juge de paix du canton de Saint-Alban, et écrivant le citoyen Abraham-Pierre-Marie FAGUET, notre secrétaire-greffier, a comparu le citoyen Claude COLLOMB, domicilié de la commune du dit Chambéry, en qualité de procureur de la citoyenne Anne-Marie FAVIER, veuve de Jean-Pierre MORAND, aussi habitant du dit Chambéry, département du Mont-Blanc, par acte du quatre septembre mil sept cent quatre-vingt-six, Chabert, notaire, à nous exhibé avec une pétition du vingt-neuf fructidor proche passé, suivie de notre décret du cinq de ce mois, par laquelle elle nous invite de procéder à sommaire apprise sur les motifs qui ont obligé Franceline Morand, sa fille, à abandonner, sur la fin du mois d'août mil sept cent nonante-trois (v. s.), son domicile qui était au dit Chambéry en passant par la présente commune, aux fins de se soustraire à l'arrestation et emprisonnement que l'on faisait des ex-nobles, du nombre desquels elle était, circonstances et dépendances, avons à ces fins produit pour témoins savants des dits faits, les citoyens François BONTRON, Antoine DAVIGNON, Joseph DUPUY, domiciliés de la présente commune, Claude TERME, son fils, Jacqueline MIGNOT, veuve BLARD, de la commune de Saint-Jean d'Arvey, Humbert, Pierre et Jean GIRARD dit MADOUX, résidants à Chignin, desquels il nous a requis de recevoir le serment, et ensuite la déposition soit déclaration, à quoy adhérant, nous aurions fait aux dits témoins les remontrances en tel cas requises sur l'importance du serment et des peines qu'encourent ces parjures, et ils auraient en conséquence promis et juré de nous dire la vérité, la pure vérité et rien que la vérité sur les dits faits et motifs et en conséquence ils ont déposé chacun séparément et en secret les uns des autres comme suit :

1er témoin. — « Je François BONTRON dépose, en vertu de mon serment, qu'il me souvient parfaitement que, me retirant sur les huit heures du soir de la commune de Chambéry pour me rendre en la présente, lieu de mon domicile, sur la fin du mois d'août mil sept cent nonante-trois, et comme je marchais fort vite, vu qu'il était tard je joignis entre la paroisse de Bassens et celle de Saint-Alban une citoyenne, accompagnée d'un grand paysan et d'un jeune homme en pantalon et carmagnole, je m'aperçois que ma marche précipitée avait effrayé cette citoyenne qui se mit à crier : *Oh! mon Dieu!* à mon approche, pour sûr je reconnus en elle la citoyenne Franceline Morand, femme Maistre ; je lui fis des excuses de la frayeur que je lui avais causée, elle me répondit que tout la faisait trembler, qu'il n'y avait d'autre parti pour elle que de fuir ou périr, que sans égard pour la faiblesse de son sexe elle était menacée d'être emprisonnée comme toutes les femmes nobles, et qu'elle craignait de voir renouveler à cet égard l'affreuse journée du trente-un mai, ce qu'elle me dit en sanglotant.

« Cette rencontre me fit beaucoup de peine, surtout lorsque je vis que le paysan qui l'accompagnait portait sa fille entre ses bras : je tâchais de la consoler et l'invitais à prendre haleine et de se reposer dans quelque chaumière du voisinage, elle se refusa à mon invitation en me disant qu'il n'y avait point de sûreté pour elle tant qu'elle serait si près de Chambéry, où le département avait pris un arrêté fulminant contre tous les nobles et gens suspects et que son intention était de se retirer sur les montagnes de la Savoie où elle serait trop heureuse d'avoir du pain d'avoine à manger pourvu que sa vie y fut en sûreté. Là-dessus elle suivit son chemin du côté de Saint-Jean d'Arvey et moi je continuai ma route, et autre ne sais, sinon que j'ai ouï dire que dès cette époque la dite femme Maistre avait passé en Suisse. »

Lecture faite audit témoin de sa déposition et icellui interpellé si il n'y veut rien ajouter, à répondu :

« J'y persiste, je n'y veux rien changer, ajouter ni diminuer et je signerai. »

Signé par ledit citoyen Bontron, par le citoyen Pache, juge de paix, et par le citoyen Faguet, secrétaire-greffier.

2º témoin. — « Je Jean, fils de feu François GIRARD dit MADOUX, âgé de quarante-sept ans, natif et habitant de Chignin, dépose de m'être trouvé avec Pierre Girard dit Madoux chez la veuve Morand, née Favier, à Chambéry, sur la fin d'août mil sept cent nonante-trois, lorsqu'il y vint deux gendarmes qui la demandèrent avec deux de ses filles et sa belle-fille née Costaz pour les conduire aux prisons. La domestique répondit qu'elles étaient toutes dehors, ils en firent les perquisitions et ne les y ayant pas trouvées le dit domestique leur ayant encore dit que la belle-fille était allée chez son père en rue Croix-d'Or, ils s'acheminèrent de ce côté, et l'ayant rencontrée en chemin, ils l'arrêtèrent et conduisirent tout de suite en la maison de Sainte-Claire en ville. Le bruit public était pour lors qu'on arrêtait tous les ex-nobles pour les mettre en prison et les conduire dehors. J'ai ouï dire que la citoyenne Maistre, l'une de ses d**es** filles, s'en était épouvantée, et qu'elle s'était enfuie avec une petite fille âgée d'environ six ans, pour se cacher sans ne rien savoir de plus. »

Lecture faite au dit témoin de sa déposition, a répondu :

« J'y persiste, je ne veux rien changer, ajouter ni diminuer et je signerai. »

Signé : Jean Girard-Madoux, par le citoyen Pache, juge de paix, et par le citoyen Faguet, secrétaire-greffier.

3e témoin. — « Je Joseph, fils de Jean Dupuy, natif et habitant de Saint-Alban, âgé de vingt-huit ans, dépose que sur la fin du mois d'août mil sept cent nonante-trois, je rencontrai dans le chemin public, qui depuis cette commune tend à celle de Saint-Jean d'Arvey, la citoyenne Franceline Maistre, née Morand, qui marchait d'un pas extraordinaire, étant accompagnée d'un homme que je ne connus pas et qui portait la fille d'icelle entre ses bras ; elle pleurait en disant qu'elle était perdue, que l'on voulait l'arrêter pour la mettre en prison et la faire périr, ce qui était cause qu'elle s'enfuyait ; depuis j'ai ouï dire qu'elle s'était arrêtée à Saint-Jean d'Arvey et qu'en passant ensuite par les Bauges, elle s'était retirée en Suisse où elle a continuellement restée dès lors. »

Lecture faite au témoin de sa déposition, a répondu :

« Je n'y veux rien changer, ajouter, ni diminuer et je signerai. »

Signé Joseph Dupuy, par le citoyen Pache, juge de paix, et par le citoyen Faguet, secrétaire-greffier.

4e témoin. — « Je Pierre, à feu Pierre Girard dit Madoux, âgé de quarante-cinq ans, natif et habitant de Chignin, dépose de m'être trouvé avec Girard dit Madoux Jean, mon cousin, chez la citoyenne veuve Morand, née Favier, à Chambéry, sur la fin d'août mil sept cent nonante-trois, lorsqu'il y entra deux gendarmes qui la demandèrent, de même que ses deux filles qu'elle avait avec elle, et sa belle-fille née Costaz. L'un des domestiques de la citoyenne Morand, que je ne connais pas, répondit qu'elle et ses dites filles n'y étaient pas, et que la dite belle-fille était allée chez le citoyen Costaz son père. Les dits gendarmes firent le tour de l'appartement, et n'ayant effectivement trouvé personne de la dite maison, ils en partirent et s'acheminèrent du côté de celle du citoyen Costaz et trouvèrent en leur chemin la dite belle-fille qu'ils arrêtèrent et conduisirent aux prisons de Sainte-Claire en ville, et comme elle était nourrice l'une des filles domestiques de la dame Morand lui porta ensuite le fils qu'elle nourrissait[1]. Le bruit public était pour lors à Chambéry que l'on emprisonnait tous les nobles pour les déporter. »

Lecture faite au dit témoin de sa déposition, a répondu :

« J'y persiste, je ne veux rien changer, ajouter ni diminuer et je ne signerai pour ne savoir écrire. »

Signé par le citoyen Pache, juge de paix, et par le citoyen Faguet, secrétaire-greffier.

5º *témoin*. — « Je Antoine, à feu Alphonse DAVIGNON, natif de Cognin, habitant Saint-Alban, âgé de quarante-cinq ans dépose :

« J'étais à Saint-Jean d'Arvey depuis quelques jours chez la citoyenne Blard. Sur la fin du mois d'août mil sept cent nonante-trois, à l'époque de l'arrestation et déportation des nobles, je vis arriver chez elle, le matin, la femme du ci-devant sénateur Maistre, née Morand, avec sa fille âgée de six ans environ, ex-noble ; elle était bien triste, et répandait des larmes abondantes. Nous lui demandâmes le sujet de son chagrin ; elle nous répondit qu'elle était bien malheureuse, aussi bien que tous ceux de sa caste, que les gendarmes étaient allés chez sa mère, où elle demeurait, pour les mettre tous en prison, mais qu'ayant été prévenue, un moment auparavant, que l'on arrêtait tous les nobles, femmes, enfants, vieillards, elle s'était jetée dans divers gîtes pour se cacher et qu'elle s'était déterminée à prendre

[1] Le baron Gustave de Morand.

cette route. Pour mieux réussir, elle nous dit qu'elle avait passé la nuit chez les Terme, maison voisine, qui avaient bien voulu lui donner l'hospitalité. Nous cherchâmes à lui donner quelques consolations, mais ce fut en vain, car elle ne prévoyait dans toutes ces mesures que la destruction de ceux qui seraient arrêtés ; elle nous répéta encore que l'on voulait continuer le trente-un mars sur les nobles, parce qu'ils avaient blâmé cette journée, que le bruit était public en ville que ceux qui seraient déportés seraient assassinés par les chemins, que le projet avait déjà été conçu d'assassiner ceux qui étaient détenus, mais que les honnêtes citoyens s'en étant aperçus, ils voulurent bien se charger de leur garde pendant deux nuits, ce qui les a sauvés. Telles étaient les mêmes idées dont son imagination était affectée et qui l'avaient saisie de frayeur. Je lui demandai si elle voulait émigrer ; elle me répondit que non, mais qu'elle voulait aller plus loin gagner les montagnes pour pouvoir se cacher et se soustraire à la mort ; que, d'ailleurs, elle n'avait point d'équipage. Elle séjourna un jour et demi chez la citoyenne Biard, et ne se croyant pas en sûreté dans le village, elle se détermina à passer dans les montagnes des Beauges, et pour n'être pas reconnue en route, elle s'habilla en paysanne et partit avec sa petite et deux hommes qui l'accompagnèrent jusque dans une maison en Beauges où j'ai ouï dire qu'elle avait séjourné deux ou trois jours, en attendant quelques nouvelles un peu satisfaisantes sur leur sort ; mais comme elles n'arrivaient pas, elle prit le parti d'aller plus loin, et j'ai ensuite ouï dire qu'elle avait émigré toujours en cheminant insensiblement par les montagnes et qu'elle s'était retirée en Suisse, et je signerai sans y vouloir rien changer, ajouter ni diminuer, lecture ayant été faite de ma présente déposition. »

Signé par Antoine DAVIGNON par le citoyen Pache, juge de paix, et par le citoyen Faguet, greffier.

6⁰ témoin. — « Je Humbert, à feu Pierre MADOUX, habitant de la commune de Chignin, âgé de quarante-cinq ans, sans être rien à la citoyenne Franceline Maistre née Morand, ni avoir aucune affaire d'intérêts avec elle, vous déclare et assure, en vertu de mon serment, que l'ayant rencontrée à la sortie de la porte du Reclus, de la commune de Chambéry, sur la fin d'août mil sept cent nonante-trois, sur environ les sept heures du soir, elle conduisait par la main sa fille âgée d'environ cinq ou six ans qui ne pouvait pas marcher. Elle me pria de la prendre dans mes bras et de la suivre, ce que je fis et nous vinmes ensemble de cette manière en la présente commune de Saint-Alban, et de là nous montâmes à celle de Saint-Jean d'Arvey jusqu'à la maison des Terme qui est une des premières en arrivant. Elle me parut fort épouvantée, et pleurait chemin faisant, ce qui me donna lieu de lui demander ce qui en était l'occasion ; elle me répondit qu'elle s'enfuyait parce qu'on voulait l'emprisonner, ainsi qu'on le pratiquait à l'égard de tous ceux qui étaient nobles, et que l'on les menaçait de les déporter, et faire périr, en ajoutant que sa mère et sa sœur s'étaient déjà cachées à ce sujet, dès qu'elles s'étaient aperçues que l'on avait arrêté à cette même occasion la citoyenne Morand, née Costaz, sa belle-sœur, en vertu d'un arrêté du Conseil général de ce département. Je la laissai dans cet endroit et en la quittant elle me chargea d'aller voir ce qui s'était passé chez sa mère et de m'informer où elle pourrait être pour lui dire que sa deuxième fille était à Saint-Jean d'Arvey. Je retournai ensuite le lendemain matin à Chambéry chez ladite citoyenne Morand, la mère, où je trouvai les portes de la maison fermées et m'étant informé des voisins de ce qu'elle était devenue, un homme me répondit n'en rien savoir et de là je me rendis chez moi à Chignin sans avoir rien fait ni *scu* de plus, sauf que j'ai appris dès lors par le bruit public que ladite Maistre n'était restée que deux jours au lieu de Saint-Jean d'Arvey d'où elle s'était retirée ensuite pour y être en sûreté, et où elle n'a pas cessé d'habiter jusqu'à présent. »

Lecture faite au dit témoin de sa déposition, a répondu :
« J'y persiste, je ne veux rien changer, ajouter ni diminuer et je ne signerai pour être illettré. »

Signé par le citoyen Pache, juge de paix, et par le citoyen Faguet.

7e *témoin*. — « Je Claude, fils de Jean TERME, natif et habitant de la commune de Saint-Jean d'Arvey, âgé de soixante-quatorze ans, dépose que, sur la fin du mois d'août mil sept nonante-trois il arriva chez moi, la citoyenne Maistre née Morand, accompagnée d'Humbert Girard dit Madoux, de Chignin, qui parut épouvantée et me dit de même qu'à ceux de ma maison qu'elle s'était *enfuye* de Chambéry, son habitation, parce qu'on voulait l'arrêter et la mettre en prison pour l'exporter, ainsi qu'on le pratiquait à l'égard de tous les ci-devant nobles ; elle pleurait. S'étant assise sur un banc à côté d'une table, où elle avait placé sa fille âgée d'environ six ans, nous lui offrîmes notre lit ; elle ne voulut pas l'accepter, elle préféra passer la nuit dans l'état que je viens de vous détailler. Le lendemain, elle fut chez la citoyenne veuve Blard, notre voisine, où elle est restée un jour, et le lendemain elle est partie, après s'être travestie en paysanne pour n'être pas connue ; j'ai ouï dire dès lors qu'elle était allée dans les Beauges et qu'elle était sortie du présent département pour se rendre en Suisse, où je crois qu'elle est encore suivant le bruit public dans l'endroit. »

Lecture faite au témoin de sa déposition, a répondu :

« J'y persiste, je n'y veux rien changer, ajouter ni diminuer et je ne signerai pour ne savoir écrire. »

Signé par le citoyen Pache, juge de paix, et par le citoyen Faguet, secrétaire-greffier.

8º témoin. — « Jean, fils de Claude TERME, natif et habitant de la présente commune, âgé d'environ quarante-deux ans, vous assure en mon âme, et conscience en vertu de mon serment, que, sur la fin d'août mil sept cent nonante-trois, j'étais avec mon grand-père et toute notre famille dans la présente maison, lorsqu'il arriva sur les neuf heures du soir la femme du ci-devant sénateur Maistre, née Morand, de Chambéry, que je connaissais pour avoir été chez elle, et qui était accompagnée d'un nommé Girard dit Madoux, de Chignin, qui avait entre ses bras une fille de l'âge d'environ six ans. Elle nous pria de lui donner asile, de même qu'à ceux qui étaient avec elle, pendant la nuit, parce qu'elle ne savait pas où se rendre ; à quoi nous consentîmes avec satisfaction, et étant entrée elle ne cessait pas de pleurer, ce qui nous donna lieu à lui demander quel en était le sujet. Elle nous répondit que l'on emprisonnait tous les ci-devant nobles pour les faire ensuite périr, ainsi qu'on l'avait déjà pratiqué auparavant ailleurs, et qu'elle s'enfuyait sans savoir où se rendre pour n'être pas arrêtée. Nous lui dîmes tout ce que nous pûmes pour la tranquilliser, nous lui offrîmes même nos lits comme n'en ayant point d'autres. Elle ne voulut pas les accepter, elle passa le reste de la journée assise sur un banc à côté d'une table où elle tenait les mains sur la dite fille qu'elle nous a dit être sienne et s'appeler Adèle[1]. Le dit Madoux se retira de bon matin, après quoi la dite Maistre s'informa quels étaient nos voisins. Nous lui répondîmes que l'un des principaux était la citoyenne veuve Blard, de Chambéry, qu'elle ne manquait pas de connaître. Elle nous répondit qu'effectivement elle la connaissait et qu'elle aurait plaisir de la voir, de quoi ayant tout de suite informé la dite veuve Blard, elle se rendit incessamment chez nous où, après quelques discours avec la dite Maistre, elle l'invita de rendre chez elle, avec sa dite fille, et elles furent incontinent à la maison de la dite veuve Blard, où les dites mère et fille Maistre restèrent jusqu'au lendemain matin, qu'elles en sortirent accompagnées d'une femme qui conduisait sa dite fille par la main en prenant le chemin des Beauges, après avoir la mère pris des habillements de paysanne, ainsi que nous l'observâmes en les voyant partir. Nous fûmes tous émus de compassion sur leur sort parce que la mère ne cessait de pleurer et de dire que si elle avait le malheur d'être arrêtée, elle serait perdue. »

Lecture faite au dit témoin de sa déposition, a répondu :
« J'y persiste, je n'y veux rien changer, ajouter ni diminuer, et ne signerai pour être illettré. »

Signé par le citoyen Pache, juge de paix, et par le citoyen Faguet, secrétaire-greffier.

9ᵉ témoin. — Je Jacqueline, fille de feu Sigismond MIGNOT, veuve du citoyen Joseph François BLARD, native de la commune de Chambéry, domiciliée de celle Saint-Jean d'Arvey, sans être rien à Franceline Morand femme Mais-

---

[1] Mᵐᵉ Torret.

tre, vous déclare et assure en vertu de mon serment que, sur la fin du mois d'août mil sept cent nonante-trois, cette dernière étant chez les père et fils Terme, mes voisins, me fit inviter à l'aller voir. Je m'y transportai tout de suite et je l'y vis toute éplorée. Elle me dit que c'était la frayeur et crainte d'être assassinée, comme on l'avait pratiqué dans une journée du trente-et-un mai, qu'elle s'était *enfuye* de Chambéry, son habitation, avec une petite qu'elle avait entre ses bras de l'âge d'environ six ans appelée autant que je m'en rappelle Adèle, qu'elle avait passé la nuit chez les dits Terme sans avoir pu s'aller reposer parce qu'ils n'avaient que leurs propres lits, et que le sujet de son évasion était qu'on arrêtait tous les ex-nobles pour les traduire en prison et leur faire subir ensuite le susdit sort, que l'on l'était allé chercher dans la maison de la citoyenne Anne-Marie Favier, née Morand, sa mère, au dit Chambéry, pour la mettre en arrestation et la traduire aux dites prisons, mais que s'étant cachée, elle était partie du dit Chambéry à la tombée de la nuit et s'était rendue en la présente commune, accompagnée d'un homme qu'elle avait trouvé à la sortie du dit Chambéry, qui avait porté sa dite fille, parce qu'elle n'aurait pas pu marcher et s'était ainsi retirée dans la maison des dits Terme qui est une des premières en arrivant dans cette commune du côté du dit Chambéry. Je la priai de venir chez moi où elle se rendit tout de suite. Elle y passa le reste de ce jour, de même que la nuit suivante et pendant toute cette intervale, elle ne cessait de pleurer, en disant qu'elle ne savait où se réfugier pour être en sûreté. Je fis tout mon possible pour la consoler. Elle chercha et se procura des habillements de paysanne pour n'être pas connue et le lendemain matin elle partit et s'achemina du côté des Beauges avec une paysanne qui conduisait sa dite fille par la main et en me quittant elle ne pouvait pas retenir ses larmes, qui est tout ce que je sais. »

Lecture faite à la dite témoin de sa déposition, a répondu :
« J'y persiste, je n'y veux rien changer, ajouter ni diminuer et je signerai. »

Signé Jacqueline Biard, née Mignot, par le citoyen Pache, juge de paix, et par le citoyen Faguet, secrétaire-greffier.

Enregistré à Chambéry, le neuf brumaire an V. Reçu un franc. Signé par le citoyen Armenjon, receveur.

Teneur de certificat de l'administration municipale du canton de Saint-Alban.

L'administration municipale du canton de Saint-Alban certifie que les citoyens Pache et Faguet qui ont signé la présente sommaire apprise, sont le premier juge de paix, le second secrétaire-greffier du canton de Saint-Alban, et que foy est ajoutée aux actes qu'ils signent en cette qualité en jugement et dehors Saint-Alban ; ce neuf vendémiaire an V de la République française une et indivisible.

Signé par le citoyen Blanchet, commissaire du Directoire exécutif, Pierre Porrat, Hyacinthe Chaffardon. Scellé et signé par le citoyen Nicoud, secrétaire-adjoint.

Pour extrait conforme aux originaux qui sont restés entre les mains de l'actuel secrétaire-greffier soussigné.

BLACHET, juge de paix. G. HUMBERT, p. g.

§ VII. — Le Clergé et le serment civique.

Au moment de la réunion de la Savoie à la France, les principaux griefs du clergé de Savoie contre la Révolution étaient la prestation de serment et la constitution civile du clergé. Le 26 mai 1792, l'Assemblée législative avait prononcé la peine de mort contre tout émigré qui ne serait pas rentré en France avant la fin de l'année et condamné à la déportation tous les prêtres qui auraient refusé de prêter le serment prescrit. Ces mesures de rigueur avaient déterminé l'émigration de la plupart des évêques et d'un très grand nombre de prêtres.

L'Assemblée des Allobroges, ayant à délibérer sur les conditions dans lesquelles la Savoie serait réunie à la France, avait fait la sage réserve du libre exercice du culte et celle-ci avait été admise par les Commissaires de la Convention ; mais, violant leur promesse, ceux-ci, par un arrêté du 22 février 1793, supprimèrent les évêchés de Savoie et enjoignirent à tous les prêtres de prêter serment à la constitution civile du clergé, votée par la Convention le 17 février 1790. Un arrêté du Conseil général du département du Mont-Blanc, du 20 mars 1793, prescrit l'accomplissement de cette formalité pour le dimanche suivant. Ce serment était ainsi conçu : « Je jure de veiller avec soin sur la fidélité de ma paroisse, de maintenir la liberté et l'égalité ou de mourir en les défendant. » Les prêtres de Savoie demandèrent l'autorisation d'ajouter à la formule ces mots : « En tout ce qui est de l'ordre politique. » Cette addition qui, comme le dit justement M. Borrel [1], réservait les droits de la confession, leur fut refusé.

---

[1] *Histoire de la Révolution en Tarentaise*, page 160.

Le plus grand nombre des prêtres de Savoie refusa donc de prêter le serment. Un tiers à peine répondit à l'injonction du Conseil général. C'est ce qu'on a appelé le *premier serment* ou le serment *suivant la proclamation*.

En exécution de l'arrêté du 26 mars 1793, les communes avaient à dresser d'urgence la liste des prêtres qui n'avaient pas prêté serment avant le 23 du même mois ; mais, les municipalités y mettant peu d'empressement, le Conseil général du département rendit, le 23 avril 1793, un décret portant « que les ecclésiastiques séculiers et réguliers, frères convers et laïs, qui n'avaient pas prêté le serment de maintenir l'égalité et la liberté, conformément à la loi du 15 août 1792, seraient embarqués et transportés à la Guyane. »

L'article 3 de ce décret disait « que le serment qui avait été prêté postérieurement au 23 mars 1793 était déclaré non avenu ». Le serment nouveau exigé des ecclésiastiques était semblable à celui imposé aux fonctionnaires de tous ordres. Il fallait « jurer de maintenir la République une indivisible ou de mourir en la défendant » C'est ce qu'on a appelé le *second serment* ou le *serment suivant l'arrêté du département*.

Enfin, l'année suivante, par un arrêté du 3 février 1794, Albitte, devenu le seul représentant de la Convention dans le département du Mont-Blanc, obligea les membres du clergé à prêter un véritable serment d'apostasie « sous peine d'être déclarés infâmes, parjures, ennemis du peuple et traités comme tels ». C'est le serment qu'on a appelé le *serment d'Albitte*.

Parmi les membres du clergé, ainsi que nous l'avons dit, la majorité s'était déjà refusée à prêter le *premier* et le *second serment*. Quelques égarés, dont quelques-uns rentrèrent plus tard au bercail, prêtèrent celui d'Albitte. Des mesures de proscription furent prises contre les réfractaires. Les documents que nous allons reproduire établissent par catégories les membres du clergé, suivant l'attitude qu'ils ont prise au sujet de la question du serment.

1. — **Liste des ci-devant prêtres et religieux** détenus à la maison commune de la municipalité de Chambéry, fait le 19 pluviôse an II de la République une et indivisible, par arrêté du 16 pluviôse an II, savoir :

MANIGLIER Joseph, 51 ans, né à Manigod, district d'Annecy, curé de Bassy, district de Carouge.

NOZIER Claude, 51 ans, né à Chambéry, district de Chambéry, chanoine d'Aix, district de Chambéry.

TRUCHE Joseph, 54 ans, né à Seittenex, district d'Annecy, religieux de Tamier, district de Chambéry.

ELLAUSSIER Dominique, 47 ans, né à Bayonville, ci-devant Lorraine, religieux de la Grande-Chartreuse.

GRANGER Jean, 42 ans, né à Saint-Pierre d'Albigny, district de Chambéry, religieux de Tamier, district de Chambéry.

DONAT François, 72 ans, né à Dumont-Saxonnaz, district de Cluse, curé de St-François de Salles en Bauge.

GROGNARD Hyacinthe, 60 ans, né à Faucon, Basses-Alpes, religieux de la chartreuse de Saint-Hugon.

BONIFACE Adrien, 46 ans, né à Bessan, district de St-Jean, curé de Presle, district de Chambéry.

LASSALE Marie-Pierre-Antoine, 72 ans, né à Chambéry, district de Chambéry, curé, aumônier, tout ce qu'on voulait (sic).

CHAPELET François, 63 ans, né à La Rochette, district de Chambéry, curé de Coise, district de Chambéry.

Cuénot Gaspard-Philibert, 76 ans, né à Chambéry, district de Chambéry, curé de Montmélian, district de Chambéry.

Portier Antoine, 55 ans, né à Alondaz, district de Chambéry, curé de Vérens, district de Chambéry.

Fournier Claude, 52 ans, né à Pallud, district de Chambéry, vicaire de Vérens, district de Chambéry.

Labbe Joseph, 38 ans, né à la Batie-Montgascon, district de la Tour-du-Pin, curé de Champagnac, district de Chambéry.

Bruniez Sébastien, 46 ans, né à Aiguebelle, district de St-Jean, chanoine de St-Jean, district de St-Jean.

Filliol Michel, 70 ans, né à St-Jean, district de St-Jean, bénédictin à Grenoble.

Chanterelle Louis, 77 ans, né à Chambéry, district de Chambéry, dominicain d'Annecy.

Messier Michel, 56 ans, né à Alondaz, district de Chambéry, curé de l'Hôpital, district de Chambéry.

Desgaillon Charles-Etienne, 31 ans, né à Aix, district de Chambéry, religieux d'Evian, district de Chambéry.

Plagnol Pierre-Marie, 36 ans, né à Saint-Jeoire, district de Cluses, recteur de St-Martin d'Annecy, encore plus fou que les autres *(sic)*.

Cochet Pierre-Célestin, 71 ans, né à Arion Bauges, district de Chambéry, curé d'Albens, district de Chambéry.

Bruisset Jean-Jacques, 78 ans, né dans une commune affranchie de Rhône-et-Loire, chanoine d'Aix, district de Chambéry.

Mestrallet Jean-Antoine-Benoît, 64 ans, de la cité d'Oust, pays esclave, provincial des capucins, à Chambéry.

Favier Louis, 76 ans, né à Hermillon, district de Saint-Jean, vicaire des capucins de Montmélian

FAURE Etiene-François, 69 ans, né à Annecy, district d'Annecy, capucin de Chambéry.

VICHET Raimond, 73 ans, né à St-Tibaud de Cou, district de Chambéry, capucin de Chambéry.

MANBURIER Charles, 66 ans, né à Bon, district de Thonnon, capucin de Chambéry.

JOSSERAND Joseph, 62 ans, né à Manigod, district d'Annecy, capucin de Chambéry.

BELLE-MAIN François, 80 ans, né à Chambéry, district de Chambéry, capucin de Chambéry, frère.

CHENNEVALL Claude, 68 ans, né à Léca, district de Belley, capucin de Chambéry, frère.

DUC Joseph, 64 ans, né à Villard de Beaufort, district de Moûtiers, capucin de Moûtiers, frère.

ROCHE-GUILLON Jean, 51 ans, né à Chapareillan, district de Grenoble, cordellier à Evian, frère.

GAVIGNON Antoine, 60 ans, né à Ambérieux en Dombe, chartreux à Pommier, malade à l'Hôtel-Dieu.

JUFFES Joseph, 87 ans, Chaumont, près de Suze en Piémont, ex-Jésuite, pensionnaire à la Charité.

CARTIER Pierre-Joseph, 70 ans, né à Maglan, district de Cluses, curé de Nouglaz, malade à l'Hôtel-Dieu.

REIDET Joseph, 67 ans, né à Choisy, curé de St-Offonge, résidoit à Ery, malade à l'Hôtel-Dieu.

FALQUET Louis, 72 ans, né à Chevaline, district d'Annecy, curé à Mez, près du Pont, malade aux Incurables.

FLANDIN Pierre, 69 ans, né à Termignon, district de St-Jean de Maurienne, cy-devant carme à Chambéry, malade aux Incurables.

SOVUET François, 51 ans, né à St-Jean de Cout, district de Chambéry, cy-devant frère carme à Chambéry, aux Incurables, pensionnaire.

RIVOL Jean-François, 41 ans, né à Montmélian, district de Chambéry, cy-devant religieux à Bellevaux, malade aux Incurables.

VIVIAND Claude-François, 47 ans, né à Chainaz, district d'Annecy, chartreux au Reposoir, en démence, aux Incurables.

BOUVARD, né à Chambéry, district de Chambéry, jacobin aux Incurables, maniaque.

2. — Note des ci-devant prêtres, tant de cette commune que d'autres, qui ont fait leur déclaration par écrit pour n'avoir pu se présenter et de ceux qui n'ont fait aucune déclaration ni présentation, savoir :

ALEX,
JUGET, impotent à l'hôpital gén^{al},
SALIN,
DELOCHE,
GIROD, ex-Antonin,
} Ne se sont présentés ni fait aucune déclaration de cette commune.

MARTHOD Philippe,
MARTHOD Laurent,
GOUSSEL,
SALLIET,
PLATET Noël,
RICHARD Antoine,
LASSALE J.-François,
GUIGARD J.-Pierre,
DEVILLE Louis,
JACQUIER Joseph,
CURTET Marc-Antoine,
BRESSY J.-François,
PICHET François,

DUCRET Jacques,
MAILLAND Marc,
BOVAGNET Martin,
PALLUAT Claude,
THOMA Pierre,
AILLOUD Humbert,
CAILLE Anthelme,
CLAUS Louis,
REY Joseph,
CURNIVAUT Jean,
CHARVEY Louis,
GENTIL Pierre, Franciscain,
ROUSSEAU Pierre,

PAVY Th., ci-dt Cordelier,
CHADOUD Joseph,
DURAND Pierre-Charles,
MANSOZ Antoine,
POMEL Barthélemy,
PAVIE J.-Bte, ex-Feuillant,

TOVET, ex-Feuillant,
LOMBARD, ex-Feuillant,
DELOCHE,
SALIN,
JUGET,
ALEX.

3. — Prêtres déportés.

CHEVALIER, professeur,
DIDIER, oncle,
†BASIN, 20 février,
†CHEVALLIER, gendarme, 20 février,
DEVAIS,
GARIOD,
GARIN,
NICOLE,
DOMERGUE, jacobin,
TELLIER,
POLLET, professeur,
PIOCHET,
PETITY,
LAPALME,
GUILLET,
REY,
JARELLAZ,
SACHOT, 28 février,
TRIPIER l'aîné,
BRUNET, vicaire, 28 février,
TELLIERAT,
TRUCHET,

CHEVALLIER, Cordelier,
COLLARD,
BEVAR,
GAVAND,
BUTTET,
LÉPINE aîné,
PERRIN, chanoine,
TRIPIER cadet,
VOIRON,
VIBERT,
BODIN,
PAGET,
GIROD, Antonin,
SIMIEN,
DEMOLINE,
SIRACE, ex-Capucin,
MARGUERY,
DAVID,
DAVRIEUX,
THOMAS dit CLERC,
DUC, THEIL, N..., frères ex-Capucins de la maison d'Yenne.

4. — **État des Prêtres qui ont prêté le serment, suivant la proclamation, suivant l'arrêté du département du 28 mars, de ceux qui sont émigrés, déportés, des sexagénaires infirmes et autres, transmis au District le 13 avril, savoir :**

Suivant la proclamation.

CLAUS ; CHABOUD ; PERRET, chanoine ; MAILLAND, THOUVÈSE, Feuillants ; RIBEIRDLET, LANOIX, aumôniers des hôpitaux ; CHARROT-MAISONNEUVE, moine de Haute-Combe ; DUPUY, CHARVEY, DELABEYE, Dominicains ; GUIGARD, LASSALE, DEVILLE, professeurs ; DURAND, ci-devant à Miolans ; GIROD, prêté le 14 avril ; ARNAUD, DARDEL, GENTIL, ex-Capucins, approuvés prêtres ; ROUSSEAU, BOROT, ex-Augustins ; THOMÉ ; MANSOT ; JACQUIER, 9 may ; POMEL ; PALLUAL ; VALLIEZ ; PLATET ; VEIRAZ, sourd ; BOVAGNET, un peu sourd, prêté le 9 may 1793 ; GANTELLET, BRESSY, ex-Cordelliers.

Suivant l'arrêté du Département.

GENTIL, a prêté le serment suivant la proclamation, le 26 may 1793 ; MARTHOD, CURRIVAUD, LOMBARD, PAVY, 9 may, LAURENT, ex-Cordelliers, profès ; QUENARD, DUNAND, BERNARDIN, CHAMBON, BLANC, frères, ex-Cordelliers ; PAVIE, feuillant, prêtre, 9 may 1793 ; POIRUL, BORNET, Carmes, frères ; PRUILLAT, ex-Augustin ; ARLOUD, prêtre, prêté serment suivant la proclamation, le 26 may ; PILLET, frère ; CURTET, MARTHOD, SAILLET, GOUSSEL, ex-Dominicains, prêtres ; RICHARD, ROUSSEAU, DUPUY, profès ; BASSAT, VIROUD, frères ; ROISSARD, DUPIER, neveu, prêtres ; GIRARD, a prêté serment comme profès, a ensuite refusé et demandé un passeport ; ce passeport lui a été retiré par ordre de la Convention nationale.

Emigrés soupçonnés.

CHEVALIER, professeur, DIDIER, oncle, BASIN, CHEVALLIER, gendarme, DEVARS, GAVEND, GARIN, LAPLACE, chanoines ; DOMMERGUE ; TELLIER ; POLLET, professeur ; SALLIN, ex-Antonin ; PITITTI ; GIRARD, Dominicain.

Déportés.

LAPALME, GUILLET, REY, chanoines du Séminaire ; LABELLAZ, de Maché, SACHOD, de Lémenc, TRIPIER, de Saint-Léger, curés ; BRUNET, vicaire ; CUEILLERAT ; TRUCHET ; CHEVALIER, aumônier de l'Hôtel-Dieu ; COLLARD, des Incurables ; VERNAT ; BÉRARD, aumônier de Sainte-Claire ; LA BOTIÈRE, des Carmélites ; GARIOD, BUTTET, chanoines ; PERRIN, chanoine, TRÉPIER, cadet, VOIRON, VIBERT, PAGÈS, GIRAUD, prêtres ; ZORDAT, SIMIENS, ex-Cordelliers ; DÉMOLLINE, V.-K. CIRACE, J.-B^{te} MARGUERY, ex-Capucins, prêtres ; DAVID, DAVRIEUX, THOMAS dit CLERC, ex-Capucins, frères.

Sexagénaires.

Michel CONSEIL ; LÉPINE aîné ; les deux frères LASSALE ; ALEX ; REY ; FLANDIN, Carme, prêtre ; JOACHIM, Frère ; JUGET, SALINS, ex-Jésuites, prêtres ; CHOMARD, BASSET, frères, ex-Jésuites ; DELOCHE ; QUENAUD, curé de Montmélian ; MESTRALLET ; MAMBURIER, ex-Capucin, prêtre ; FAURE, VIOLLET, Capucins, prêtres ; GARIN, âgé d'environ 60 ans, venant de la maison d'Yenne ; BELLEMIN, CHENAVAUD, Frères, ex-Capucins de la Maison de Chambéry ; DUC, THEIL, REVET, frères Capucins de la maison d'Yenne ; ces deux derniers ne sont pas âgés de 60 ans et ne sont pas dit infirmes.

NOTA. — C'est par erreur que BOVAGNET a été porté à la suite des prêtres sermontés, ne l'ayant pas prêté lors de la dresse de l'état, mais seulement le 9 may avec les prêtres JACQUIER, PAVY et PAVIE.

5. — Tableau des cy-devant prêtres domiciliés dans le district de Chambéry qui ont prêté le serment suivant la formule envoyée par Albitte.

NOMS ET PRÉNOMS DES CITOYENS	AGE	LIEU DE NAISSANCE	Époque à laquelle ils ont commencé leurs fonctions	Titre sous lequel ils ont exercé leurs fonctions	Date de leur abdication
ARMAND Joseph.	70	Grésy, Isère.	1749	Bénédictin.	5 ventôse.
BRESSY Joseph-François.	26	Desportez.	1792	Cordellier.	Ventôse 3
BONTBON Pierre.	54	Turin.	1767	Chanoine à Aix.	— 5
BOUVARD Charles-Marie.	73	Rumilly.	1774	Sacristain.	— 5
BROTEL-ROUSSEL Claude.	70	La Bauche.	1762	Curé.	— 5
CHARDONNEL Pierre.	70	Grésy, Isère.	1750	Curé.	— 5
DEVILLE Louis.	30	Chambéry.	1787	Instituteur.	Pluviôse 2
DUCRET Jacques.	50	Thonon.	1766	Vicaire épiscopal.	Ventôse 3
DUPREZ Jean-Michel.	59	S. J. de Maurienne.	1765	Curé.	— 5
DURAND Pierre-Charles.	63	Chambéry.	1754	Aumônier.	— 5
DARDEL François.	27	Aix.	1790	Capucin et curé.	— 5
GRILLET Laurent.	63	Montmélian.	1756	Prieur à Citoz.	— 5
DOMENGES Charles.	51	Aix.	1772	Chanoine à Aix.	— 5
DÉMOLINE Jacques.	45	Chambéry.	1771	Chanoine.	— 5
DOMENGE Jacques.	44	Aix.	1775	Chanoine et curé.	— 5
GALLAY Louis.	62	Belley.	1772	Curé.	Pluviôse 2
GENTIL Pierre-Joseph.	53	Annecy.	1758	Cordellier.	Ventôse 3

— 233 —

GANTELLET Joseph	31	St-Eusèbe.	1782	Cordellier.	Ventôse 5
GROSJEAN-LACROIX Claude.	56	Aix.	1763	Chanoine à Aix.	— 5
GIROD Noël	32	Grenoble.	1789	Vicaire.	— 3
GUINET Ainard	73	Verel.	1747	Curé.	— 5
JUGE François	40	Carrières.	1778	Barnabite.	— 5
JULLIAND Balthazard	40	Colommier.	1771	Curé.	— 5
LABEYE Prudent	57	Vertenex.	1761	Dominicain.	— 5
LABEYE Hyacinthe	41	Traize.	1778	Chanoine à Aix.	— 5
LAPALLE Jean-François.	40	Chambéry.	1780	Cordellier.	— 5
LANGARD Etienne.	39	Albens.	21 juillet 1793	Curé.	— 5
LÉGER Georges.	57	Chambéry.	1761	Curé.	— 5
MOLLOT Jean-Marie-Benoit.	71	S. P. d'Albigny.	1748	Sacristain.	— 5
MANSOZ Antoine.	34	Chambéry.	1782	Beneficier, curé.	Pluviôse 19
MANSORD Etienne.	45	Chambéry.	1756	Curé.	Ventôse 5
MOLLARD Joseph.	45	Arvillard.	1777	Curé.	— 5
MARTIN Germain.	70	Allues.	1733	Instituteur et vicaire.	— 5
PAVY Thomas-Bonaventure.	62	Chambéry.	1734	Cordellier.	— 3
ROUSSEAU Pierre.	69	Chambéry.	1745	Augustin.	— 5
ROSAZ Philibert.	26	Montmélian.	1793	Curé.	— 5
TOVEX Louis.	43	Turin.	1773	Feuillant.	— 5
YVRARD Hyacinthe.	46	Chambéry.	1778	Curé.	— 5
PAVIE J.-Baptiste.	76	Pignerol.	1743	Feuillant.	Pluviôse 20
MALLIARD Marc.	51	Topan en Piémont	1766	Feuillant.	— 20
MAISONNEUVE Etienne.	58		1769	Bénédictin.	Ventôse 2

NOMS ET PRÉNOMS DES CITOYENS	Age	LIEU DE NAISSANCE	Époque à laquelle ils ont commencé leurs fonctions	Titre sous lequel ils ont exercé leurs fonctions	Date de leur naissance
PALLUAZ Claude.	30	Chambéry.	1789	Curé.	Pluviôse 24
MISSILLIER Alexandre.	68	Grand-Bornand.	1757	Recteur.	Ventôse 6
BOSOT Blaise.	63	Lanslebourg.	1755	Augustin.	— 5
BERNEL Anthelme.	33	St-Bois.	1785	Curé.	— 5
POMEL Barthélemy.	47	Chambéry.	1780	Prêtre.	Pluviôse 20
GUY Joseph.	54	Chambéry.	N'a pas dit.	Chartreux.	— 20
FRANDIN François.	58	Lépin.	idem.	Curé.	Ventôse 6
D'AVRIL Philibert.	25	St-Genix.	1793	Vicaire.	— 12
ARNAUD François.	46	Alby.	1773	Capucin.	— 12
JAMIE Joseph.	67	Hyenne.	1757	Sacristain.	— 12
REVERDY Étienne.	32	Chambéry.	1789	Ex-augustin.	— 12
VERMEY Claude.	63	Chambéry.	1742	Curé.	— 13
GOTTELAND François.	27	Barberaz.	1790	Vicaire.	— 13
CHABOCQ Louis.	29	Annecy.	1788	Dominicain.	— 13
GENTIL Antoine.	45	Chambéry.	1771	Capucin.	— 13
PUTHOD Louis.	40	La Roche.	1771	Capucin.	— 13
CHENEVIER Pierre-Marie.	49	Thonon.	1793	Curé.	— 14
MESSIEY Michel.	56	Allondès.	1769	Curé.	— 14
GENTIL Antoine.	67	Chambéry.	1755	Curé.	— 15

— 235 —

					Ventôse
RICCARD François.	68	Novalaise.	1752	Curé.	15
BOVAGNET Martin.	42	Oncin.	1777	Bénéficier.	15
NOUVELLET André.	30	Belley.	1788	Curé.	15
JACQUIER Joseph.	69	Bernex.	1758	Bénéficier.	15
DUBON Laurent.	41	Grésin.	1781	Curé.	15
SEROIN Jean-Marie.	27	Belley.	Depuis 6 mois.	Curé.	15
THONION Jacques.	40	St-Beron.	1782	Curé.	15
THONION Octavien.	79	St-Beron.	1742	Curé.	15
LABBO Joseph.	38	La Bâtie - Montgascon.	1782	Curé.	15
PLATTET Noël.	58	Chambéry.	1770	Bénéficier.	15
VALLIER Philibert.	27	Chambéry.	1790	Curé.	16
VERDIEN François.	64	Chambéry.	1755	Curé.	15
GUILLOT Anthelme.	41	Dulin.	1777	Curé.	15
VIORMET J.-Baptiste.	34	Hanteline.	1763	Curé.	14
PERRIER Pierre.	50	Chambéry.	1770	Curé.	14
GUIGARD Pierre.					

6. — Note des individus qui n'ont ni prêté le serment, ni remis leurs lettres, ni abdiqué.

Marthod Philippe, âgé de 49 ans, né à Chambéry, Dominicain.

Marthod Laurent, âgé de 61 ans, né à Chambéry, Franciscain.

Goussel Marc, âgé de 38 ans, né à Chambéry, Dominicain.

Saillet Anne, âgé de 63 ans, né à Chambéry, Dominicain.

Richard Antoine, âgé de 24 ans, né à Montmélian, Dominicain.

Curtet Marc-Antoine, âgé de 60 ans, né à Sonnaz, Dominicain.

Carrivan Jean, âgé de 63 ans, né à Chevron, Franciscain.

Gotteland Claude-Louis, âgé de 66 ans, né à Saint-Baldoph, Curé.

Dimier Laurent, âgé de 55 ans: né à La Table, Curé.

Alex, âgé de 72 ans, né à Chambéry, Chanoine official.

Juget, âgé de 80 ans, né à Chambéry, ex-Jésuite impotent.

Salin, né à Chambéry, ex-Jésuite ; on le croit émigré.

Girod, né à Chambéry, ex-Antonin.

§ VIII. — **Observation complémentaire.**

Les documents qui précèdent doivent être rapprochés des ouvrages suivants :

Mémoires pour servir a l'histoire ecclésiastique du Diocèse de Chambéry, par le Cardinal Billiet, aux *Pièces justificatives* :

— *Noms des prêtres du diocèse de Chambéry qui ont émigré aux mois de février et mars 1793*, pages 429, 430, 431 ;
— *Tableau des nobles détenus dans les prisons de Chambéry en 1793 et 1794*, pages 482 à 503 ;
— *Extrait des registres du Comité révolutionnaire du district de Chambéry, du 25 octobre 1794*, pages 503 à 505 ;
— *Notes sur le tableau du Comité révolutionnaire du district de Chambéry (sauf erreur ?)*, pages 506 à 509 ;
— *Tableau des citoyens en arrestation à Carouge au mois de septembre 1794, suivi des observations du Comité révolutionnaire et de l'administration du district, en réponse aux demandes du représentant du peuple Gauthier*, pages 509 à 511 ;
— *Décret concernant les émigrés*, du 25 brumaire an III (15 novembre 1794), titre IV, section I.

Tableau des nobles, détenus dans les prisons d'Annecy en 1793-1794, contenant :
 1° *Noms des détenus ;*
 2° *Notes du Comité révolutionnaire ;*
 3° *Observations*,
  Par Eloi Sérand, — *Revue Savoisienne*, 1884-1885.

On peut consulter encore aux Archives départementales de Savoie les pièces suivantes :

Sur les émigrés :

Listes et tableaux des émigrés du district d'Annecy (45ᵉ rayon, n° 28).

Tableau des émigrés ou absents en l'an VIII (45ᵉ rayon, n° 29).

Emigrés : radiation, détention, civisme, surveillance, ans II à IX (45ᵉ rayon, n° 30).

Sûreté publique ; émigrés réfractaires : poursuites, dénonciations (45ᵉ rayon, n° 31).

Registres (E. R.) indiquant les *noms de ceux sur la demande desquels il a été statué à Paris* (45ᵉ rayon, nᵒˢ 35 à 37).

Cahier contenant des *certificats originaux d'amnistie* (45ᵉ rayon, n° 38).

Lettres du ministre de la police concernant les *différentes lois prises au sujet des émigrés en général ;* — lettres concernant *quelques émigrés du département* (45ᵉ rayon, n° 39).

Pour ce qui concerne les biens des émigrés, voir :

  46ᵉ rayon, nᵒˢ 42, 43, 47, 48.
  47ᵉ   —   nᵒˢ 50 à 52, 54.
  48ᵉ   —   nᵒˢ 55 à 60.
  49ᵉ   —   nᵒˢ 66, 67, 69.

Cartable contenant des *réclamations, pétitions, jugements, commandements relatifs aux émigrés de Chambéry* (46ᵉ rayon, n° 44).

Cartable intitulé : *Emigrés amnistiés, rayés ou non inscrits*, et renfermant : 1° des *lettres de mouvement de radiation des émigrés ;* — 2° un registre des *actes de promesse de fidélité à la Constitution de la part des émigrés rayés ;* — 3° des *déclarations signées, des serments et renonciations faits par les émigrés en exécution du sénatus-consulte du 6 floréal an X ;* — 4° un registre des *certificats de non-inscription sur la liste des émigrés en conformité de l'arrêté du Directoire du 15 thermidor an VI;* — 5° un état des *individus portés sur la liste générale des émigrés du département du Mont-Blanc rayés, amnistiés et placés en surveillance dans ce département, au nombre de 412 (an XIII)* (49° rayon, n° 78).

Tableaux de liquidation des dettes des émigrés et autres dont les biens sont confisqués en vertu de la loi du 1ᵉʳ floréal an III (49° rayon, n° 80).

Radiation des émigrés (49° rayon, n° 58ᵇⁱˢ).

Tableau de demande en radiation des officiers sardes; — indication de ceux qui sont maintenus sur les listes (45° rayon, n° 84).

Les dossiers relatifs à la *Sûreté publique* (53° rayon, nᵒˢ 1 à 16, et 55° rayon, nᵒˢ 1 à 20) renferment aussi de précieux renseignements sur l'esprit public en 1792, sur la situation de la Savoie, etc.

La reproduction intégrale de toutes ces pièces eût donné à cet ouvrage, bien qu'il soit purement documentaire, des proportions démesurées. Nous avons donc dû nous borner; mais les références ci-dessus indiquées permettront aux chercheurs de compléter les indications fournies par nous et de se faire une idée complète des mesures de proscription prises pendant la période révolutionnaire en Savoie. Nous devons d'ailleurs les prévenir que le riche fonds d'archives de la Révolution et de l'Empire, auquel appartiennent les documents en question, a été, par les soins de M. G. Perouse, le distingué archiviste de la Savoie (1902), remanié et reclassé suivant une seule numérotation et d'après une méthode qui permettra aux travailleurs de le consulter beaucoup plus facilement. Les références ci-dessus indiquées ne correspondent donc plus à la réalité actuelle, les dossiers ayant été refondus et déplacés, et chacun ayant été pourvu d'une cote nouvelle. Toutefois, nous avons cru devoir maintenir ces références recueillies suivant l'ancien classement ; connaissant le titre et la nature des pièces visées, ceux qui auront à les consulter n'auront pas de peine à les retrouver au nouveau catalogue.

III

Les Émigrés à Aoste.

Nous voici de l'autre côté des Alpes. La Savoie a été envahie. Pêle-mêle les émigrés de France, réunis à ceux de Savoie, ont cherché refuge dans la vallée d'Aoste. Grâce aux recherches de notre savant ami, M. l'abbé Fruttaz, nous pourrons nous faire une idée des cadres de la société des proscrits, telle que les événements l'avaient refoulée de l'autre côté des Alpes.

Voici tout d'abord quelques noms marquants appartenant à la noblesse et à la bourgeoisie de Savoie :

§ I. — Nobles et bourgeois émigrés[1].

BALME (Famille de la) :

Marie-Joseph-Caroline DE LA BALME, *fille de noble Claude-Benoît*, sénateur et juge-mage du Faucigny, *et d'Anne-Marie* DE MONTFORT, décédée à Aoste le 20

---

[1] L'abbé Fruttaz nous écrivait d'Aoste le 17 mai 1894 :
« Je vous expédie quelques notes sur les émigrés de 1792. C'est tout ce que j'ai pu découvrir. J'ai fouillé les archives d'Aoste et je me suis adressé à plusieurs amis ; mais ces recherches ont été stériles. La plupart des familles nobles qui ont émigré en Val d'Aoste n'y ont pas laissé de traces. Çà et là quelques noms sur les registres paroissiaux et c'est tout. Les témoins de la Révolution ont disparu et la tradition locale est muette... »

novembre 1793, à l'âge de 20 ans. *Sepulta fuit more nobilium*. (Registre de St-Jean.)

Bellegarde (Famille de), 1798.

Bathie (Baron DE LA), émigré à Aoste 1792.

Buttet (Famille de) :

Charles-François DE BUTTET, fils de *Charles-François*, chevalier des Saints Maurice et Lazare et capitaine d'artillerie (*in legione tormentorum bellicorum tribunus secusianus*), décédé à Aoste le 22 juin 1797 à l'âge de 59 ans.

Castelbourg (Chevalier de), capitaine de grenadiers, 1793-1799.

Chamousset (Major de), 1793.

Costa de Beauregard (*Henry*), capitaine dans la légion des campements. Son fils *Eugène*, 1792-1793.

Dichat de Toisinges (Famille), logée chez les Passerin d'Entrèves :

(*Marie-Anne* DICHAT DE TOISINGES avait épousé, avant 1794, noble *Jean-François* ELZÉAR PASSERIN D'ENTRÈVES. Parmi les émigrés de cette famille figurait l'abbé *Aimé-Marie* DICHAT DE TOISINGES, fils du sénateur *Pierre-Antoine*, abbé de Sainte-Marie d'Abondance et préfet de la Sainte-Maison de Thonon, décédé à Aoste le 25 août 1800, à l'âge de 72 ans.)

Duclos de Cholex, major, commandant du fort de Bard, 1794.

Frenay (Famille DU) :

Lucien-Marin DU FRENAY, fils de noble *Joseph* et de noble *Jeanne-Marie* DE BELLEGARDE, décédé à Aoste le 13 août 1799, à l'âge de 82 ans.

* LACHENAL (*Pierre*) :
: (Fils de *Joseph*, originaire de Gilly (Savoie), émigré en 1792, il s'établit à Aoste où il épousa, le 17 novembre 1799, *Marie-Angélique* GAL. *Pierre*, l'aîné de ses fils, né à Aoste en 1809, entra dans l'ordre des Capucins. Cinq fois provincial en France, ensuite procureur général à Rome, il fut nommé membre de la Société géologique de France et de l'Académie de Savoie, vicaire général à Aoste et théologien au Concile du Vatican. Il mourut à Aoste en 1880. La cité d'Aoste, où il a fondé plusieurs établissements, lui a élevé, le 29 octobre 1889, un monument en bronze sur la porte du *Refuge des Pauvres*, qu'il a créé en 1868 et qui abrite actuellement 150 vieillards.)

LEYTARD *Jean-Antoine* (noble) :
: (Officier de la solde dans la légion Rochmondet, marié à *Marie-Rosalie* BALLY, de Bonneville ; il vivait à Aoste en 1793. Le 13 octobre de la même année, naquit leur fils *Jean-Antoine*, qui eut pour parrain noble *Antoine* ROSSIN, officier à la même légion.)

MONTFORT (Famille de), 1792-1793.

SALES (Marquis DE), 1793.

MAISTRE (*Joseph* DE), 1792-1793.
: (*André* DE), 1792-1794-1798-1801.
: (*Xavier*), 1792-1793.

SAINT-RÉAL (*Jacques-Alexis* DE), intendant du duché, et sa famille, 1792-1794.

VIGNET DES ETOLES (Baron) et son épouse, *Marie-Claudine* GEORGES.

§ II. — Prêtres émigrés¹.

ALLANTAZ Joseph-Marie, chanoine, de Sallanches. Il exerça le ministère à Ollomont, du 4 août 1799 au 23 juillet 1801.

BERTIER Jean-Baptiste, curé de Miolans, assermenté et curé intrus à Saint-Pierre d'Albigny. Il se rétracta à Aoste le 27 mars 1794².

BONAFOUS..., prêtre du diocèse d'Uzès, émigré dans le diocèse d'Aoste en 1792; plus tard curé dans le canton de Russen.

* BOURGEOIS Jean-Baptiste³, de Bourg-Saint Maurice, émigré à Aoste, où il mourut le 29 décembre 1794.

BOVET Jean, curé de Sapey (Grenoble), émigré à Aoste le 27 septembre 1792.

BURDET..., prêtre émigré, coadjuteur à Avise, avril 1800 — 21 juillet 1801.

CHABERT Guillaume, du diocèse de Genève, émigré en octobre 1796, reparti le 5 octobre 1801.

* CHAPELLE Joseph-Antoine, de Conflens (Tarentaise), émigré de 1793 à 1796.

---

¹ Notes et documents communiqués par M. l'abbé Fruttaz. — Cf. P.-L. Duc, *Le Clergé d'Aoste au XVIII° siècle*, Turin, 1881.
Les noms précédés d'un astérisque figurent également dans les états qui suivent.

² Cf. Gⁱ BILLIET, *Mémoires*, p. 195 : « Rᵈ Bertier Jean-Baptiste, curé de la paroisse et du fort de Miolans, a prêté le premier serment ; il reconnut l'évêque constitutionnel et exerça pendant quelque temps les fonctions religieuses comme curé intrus à Saint-Pierre d'Albigny. Il ne souscrivit pas la formule d'Albitte ; cependant il livra imprudemment ses lettres de prêtrise et partit ensuite pour Aoste où il écrivit sa rétractation datée du 23 mars 1794. »

³ Ne pas confondre avec François Bourgeois, sacristain de Thoiry, dont il est question aux *Mémoires* du Gⁱ Billiet, p. 230.

CHOULET D., d'Evian, vicaire à Antey-Saint-André, novembre 1798 — 21 octobre 1801.

CLARÉSY Jean-Baptiste, évadé de Flumet, émigré dans le diocèse où il résida de 1796 à 1799.

CLÉAZ François, vicaire à Montvalezan-sur-Séez, émigré à Aoste en 1796, curé à Montvalezan l'année suivante, puis déporté à l'île de Rhé [1].

DE CONCEYL Benoit-Joseph-Marie, vicaire général de Bourges, émigré, décédé à Châtillon (Aoste), le 29 août 1826.

COURTOIS Claude-Simon, du diocèse de Saint-Claude, émigré à Aoste le 27 septembre 1792.

* COURTIN Jean-François, de Mégève (Genève), émigré à Aoste, vicaire de la Cathédrale 1794-95, mort à Aoste le 25 février 1795.

* CRAI (CREY Pierre-André?), prêtre émigré, figure dans le diocèse, de 1792 à 1801.

DELEZAIVE..., vicaire de Comblouz (Faucigny), émigré 1793-1795.

DESSAIX..., prêtre émigré, résidant à Aoste en 1801.

DESSIRAGE R. P. Louis, capucin, 1801 — mars 1802.

* DICHAT DE TOISINGE Aimé-Marie, de Chambéry, supérieur de la Sainte Maison de Thonon, réfugié à Aoste chez ses parents les nobles Passerin d'Entrèves, décédé le 25 novembre 1820.

DIMIER François, chanoine de Moûtiers, déporté en 1793, puis émigré à Châtillon (Aoste) où il mourut le 26 août 1795.

DOIX Claude-Antoine, de Beaufort (Tarentaise), 1797-1800.

DULEAU D'ALLEMANS Henri-Charles, évêque de Grenoble, réfugié à l'évêché d'Aoste chez Mgr de Solar, 1793-1796.

---

[1] Cf. Cte BILLIET, Mémoires, p. 289, 323.

Dumolin François, de Conflans, curé de Venthon, prêtre assermenté en février 1793, arrivé à Aoste le 18 décembre de la même année ; il y fit sa rétractation le 23 janvier 1794.

Dumonal..., prêtre savoyard, réfugié au couvent de Saint-Gilles à Verrès de 1793 à 1796, vicaire à Antey 1796-1797.

Duvanton Jean, du diocèse du Puy, réfugié à Aoste le 27 septembre 1792.

Facémaz Joseph-Marie, de Bourg-Saint-Maurice, émigré, de 1793 à 1799.

* Favrat Philippe, curé du Petit-Bornand (Genève), émigré, mort à Aoste le 6 mai 1799.

Favre Thomas, desservant à Sionzer (Genève), émigré, 1796-1799.

Favre Jean-François, de la Tarentaise, missionnaire, déporté à l'île de Rhé par décret du 18 fructidor (1797), puis émigré dans la Vallée d'Aoste (1800-1801).

Ferrier Etienne, prêtre savoyard, émigré de 1794 à 1795.

Francoz Pierre, curé du Noyer, émigré de 1794 à 1797.

Gaillard Jacques, émigré de la paroisse d'Outrans (Grenoble), se réfugia à Aoste en 1795. Dans un accès d'aliénation mentale, il se jeta dans la Doire le 19 juillet 1795. Son cadavre fut reconnu par ses deux confrères émigrés du diocèse de Grenoble, les RR^{ds} François Sadin et Benoît Gigard.

Galtier Benoît-Philibert, chartreux, émigré et résidant à Gressan, où il mourut le 26 février 1820.

Garin Jean-Pierre, chanoine de Chambéry, émigré de 1797 à 1798 [1].

---

[1] Cf. *Mémoires* du Cⁿ Billiet, pages 51, 429. Parmi les prêtres du diocèse de Chambéry qui ont émigré en février et mars 1793,

GARIN R. P. Fidèle, capucin, d'Abondance, émigré au couvent d'Aoste en 1799. Il résidait encore dans le diocèse en 1805.

GARNICE..., curé de Sancourt, réfugié à Morgex en juin 1791.

GAUDIN Jean, vicaire, émigré 1796-1798.

GENOUX M., curé d'Archand (Genève), 1794-1800.

GENTIL S., curé de Saint-Paul¹, 1794-1795.

GIGARD Benoît, de Vincy (Grenoble), chanoine de la collégiale de Saint-André à Grenoble, émigré à Martigny (Valais) en mai 1794, puis à Aoste de 1795 à 1798, chez Mgr de Solar, dont il fut le secrétaire.

GIRARD Claude², chanoine de Moûtiers, déporté en 1793, émigré au diocèse d'Aoste où il résidait en 1795 ; amnistié le 17 brumaire an 11.

GOIRAND Joseph-Melchior, du diocèse d'Uzès, curé de Montaren. — Il partit pour la Vallée d'Aoste le 28 septembre 1792 et il y résida jusqu'au 19 mai 1800. Pendant ces huit années d'exil, il s'adonna à l'œuvre des missions ; il fit beaucoup de bien dans le diocèse où il laissa de nombreux amis et d'excellents souvenirs.

GRASSIS François-Louis, de Moûtiers, curé de Thénesol, assermenté le 18 février 1793 ; il se rétracta à Aoste le 30 janvier 1794.

on y trouve mentionné : *Garin, chanoine de la Cathédrale, vice-promoteur, aumônier des Annonciades.*

¹ Ne pas confondre avec Gentil Antoine, curé de St-Thibaud de Couz (C⁹¹ BILLIET, *Mémoires*, p. 534. *Rétractations antérieures au Concordat*).

² Ne pas confondre avec le P. François Girard, prieur des Dominicains de Chambéry et professeur de philosophie au collège de cette ville, dont il est question aux *Mémoires* du C⁹¹ Billiet, p. 75. Un autre Girard Maxime, curé de la Perrière, a été au nombre des 17 prêtres du diocèse de Tarentaise déportés de 1797 à 1799 (ouv. cité, pages 289, 322).

GUDET François-Marie, curé d'Héry (Genève), émigré de 1793 à 1794.

GUMERY Vincent, curé de Roche-Cevins, déporté en 1793, émigra l'année suivante des Allues dans le diocèse d'Aoste. En 1797, il fut déporté à l'île de Rhé[1].

HUDRY..., curé de Saint-Jean-de-Belleville, émigré à Pré-Saint-Didier (vallée d'Aoste) en 1797.

HUDRY A., vicaire d'Abondance (Genève), émigré en 1794.

JANTET Anthelme, 1798—21 juillet 1801.

JOGUET Charles, de Crest-Voland.(Annecy)[2], desservant à Nus (Aoste), 1793.

LAGRANGE Jean, du diocèse de Nevers, 1792.

LECLERC DE JUIGNIÉ DE NEUCHELLES Antoine-Eléonore-Léon, archevêque de Paris. Se rendit avec l'évêque de Clermont dans le diocèse d'Aoste en 1795. Le curé François-Joseph Frutaz fut heureux de leur offrir l'hospitalité au presbytère de Gignod, puis ils séjournèrent quelque temps au châlet de Prarayer, sur les sommités de la vallée de Dionaz, célébrant la messe dans une modeste chapelle.

DE MAISTRE André-Marie, doyen de la métropole de Tarentaise, puis évêque élu d'Aoste. Il se réfugia pendant quelques semaines à Aoste vers la fin de 1792, alors que le comte Joseph, son illustre frère, était venu s'y fixer avec sa famille chez les comtes de Bard[3]. Le 27 novembre 1794, il partit de Turin avec

---

[1] Cf. C^{al} BILLIET, *Mémoires*, page 289.

[2] Cf. C^{al} BILLIET, page 105. Rentré en Savoie et arrêté à Cluses, l'abbé Joguet fut condamné à mort et fusillé le 14 août 1794. Au cours de cette même année, trois autres prêtres du diocèse de Genève, MM. Vernaz, Morand et Revenaz subirent le même sort (ouv. cité, p. 162 à 164).

[3] Cf. C^{al} BILLIET, *Mémoires*, page 271.

les missionnaires Martinet, Girard, Jacquemard et Golliet. De la vallée d'Aoste, ils se rendirent à Beaufort pour évangéliser les populations de la Savoie.

Mansuy François, du diocèse de Nancy, prêtre assermenté, se rétracta à Aoste le 8 juin 1797.

Masset Claude, curé de Seythenex, émigré à Aoste et mort à l'Hôpital Mauricien de cette ville le 11 octobre 1793.

Mouthon..., prêtre savoyard émigré, desservant à Roisan en mars 1793.

Mugnier Jean-Marie, d'Evian [1], desservant dans plusieurs paroisses du diocèse d'Aoste de 1796 au 1er juin 1801, jour de son départ de la Vallée.

Noiton Jean-Pierre, de Rumilly [2], émigré, vicaire à Hône (Aoste) janvier 1798-1801.

Périllat, prêtre savoyard, émigré, exerça le ministère dans plusieurs paroisses de 1795 à 1800.

* Pernet..., prêtre, émigré à Aoste en 1794.

Perollaz Claude-François, curé d'Hermance, émigré de 1797 à 1800.

Peroux..., de Lugrin, émigré, résidant dans le diocèse de 1794 au 22 juillet 1801, jour de son départ.

Piccolet François-Marie, de Saint-Julien (Savoie), émigré, vicaire à Gignod (Aoste) en juin 1794.

* Piffet Claude, curé de Séez (Tarentaise) [3], émigré, ré-

---

[1] Ne pas confondre avec R⁴ Mugnier Pierre-François, curé d'Alton (C¹¹ Billiet, *Mémoires*, pages 282, 283).

[2] Ancien secrétaire de Mgr Paget à Aoste, de Joseph de Maistre à Lausanne et du baron Vignet des Etoles à Berne. — Cf. Fr. Descostes, *Joseph de Maistre pendant la Révolution*, pages 129, 307, 543, 544.

[3] Celui chez lequel Joseph de Maistre reçut l'hospitalité lors de son départ de la Savoie en septembre 1792. — Cf. Fr. Descostes, *Joseph de Maistre avant la Révolution*, tome II *in fine*.

sidant à Aoste et à Châtillon, de 1794 à 1801, amnistié le 17 brumaire de l'an 11.

Ract Jean-Pierre, de Chevron, curé de Césarches, assermenté en 1794, fit sa rétractation à Aoste le 23 janvier 1795.

Rapin..., prêtre émigré, résidant à Châtillon (Aoste) en 1801.

Regard Pierre-François, prêtre du diocèse de Genève, émigré et exerçant le ministère dans celui d'Aoste de 1798 à 1801.

Régis-Ronce Augustin, prêtre du diocèse du Puy, réfugié à Aoste, 27 septembre 1792.

Renaud Jean-Joseph, prêtre de la Tarentaise, vicaire de Saint-Jean-de-Belleville, déporté en 1793, fut pendant huit ans émigré au diocèse d'Aoste où il exerça le ministère jusqu'en février 1802.

Renevier, curé dans le diocèse de Genève, émigré, exerça le ministère dans celui d'Aoste en 1794 et 1795.

* Richard..., prêtre émigré, résidant à Aoste en 1801.

Sadin François, d'Anneyron (Vienne), curé à Grenoble, réfugié à Aoste, 1793-1795.

Souchon...., né à Moutaren (Uzès), émigré à Aoste en 1792, missionnaire dans le diocèse.

Dutenail-Couvat François, curé de Beau-Croissant (Grenoble), émigré à Aoste le 27 septembre 1792.

Thestryni Antoine, prêtre du diocèse du Puy, réfugié à Aoste en septembre 1792.

Thonin Paul-François, curé de Ville (Annecy), émigré au diocèse d'Aoste en 1794, mort à Nus le 4 février 1795.

* Trouillet Claude [1], curé de Saint-Alban (Maurienne), émigré à Aoste, puis à Turin en 1794.

[1] Cf. C^{al} Billiet, *Mémoires*, pages 123, 193. L'abbé Trouillet avait prêté le serment exigé par la proclamation du 8 février;

UDRI Antoine, vicaire d'Abondance, mort à l'Hôpital-Mauricien d'Aoste le 23 décembre 1794.

VELAT Claude, ch...ine de Moûtiers, assermenté, se rétracta le 6 décembre 1794 [1].

§ III. — Mentions diverses.

1° Notes extraites des registres de la paroisse de Saint-Jean (Cathédrale).

* R^d BOURGEOIS Jean-Baptiste, prêtre, de Bourg-Saint-Maurice, décédé à Aoste le 29 décembre 1794.
* R^d Jean-François COUTIN (ou Courtin?), fils de Jean-Joseph, de Mégève (Genève), vicaire de Saint-Jean d'Aoste *pius et eruditus*, mort le 25 février 1795.
* R^d FAVRAT Philippe, curé du Petit Bornand (Genève), mort à Aoste à l'âge de 75 ans, le 6 mai 1799.

R^d GONTRY Simon, procureur du couvent de Ripaille, fugitif, âgé de 75 ans, mort à Aoste le 14 janvier 1798.

R^d RULLIER Joseph, fils de Jean, de Bourg-Saint-Maurice, curé-prieur de Bellentre, âgé de 85 ans, mort à Aoste le 17 octobre 1793.

2° Notes extraites des registres de la paroisse de Saint-Laurent (Collégiale).

« *Translatio fontis baptismalis ab ecclesia parrochiali Sancti Laurentii in Ecclesiam Collegiatam SS. Petri et Ursi facta est die 17^a maii, in pervigilio Pentecostes, anno*

---

mais il ne fut pas inséré au tableau d'Albitte. Sa rétractation, signée à Turin, est du 8 avril 1794.

[1] Cette liste est d'ailleurs loin d'être complète. Dans un seul mois de l'an 1790, le couvent de Saint-Gilles, à Verrès, donna l'hospitalité à plus de trois cents prêtres émigrés.

1793, tempore belli et impiis et ferocibus Gallis suscitati. »
— Note du curé Bourdin. — Les troupes piémontaises qui encombraient la ville avaient occupé l'église de St-Laurent annexée à la collégiale d'Aix.

BERTRAND Jean-Claude, de la paroisse de Saint-Michel (Maurienne), mort le 19 novembre 1792 et enseveli au cimetière de la Collégiale.

DOIX Claude-Joseph, curé de Sainte-Foy, fait des baptêmes à la Collégiale de Saint-Ours le 6 janvier 1797, les 11, 15 et 25 juillet, et le 11 août 1799.

A l'église de Saint-Laurent, le 17 août 1796, l'abbé Aimé-Marie DICHAT DE TOISINGE, de Chambéry, abbé de Ste-Marie d'Abondance et préfet de la Ste-Maison de Thonon, chevalier des Ss. Maurice et Lazare, a béni le mariage entre le vassal Charles-Joseph, fils de Jean Joseph-Elzéar PASSERIN, conseigneur de Brissogne, veuf de noble Marie-Virginie GIPPAZ D'HÔNE, et noble Marie-Anne-Pétronille, fille du vivant vassal et pair Jean-François PASSERIN, conseigneur de Courmayeur et d'Entrèves, vice-préfet du duché. Témoins le seigneur Jacques-Alexis DE SAINT-RÉAL et le seigneur Dominique D'AVISE, baron de Charvensod. (Avant 1774, Marie-Anne Dichat de Toisinge avait épousé Jean-François-Elzéar Passerin d'Entrèves. L'abbé Dichat de Toisinge logeait chez ses parents, les Passerin d'Entrèves, dans l'hôtel qu'ils possédaient au bourg Saint-Ours, près des Portes Prétoriennes).

LACHENAL Pierre, fils de Joseph et de Madeleine POINTET, originaire de la paroisse de Gilly (Tarentaise), habitant à la paroisse de Saint-Jean d'Aoste, a épousé, le 17 novembre 1799, à l'église de Saint Laurent, honorable Marie-Angélique, fille de Jean-Baptiste GAL et de Delphine Carrel, de Saint-Laurent d'Aoste. Témoins l'abbé Antoine Doix, émigré, curé de Sainte-Foy, et Claude-Joseph Bourdin, chirurgien. (De ce mariage naquit, le 15 août 1809, Pierre Lachenal, qui fut plus tard, sous le nom de *Père Laurent*, provincial des capucins de Savoie, procureur général de son Ordre, écrivain et orateur distingué et fondateur du Refuge des pauvres à Aoste où il mourut le 27 septembre 1880. — Voir plus haut page 243.)

3° Notes extraites du registre des admissions à l'hôpital des Ss. Maurice et Lazare [1].

R^d PICCOLLET Jacques-Marie, prêtre, vicaire de Moux [2] (*sic*) en Chataigne [3], diocèse de Genève, reçu pour fièvre le 31 octobre 1793, sorti le 20 décembre 1793.

R^d VIBERT Joseph, prêtre de la paroisse de Beaufort, diocèse de Tarentaise, reçu pour fièvre le 16 février 1794, sorti le 10 mars de la même année.

« A l'époque de la prise du Petit-Saint-Bernard, les malades qui étaient au nombre de dix-huit ont jugé à propos de s'échapper, à la réserve de trois qui étaient pas dans le cas de le faire. »

* R^d CHAPELLE Joseph-Antoine, prêtre émigré de Savoie, natif de Conflans, diocèse de Tarentaise, vicaire de la paroisse de Quart, dans ce diocèse (Aoste), reçu pour fièvre le 23 juillet 1794, sorti le 14 septembre de la même année.

R^d NOIR Jean-Baptiste, prêtre émigré de Savoie, maître de chapelle de la métropolitaine de Moûtiers, natif de

---

[1] Les noms sont indiqués ici, non point dans l'ordre alphabétique, mais dans celui des admissions.
[2] Motz.
[3] Chautagne.

la paroisse de Montvalesan, diocèse de Tarentaise, reçu pour fièvre le 13 août 1794, sorti le 26 août de la même année.

R^d RICHARD Michel, prêtre émigré de Mantonnex[1] en Borne *(sic)*, diocèse d'Annecy, vicaire d'Andilly dans ledit diocèse, reçu pour fièvre le 28 octobre 1794, sorti le 18 octobre.

* R^d NOIR Jean-Baptiste *(ut supra)*, prêtre, maître de chapelle de la métropolitaine de Moûtiers, de la paroisse de Montvalesan, reçu pour fièvre le 2 septembre 1794, mort à l'hôpital

R^d BAUD François, prêtre émigré de Savoie, natif de Boëge, diocèse d'Annecy, reçu pour fièvre le 22 septembre 1794, sorti le 17 novembre suivant.

R^d DUPUPET, vicaire de Cluse, diocèse d'Annecy, prêtre émigré de Savoie, reçu pour fièvre le 18 octobre 1794, sorti le 4 novembre suivant.

R^d DOIX Claude-Joseph, archiprêtre et curé de Ste-Foy *(ut supra)*, diocèse de Tarentaise, reçu pour fièvre le 27 octobre 1794, sorti le 10 janvier 1795.

* R^d RICHARD Michel *(ut supra)*, reçu pour fièvre le 8 novembre 1794.

* R^d UDRI (HUDRY) Antoine, prêtre du diocèse de Genève, natif de Fessi *(sic)* et vicaire d'Abondance dans le même diocèse, reçu pour fièvre le 19 novembre 1794, mort à l'hôpital.

R^d BROCHIER, prêtre émigré de France, natif de Condrieux dans le Lyonnais, prieur de Virivil en Dauphiné, reçu pour plaies à une jambe le 3 décembre 1794, sorti le 14 avril 1795.

---

[1] Menthonnex.

* R⁴ PERNET..., prêtre émigré de Savoie, natif et vicaire du Grand-Bornand, dans le diocèse de Genève, reçu pour esquinancie le 15 décembre 1794, sorti le 19 du même mois.
* R⁴ PIFFET Claude-Joseph, prieur et curé de Séez en Tarentaise, reçu pour fièvre le 15 décembre 1794.

Sieur BILLIOD Jean-André, fils de feu André Billiod, de paroisse d'Abondance du diocèse d'Annecy, émigré, garçon chirurgien, reçu pour fièvre le 14 avril 1795, sorti le 2 mai suivant. Reçu de nouveau le 4 mai et sorti le 27.

* R⁴ CHAPELLE Joseph-Antoine, prêtre émigré de Savoie, natif de Conflans, diocèse de Tarentaise, reçu pour fièvre le 20 avril 1795, sorti le 28 du même mois.

R⁴ TESSIER Pierre-Georges, curé de Menthonex en Bornes, diocèse de Genève, reçu pour ulcère à une jambe le 2 mai 1796, sorti le 8 juin suivant.

R⁴ FORTIN Pierre, fils de vivant Pierre, natif de Chambéry, paroisse de Saint-Léger, prêtre et curé de la paroisse de la Ravoire¹, reçu pour contusions à la jambe droite le 27 septembre 1797, sorti le 10 octobre suivant.

R⁴ P. Dom GOUTRY Simon, ci-devant procureur à la chartreuse de Ripaille, reçu pour hydropisie le 10 janvier 1798, mort à l'hôpital le 14 janvier de la même année.

R⁴ LALIER Louis, prêtre, aumônier des religieuses de la grande Visitation à Annecy, reçu en payant, pour

---

¹ Cf. *Mémoires* du C¹ BILLIET, p. 490. Parmi les *curés* du diocèse de Chambéry ayant émigré en février et mars 1793, on trouve mentionné : Fortin, curé de la Ravoire. C'est évidemment le même personnage.

goutte, le 4 juillet 1799, sorti sans payer (*sic*) le 28 août 1799.

* R^d CREY Pierre-André, natif de la paroisse d'Aime, diocèse de Tarentaise, prêtre émigré, admis pour fièvre le 21 novembre 1799 et renvoyé le jour suivant.

R^d DE SAINT-PAUL Claude-François, de feu Claude, de la paroisse de Saint-Paul, diocèse de Tarentaise, prêtre émigré, admis pour fièvre le 11 décembre 1799 et renvoyé le 27 janvier 1800. L'abbé Claude-François de Saint-Paul, admis de nouveau à l'hôpital pour fièvre le 19 mars 1800, y mourut le 31 du même mois.

R^d GOY Michel, prêtre du diocèse de Genève, département du Léman, ci-devant professeur, admis pour fièvre le 27 novembre 1800, sorti le 23 décembre de la même année.

N.-B. — On n'a relevé dans les états précédents que les noms des prêtres et des nobles. Les registres de l'hôpital Mauricien contiennent une quantité de noms de malades originaires de la Savoie, mais ils n'y sont pas signalés comme émigrés. Il est probable que la plupart d'entre eux avaient été dénoncés comme suspects et s'étaient réfugiés dans la vallée d'Aoste. Il faudrait aussi consulter les registres des décès de plusieurs paroisses et notamment ceux de Châtillon, de Saint-Vincent, de Verrès et de Donnas. Les comtes de Challant accueillirent de nombreux émigrés dans les châteaux d'Aymeville et de Châtillon ; les comtes de la Tour, les comtes de Bard, les Passerin d'Entrèves, le chevalier de Saint-Réal et plusieurs autres familles de la noblesse et de la bourgeoisie avaient ouvert leurs demeures aux proscrits de la Révolution[1] ; les presbytères de la vallée

---

[1] Cf. Fr. DESCOSTES, *Joseph de Maistre pendant la Révolution*, passim.

d'Aoste offrirent une hospitalité modeste, mais cordiale, à de nombreux ecclésiastiques. Un des hommes qui se montrèrent le plus dévoués aux émigrés français fut l'avocat Jean-Sébastien LINTY, commandeur de Saint-Jacquême et directeur de l'hôpital des Ss. Maurice et Lazare.

IV

Les Emigrés dans le canton de Vaud.

Dans le pays de Vaud, l'affluence des émigrés fut plus considérable encore qu'à Aoste et auparavant en Savoie ; aussi les registres de l'état civil des paroisses de la banlieue de Lausanne — telles qu'Assens et Echallens — vont-ils nous fournir de précieuses indications. Nous les devons à l'obligeance de MM. les abbés Richard et Dupraz, curés d'Assens et d'Echallens :

§ I. — Les Emigrés dans le pays de Vaud.

1° Extraits des Registres de la paroisse d'Assens.

BAPTÊMES

1794. — *Louis-Charles-Julien*, fils de messire *Etienne-Hyacinthe* DE REIDELET, d'Hernaure, province de Bugey.

Parrain : *Louis-Gaspard* DE TULLE DE VILLEFRANCHE, grand-prieur de Saint-Gilles, de l'Ordre souverain de Malte, maréchal des camps et armées de Sa Majesté très chrétienne.

Marraine : *Anne Joséphine-Montanier* DE VENS DE LA CHAVANNE, représentant dame *Marie-Françoise-Charlotte* DE GOYON DE CHATENAIN née BALANT.

Baptême célébré par MONTANIER DE BELMONT, vicaire général, chanoine de Nisme.

1794. — *Adrienni-Eugène-Gaspard*, fils de seigneur *Joseph-Gens-Louis-Hercule-Dominique* DE TULLE, marquis DE VILLEFRANCHE, officier au corps des carabiniers, seigneur de Loorebrino, Bussy, Chavenain-le-Vieux, Saint-Pierre et autres lieux, et de dame *Marie-Charlotte-Alexandrine* DE LANNOY, née comtesse du Saint-Empire, dame de l'Ordre de la Croix-Etoilée.

Etait présent et a signé : *Louis-Gaspard-Esprit* DE TULLE DE VILLEFRANCHE, commandeur de Campesières-en-Savoye, colonel d'infanterie.

Baptême célébré par le chanoine MONTANIER DE BELMONT.

1794. — *Eléonore-Françoise-Nicole*, fille de messire *Michel-Philippe-François*, baron DE BLONAY, et de *Joséphine-Laurette* FOQUET DE MEXIMIEUX.

Marraine : Dame DE BLONAY née *Lucrèce-Nicole* DE VIRIEU.

Baptême célébré par le chanoine BIGEX, vicaire général.

1794. — *Antoine*, fils de messire *Antoine* CHASSEING, conseiller au Parlement, seigneur de Chesseley, Leschères, etc., et de dame *Bonne-Marie* LA CROIX DE LAVAL.

Parrain : *Antoine-Barthélemy* DE LA CROIX DE LAVAL, grand-obrencier de Saint-Jean de Lyon, représenté par *François* BOULARD DE GOTHELIER, conseiller au Parlement de Dijon.

Baptême célébré par l'abbé CONVENTIN, curé de Chesseley et Leschères.

1794. — *Marie-Georgine*, fille de *Jean-François* L'ABITANT, chevalier, trésorier général de France au bureau des finances de la Généralité du Dauphiné.

Parrain : *Pierre* Jaquin de Terrelasse.
Marraine : *Marguerite* Baboin née Sauzet.

1794. — *Claire-Joséphine,* fille de *Romain* Baboin et de *Marguerite* Sauzet.
Marraine : Représentée par *Pierrette* Ballezat, religieuse de la Visitation Sainte-Marie de Bellecour de Lyon.

S. d. — *Pierre-Louis-Gabriel,* fils de *Jacques-Benoît* Pal, avocat au Parlement du Dauphiné, et *Anne-Virginie* Tesseires.
Marraine : *Julie* de Gillier, mariée d'Arthan.

1794. — *Marie-Eugénie-Françoise,* fille de *Jean-Pierre,* comte des Mares, du diocèse d'Avignon, et *Jeanne-Victoire* Gennerat-Deschamps, du diocèse de Lyon.
Parrain : *Cérier-François-Melchior,* comte de Vogué, chevalier de l'Ordre royal militaire de Saint-Louis, maréchal des camps et armées de France, gouverneur de Montmédy.
Marraine : *Marie-Eugénie-Joseph,* comtesse de Lanoy, chanoinesse du Chapitre de Denain.

1794. — *Marie-Louise-Elisabeth-Jeanne,* fille de *Jean-Dominique* Arreterait, de Montpellier.
Parrain : Représenté par sieur *Louis-Gabriel-Pascal* Galabert, financier de la ville de Montpellier.

1794. — *André-Charles-Gustave,* fils de noble *Jean-Paul-François-Régis* de Raoulx, chevalier de l'Ordre royal et militaire de Saint-Louis, lieutenant des Maréchaux-de-France, trésorier général de Sa Sainteté dans le Comté-Venaissin, seigneur de Laval, et son épouse *Rose-Charlotte* de Cavet.

Parrain. — Noble seigneur *André-Victor*, marquis DE BLEMONT, chevalier, seigneur de Griouville, Moigneauville, province de l'Isle-de-France, seigneur des baronnies Saint-Marcel et Challansonnex en Savoye[1], maréchal des camps et armées de S. M. le roi de France et chevalier de ses Ordres.

Marraine. — *Angélique-Isidore* DE L'HAUMOIS.

1794. — *Jeanne-Françoise-Eugénie*, fille d'*Eugène* FONCET et de *Joséphine* DE LA FLESCHÈRE, de Veirier.

Parrain : *Jean-François* DE LA FLESCHÈRE, de Châtillon, major général d'infanterie au service de S. M. le roi de Sardaigne et commandeur des Ordres des Ss. Maurice et Lazare.

Marraine : *Claudine-Eugénie* FONCET, dame DE BAUDRY.

Représentés par *Pierre-François* DE NOYEL, major d'infanterie au service de S. M. le roi de Sardaigne, et *Françoise* DE LA FLESCHÈRE. Le représentant a signé DE MOISY.

1794. — *Elisabeth-Caroline*, fille d'*Achille* BOUSQUET, négociant, et de *Marie* GALLES.

Parrain. — Représenté par *Joseph-André* STILL, capitaine de navire de Marseille.

1794. — *Josette*, fille de *Pierre* MILON, de Saint-Gervais, diocèse de Valence, et de *Catherine* COMMUNAL.

Marraine : *Josette* DU NOYER.

1795. — *Louis-Mathieu*, fils de *Joseph* UGINET, de Versailles, et de *Jeanne* COMPLAINT, de Malicorne.

---

[1] Sur le territoire actuel des communes de Marigny-St-Marcel et de Massingy, canton de Rumilly (H^{te}-Savoie). Le château de Saint-Marcel, bâti sur l'un des plus beaux sites des Alpes françaises, a été restauré, de nos jours, par les soins de M. le baron Lucien d'Alexandry d'Orengiani.

Parrain : Comte *Louis* DE NARBONNE.
Marraine : *Catherine-Jeanne* DE LAVAL DE MONTMORENCY.

1795. — *Claude-Louis-Gaspard,* fils de *Pierre* DUBOIS DU NILAC, bourgeois et conseiller de Travers, dans la souveraineté de Neufchâtel et Valangrin.

Parrain : *Claude-Gaspard* VINCENT, prêtre, vicaire général de Lyon ; représenté par *Louis* MONTANIER, curé de Billiac. — (Né à Lausanne).

S. d. — *Jean-François-Félix,* fils de *Jean-Joseph* FRANCHAND, libraire à Paris, et de *Sophie* JACQUET, née à Beaujeu en Beaujolais.

DÉCÈS

1793. — Très illustre seigneur *Pierre* DUBUISSON, de Toulouse, chevalier de Hauteville, chef des armées du roi très chrétien, décoré de la grand-croix de l'Ordre royal de Saint-Louis, gouverneur de Saint-Omer, ambassadeur du roi très chrétien de France auprès de la République helvétique.

S. d. — *Jean-Bruno* DE QUINZARD, du diocèse de Mende. — A signé : le Révérendissime *Gabriel* DE GIRAND, vicaire général de Mende.

S. d. — *André*, fils de *Jacques* D'ECHELLE.
S. d. — *Bernarde* PRIEUR, femme DE BELIN, chevalier de Saint-Louis, de Dijon.
1794. — *Claude-Humbert* PARIS, d'Annecy.

1794. — *François* BOJET, de Chambéry.

1794. — Sœur *Victoire-Jean-Pierre*, de Glaire en Alsace, Clarisse, accompagnée du supérieur du monastère, *Jean-Baptiste* SONNIER.

1794. — *Anne* DURAND, de Pau.

1794. — *Pierre-Guillaume* SOMERIA, curé de Resddon, diocèse de Blois, prêtre déporté en Suisse.

1796. — *Claude aîné*, fils de *Nicolas* TUPIN, de la paroisse de la Vacheresse, en Chablais, avocat.

1793. — *Louis* MARIN, prêtre, chapelain de Beaumont.

1794. — *Michel*, fils de *Joseph* LOCHON, en Chablais.

S. d. — *Pierre* METRA, prêtre, chapelain de Sennecey.

1794. — *Marguerite*, fille de messire *Jean-Joseph* FONCET, baron de Montailleur, président et auditeur général des guerres, veuve de seigneur *François-Marie* BOUVIER, baron d'YVOIRE.

1795. — *Emmanuel* DE BRUGNI DE BUISSARD.

1795. — *Melchior* DE RENAUD, marquis d'Allen.

1793. — *Marie* DE BOIROSEL DE MONGONTIER, chanoinesse d'Alix, originaire de la Coste-Saint-André en Dauphiné.

1792. — *Claude* DE TROUY, de Grenoble, capitaine commandant au bataillon de Saint-Marc dans la partie française de l'isle de Saint-Domingue.

1794. — *Jean-François* CORNU, prêtre déporté.

1795. — Un enfant de M. le vicomte DE RAOULX ROUSSET, comte de Bourbon, et de dame *Adèle* DE FRINDANT, son épouse.

Emmanuel-Gaspard DU BOURG, marquis de la Tosa, capitaine de dragons du régiment de Damas.

1796. — Le comte DE SALES, ancien colonel du régiment de Saintonge, époux d'*Elisabeth* DE VINIEUX D'ESCHAMBEAU.

1791. — *Emmanuel,* comte DE PONS-SAINT MAURICE, lieutenant général des armées du roi de France, premier prince du sang, etc.

Ont signé : *Louis* DE SCHOMBERG, comte de l'Empire, lieutenant général des armées du roi de France ; *Elie* DE TALLEYRAN-PÉRIGORD, prince de Chalais, grand d'Espagne de 1re classe, etc.; *Adalbert,* comte DE PÉRIGORD-TALLEYRAN.

1793. — *Auguste* D'AFFRY, colonel des gardes Suisses.

MARIAGES

1794. — *Nicolas-Alexandre* BAYEUX, de Saint-Quentin, et *Marie* BLANCHET, de Lyon.

Témoins : *Jacques* PIGNARRE, curé d'Andilly, et *François* REUSTANG, de Saint-Peyres.

1796. — *Jean-Joseph* TRONCHET, de la paroisse de Samoëns, et *Pierrette-Philiberte,* fille du sieur GEORGES *Honoré,* de Bourg, département de l'Ain.

1794. — *Jean-Dominique* BUTERAIT, de Montpellier, catholique, et *Anne-Elisabeth* PORTA, protestante, fille du trésorier de leurs Excellences de Berne.

Témoins : *Guillaume* BERTRAND, licencié de la Faculté de Paris, recteur de Saint-Flour, et *Louis* PORTA, avocat à Lausanne.

2° Extraits des Registres de la paroisse d'Echallens.

BAPTÊMES

1791, 15 mai. — *Marie-Louise-Alexandrine-Amélie-Honorine* DE DEMANDOLX, fille légitime de très haut et très puissant seigneur, Messire *Jean-Gaspard* DE DEMANDOLX, marquis de Demandolx-la Palu et Meyvert, chevalier honoraire de l'Ordre de Saint-Jean de Jérusalem, chevalier de l'Ordre royal et militaire de Saint-Louis, capitaine au régiment de Lorraine-infanterie, et très haute et très puissante dame *Jeanne-Rosalie* DE BORÉLY, marquise DE DEMANDOLX, son épouse.

Parrain : Très haut et très puissant seigneur, Messire *Jean-Baptiste-Pierre-Alexandre* DE DEMANDOLX, seigneur marquis du dit lieu, chevalier de l'Ordre de Saint-Jean de Jérusalem, représenté par procuration par Messire *Honoré* DE BORÉLY.

Marraine : *Louise-Marie-Jeanne* DE BORÉLY.

DÉCÈS

1793, 24 décembre. — Messire *Jacques-François-Bayard* DE LA FERTÉ, official et grand-vicaire de l'Evêché de Saint-Claude.

Ont signé : Messire *Joseph-Marie-Bayard* DE LA FERTÉ, docteur en théologie, curé de Saint-Barrain ; Messire *Jean-Denis* CRESTIN, chanoine de l'église métropolitaine de Besançon ; Messire *Jean Joseph-Alexis-David* DE SAINT-GEORGES, chevalier, conseiller du roi de France en son grand Conseil, capitaine à la légion de Mirabeau, et honoré *Jean-Baptiste* GABET-CURAT, curé.

1794, 14 juillet. — *Joseph,* comte DE MENOU, natif de Saint-Savin (Dauphiné), gentilhomme déporté.

1794, 22 octobre. — R*d* *Joachim* PERROT, prêtre de Trépot, vicaire de Reugney (Franche-Comté).

1795, 4 février. — R*d* *Pierre-Jean-Antoine* GUILLOMOZ, de Louvena (Franche-Comté), curé d'Issernave en Bugey.

1795, 29 avril. — R*d* D. *Claude-François* LAPLANCHE, d'Oyonnax, curé de Soutanas, diocèse de Saint-Claude.

1796, 20 juin. — M. DUBAN, écuyer, fils de M. DUBAN, conseiller au Parlement de Besançon.

1796, 3 janvier. — *Pierre-Joseph-Auguste* CHAMPREUX, de Nozeray en Franche-Comté, capitaine de cavalerie en France, fils d'*Ignace-Ferdinand* CHAMPREUX et de *Catherine* COURDIER.

1796, 13 octobre. — R*d* Dom *Antoine* DURAND, natif de Lyon et chanoine de Fourvières.

MARIAGES

1796, 19 mars. — *Claude-Joseph,* fils de *Jean-Joseph* PARRIAU DE JONGUE, et M*lle* *Marie-Thérèse* ALLAT, d'Echallens.

1796, 10 août. — *Thomas-Marie-Jacques-Colin* DE LA BRUNERIE, natif de Saint-Malo, et *Marie-Anne-Angélique* MAGON DE CLOSDORÉ, native de Saint-Servan.

Ont signé : Les époux. MAGON DE CLOSDORÉ, père, *Armand* MAGON, AUFFRAY DE CLOSDORÉ, mère, *Anne* MAGON VOMRATH. *E.-L.-P.* DU COSTER, CAMBON, *Th.* VOMRATH, *Grossin* DE BOUVILLE, *Maloin* DE MONTAZET, CHARPIN, prêtre.

§ II. — Les Emigrés à Lausanne.

Enfin, nous possédons la liste complète des réfugiés français et savoyards à Lausanne durant les années 1794, 1795, 1796 et 1797. Elle comprend 796 noms, dont quelques-uns appartiennent aux plus grandes familles de France et de Savoie. Nous en avons dressé la statistique d'après les professions et les situations sociales et il en résulte que la liste comprend :

1 archevêque, 2 évêques, 2 grands prieurs, 1 coadjuteur, 10 vicaires généraux, 5 chanoinesses, 12 chanoines, 14 abbés, 97 prêtres, 18 religieuses, 3 ducs, 4 duchesses, 1 prince, 1 princesse, 23 marquis, 49 comtes et comtesses, 1 vicomte, 26 barons et baronnes, 25 chevaliers, 2 écuyers, 59 gentilhommes, 1 président au Parlement, 7 conseillers au Parlement, 4 magistrats, 18 avocats, 1 prevôt, 1 diplomate, 1 secrétaire du roi, 1 membre du Conseil des Cinq-Cents, 1 membre du Conseil des Anciens, 1 directeur des monnaies, 1 trésorier, 2 grands baillis, 4 maréchaux de camp, 2 commandeurs, 3 officiers généraux, 113 officiers, 16 pensionnaires, 1 receveur général, 1 fermier royal, 1 agent des postes, 5 notaires, 4 médecins, 4 chirurgiens, 2 ingénieurs, 1 professeur, 5 banquiers, 6 peintres, 5 musiciens, 1 huissier, 13 étudiants, 1 homme de lettres, 28 rentiers, 142 négociants, 42 artisans.

Dans le tableau complet qui a été dressé sur notre demande par M. Hammerli, archiviste à Lausanne, nous voyons figurer par lettres alphabétiques tout d'abord la liste des réfugiés français, puis celle des réfugiés savoyards, avec indication des noms et prénoms, du lieu de naissance ou d'origine, de la qualité, de la date du départ de leur pays, de la date d'arrivée à Lausanne, avec une colonne d'observations.

Ces deux tableaux sont du plus haut intérêt et leur publication aura pour effet d'éclaircir et de compléter maintes généalogies et biographies de proscrits.

RÉFUGIÉS FRANÇAIS ET SAVOYARDS

Recensés à Lausanne

En 1794, 1795, 1796 et 1797.

NOMS ET PRÉNOMS	Lieu de naissance ou d'origine.	QUALITÉ
D'ALLAIN Philippe; son épouse, 24 ans; sa mère, 73 ans; trois enfants, 6, 9, 10 ans.	Aix-en-Provence.	Marquis.
D'ARTAS Madeleine.	Dauphiné.	Abbesse de Sainte-Colombe.
D'ALLIAUD Marie-Félicité (dame).	Aix-en-Provence.	Gentilhomme.
ACTON Edouard-Philippe.	Né en Angleterre.	Chevalier français.
AUTERAT Jean-Dominique; sa femme, 25 ans; un enfant.	Montpellier.	Négociant.
D'ARGENTIÈRES Louis; sa sœur, 50 ans.	Dauphiné.	Gentilhomme.
D'ANTIST Alexandre.	Guyenne.	Gentilhomme.
D'ANTIST Charles.	Guyenne.	Gentilhomme.
D'ARCELOT Antoine-Louis.	Dijon.	Président du Parlement.
AURIOL Antoinette (dame).	Lyonnais.	
D'APCHIER Louis-Charles.	Languedoc.	Comte..
D'AIGUEBELLE Charles.	Dauphiné	Prêtre.
ALLIAUD DE VITROLLE Pierre-Joseph.	Comtat d'Avignon	Chevalier.
ARTAUL Marie-Marguerite (dame)	Lyon.	
AUDRA Jean-Jacques.	Crêt en Dauphiné.	Commis-négt.
D'ARGENT Pierre.	Marseille.	Rentier.
AUDRAZ.	Lyon	Officier français.
D'ABEAUCOURT Antoine.	Ste-Marie aux Mines (Alsace).	Ci-devant soldat.
AMIEL Barthélemi.	Provence.	Domestique.
D'AINILLIER Jean-Louis.	Paris.	
ALLARD Claude.	Lyon.	
ARTAUD André.	Lyon.	Négociant.
ALLARD Joseph.	Marseille.	Négociant.
ALLARD Simon.	Marseille.	Négociant.
ANGLES François.	Marseille.	Négociant.
AUDRAS Mathieu.	Lyon.	Négociant.
D'ARGIL DE LA CROSE Antoine-François.	Lyon.	Chevalier.

Date de départ de leur pays	Date d'arrivée à Lausanne	AGE ans	OBSERVATIONS
23 juillet 1790.	Septembre 1793.	50	Décédé en 1795.
Septembre 1791.	Mai 1792.	50	Tante de M. de Leissin, archer d'Embrun.
Avril 1793.	Août 1793.	40	Partie 25 août 1795.
1790.	1790.	53	
Mai 1792.	Novembre 1792.	33	
Février 1791.	Octobre 1792.	54	
Octobre 1791.	Juin 1793.		
Juillet 1792.	Juin 1793.		
14 décembre 1793.	20 décembre 1793.		
Février 1794.	Février 1794.	20	Partie fin mai 1794.
Mars 1793.	14 avril 1794.	19	Parti 20 juin 1794.
1er novembre 1793.	12 février 1794.	42	Parti novembre 1797.
Juillet 1789.	Mai 1792.	51	
Juillet 1789.	Mai 1792.	40	Partie 25 juillet 1794.
	Mars 1794.	37	
Mai 1792.	20 juin 1794.	50	Parti 17 juillet 1794.
		20	
		10	
		40	
1791.	30 juin 1794.	35	
	28 juillet 1794.	41	
	27 juillet 1794.		Parti juillet 1794.
Février 1794.	16 octobre 1794.	34	Parti février 1795.
Février 1794.	16 octobre 1794.	23	Parti février 1795.
	22 octobre 1794.	32	
	28 novembre 1794.	22	
1791.	9 janvier 1795.	40	Parti 4 avril 1795.

NOMS ET PRÉNOMS	Lieu de naissance ou d'origine.	QUALITÉ
D'Artan Charles-Jean-Baptiste.	Romans en Dauphiné.	Lieutenant colonel.
D'Argentières de Vauderol François-Louis.	Dauphiné.	Baron.
Allexis Antoine.	Provence.	Négociant.
D'Agoult Antoine-Jean.	Grenoble.	Comte.
D'Avenne de Fontaine.	Paris.	Chasseur.
Audras André.	Lyon.	Négociant.
Alard Elie.	Marseille.	Commis.
Alviset Baptiste.	Lons le Saulnier.	Ancien magistrat.
D'Ayen de Noailles Jean-Paul-François, et son épouse.	Paris.	Duc.
Anjobert Jean-Baptiste.	Paillères, Puy de Dôme.	Rentier.
Arnaud Antoine-Noël.	Avignon.	Fileur en soye.
Boutillier d'Artan Jean-François, son épouse et 2 enfants.	Dauphiné.	Capitaine d'artillerie.
Berthaud de Falluiers Claude son épouse, sa sœur et sa fille.	Lyon.	Gentilhomme.
Bousquet François-Antoine (père) et son épouse.	Provence.	Nég^t à Lyon, banquier de l'Ordre de Malte.
Bousquet Joseph-Marie-Achille (fils) et son épouse.	Provence.	Négociant.
Bousquet Casimir (fils).	Provence.	Négociant.
Ballyat François-Raymond et sa sœur Pernette.	Lyon.	Chirurgien major.
De Bellegarde (veuve).	Grenoble.	Comtesse.
Bertrand Guillaume.	Auvergne.	Curé.
Barnet Pierre.	Dauphiné.	Curé en Savoie.
De Bard Pierre.	Bourgogne.	Officier de l'armée de Condé.
Bonnafé Pierre, fils de Marc.	Bordeaux.	Fils de nég^t.

Date de départ de leur pays	Date d'arrivée à Lausanne	AGE ans	OBSERVATIONS
Mars 1792.	12 mars 1792.		
Février 1791	Octobre 1793.	55	
Décembre 1793.	4 avril 1793.	52	
1791.	27 avril 1795.	45	
Décembre 1791.	29 avril 1795.	23	
1794.	9 mai 1795.	27	
1791.	13 octobre 1795.	22	
	12 octobre 1797.		
	Janvier 1797.	57	
23 septembre 1793.	29 septembre 1797.	45	
	7 octobre 1797.	64	
Juin 1792.	Octobre 1792.	45	
4 décembre 1793.	11 décembre 1793.	53	Partis 5 juin 1794.
Décembre 1793.	Décembre 1793.	60	
Décembre 1793.	Décembre 1793.	22	
Décembre 1793.	Décembre 1793.	17	
Novembre 1793.	29 novembre 1793.	37	
Juin 1791.	3 septembre 1793.	24	
Septembre 1792.	Avril 1793.	44	Parti 2 juin 1794.
Juin 1793.	Octobre 1793.	64	
	Septembre 1793.		
6 août 1792.	Août 1792.		

NOMS ET PRÉNOMS	Lieu de naissance ou d'origine	QUALITÉ
De Bruyères Jean-Anne-Baptiste.	Languedoc.	Baron de Chalabre, anc. cap. d'inf.
Bilioty Alexandre.	Comtat Venaissin.	Officier d'infant.
De Barre Pierre.	St-Pons en Languedoc.	Etudiant.
De Bermond Joseph. . . .	Franche-Comté.	Baron.
Beyle Pierre.	Grenoble.	Chevalier de St-Louis.
De Bar Marie-Madeleine (dame) et sa fille Elisabeth, 18 ans. . .	Châlons s/ Marne.	
De Bar Antoine (fils). . . .	Châlons s/ Marne.	Officier français.
De Baronnat Edmond, son épouse et son fils.	Dauphiné.	Gentilhomme.
De Bossedent.	Auvergne.	Commandeur de Malte.
Balme St-Julien Charles-Auguste.	Beley.	Officier de cavalerie.
De Battine Pierrette-Elisabeth (dame) et sa fille, 17 ans. .	Grenoble.	Marquise.
De Bordonenche Abel-Henri-Samuel.	Grenoble.	Prêtre et vicaire général.
De Brémont Jacques-Alexandre; son épouse ; deux enfants. .	Poitou.	Comte.
Badoin Romain ; son épouse et un enfant.	Lyon.	Elève chirurgien.
De Brizon François-Auguste; son épouse et son fils Denis-Scipion.	Languedoc.	Gentilhomme. Lieut. de marine.
Bonnafous Jean.	Languedoc.	Commis de M. Louis Porta.
Belomar soit Belouard. .	Lyon.	Notaire.
Burlat Antoine-Marie. . .	Lyon.	Négociant.
Bourdy Jeanne-Marie. . .	Lyon.	Ouvrière en soierie
Bessière Anne née Hartau. .	Lyon.	
De Barral Charles-Joseph; son épouse et une fille. . . .	Grenoble.	Baron
Brun Claude.	Beaujolais.	Ancien boutonnier

Date de départ de leur pays	Date d'arrivée à Lausanne	AGE ans	OBSERVATIONS
21 avril 1790.	Octobre 1793.	50	Parti pour l'Italie, octobre 1794.
1790.	Novembre 1792.		
1792.	Janvier 1793.	18	
1791.	8 juin 1793.		
Mai 1793.	Août 1793.	65	
1789 et 1791.	1791 et 1791.	36	Partie en 1797.
1791.	Avril 1791.	20	
1789.	1790.	40	
1789.	Juin 1793.		
Septembre 1791.	Septembre 1793.		
Juin 1791.	Novembre 1792.	36	La fille partie en 1794.
Septembre 1792.	20 janvier 1793.	30	
Décembre 1790.	Septembre 1792.	34	
16 décembre 1793.	4 janvier 1794.	28	
1 juin 1791.	Octobre 1792.		
1 juin 1793.	6 août 1793.	34	Parti en 1798.
1 juillet 1789.	Juin 1793.	22	Parti 1er avril 1795.
	Janvier 1794.		Parti 18 février 1794.
	Janvier 1794.		Parti 27 février 1794.
	18 janvier 1794.		
Février 1794.	10 mars 1794.	24	Partie juillet 1794.
Mars 1792.	Mars 1793.	45	Parti 15 juillet 1794.
Juillet 1793.	Janvier 1794.	48	

NOMS ET PRÉNOMS	Lieu de naissance ou d'origine.	QUALITÉ
BONNAMOUR Benoît.	France.	Ouv. charpentier.
DE BOFREDON François-Louis.	Auvergne.	Chevalier.
BARRACHIM Gaspard. . . .	Arles en Provence	Négociant.
DE BALON Pierre Benigne-Anne-Guyard.	Beaune.	Conseiller au Parlement de Dijon.
BANNATIÉ DE St-JULIEN Louis.	Provence.	Marquis.
BABOIN Floran.	Lyon.	Élève en chirurgie.
BABOIN Benjamin.	idem.	idem.
DE BATTINE Abel-Etienne-Florimond.	Grenoble.	Officier de l'armée de Condé.
BUTAUD Joseph.	Lavalmagnac.	Prêtre.
BAUDET Joseph-François. . .	Franche-Comté.	Marchand ambulant.
DE BREZÉ Henri-Evard; son épouse et un enfant. . .	Paris.	Marquis.
DE BADIER Benjamin-Claude. .	Bourgogne.	Ecclésiastique.
DE BONNAULT Jean-Charles. .	Berry.	Chevalier, seigr de la Forêt.
BONJOUR Jean-Joseph-François.	Bugey.	Marchand.
BOUTON Louis-Augustin-François.	Paris.	Négociant à Lyon.
BELLANGÉ Marie née Allard, femme de Nicolas. . . .	Paris.	
BURLAT Marie, veuve d'Antoine, ses deux filles, 18 et 20 ans, et fils 11 ans.	Lyon.	Négociante.
BILLEREY Marguerite. . . .	Sallin.	Religieuse.
BAUER Antoine.	Alsace.	Musicien.
BPUNI Gaspard.	Lyon.	Négociant à Gênes
BLANCHON Gaspard. . . .	Lyon.	idem.
BOTTEX Louis.	Neuville (Ain).	Négociant.
BOUVIER DE SCHUINAGE Jacques.	Lyon.	Officier.
BAVET (veuve) et un enfant. .	Lyon.	Négociant.
BOTTAFOCO Louis.	Corse.	Comte.

Date de départ de leur pays	Date d'arrivée à Lausanne	AGE ans	OBSERVATIONS
Février 1794.	8 mars 1794.	41	
Août 1790.	Juillet 1793.	58	
Avril 1794.	15 avril 1794.	36	Parti 1er mai 1794.
Mai 1794.	Mai 1794.	33	
Juin 1794.	6 juin 1794.	25	Parti 24 juin 1794.
Juin 1794.	Juin 1794.	25	
idem.	idem.	21	
	9 juin 1794.	18	Parti 15 août 1794.
1792.	Juillet 1793.	34	Parti 2 août 1794.
5 mai 1794.	Juin 1794.	32	Parti 25 juin 1794.
	20 juin 1794.	28	
1791.	17 juin 1794.	52	Parti 20 juin 1794.
1783.	Mars 1787.	47	A Cully.
	17 mai 1794.	34	Parti 31 mai 1794.
1793.	27 mai 1794.	29	
	29 mai 1794.	30	
1er juillet 1794.	4 juillet 1794.	51	Partie pour Constance le 15 juillet 1794.
	4 juillet 1794.	50	Partie pour Fribourg le 26 juillet 1794.
Juin 1794.	9 juillet 1794.	27	Parti juillet 1794.
Janvier 1794.	24 juillet 1794.	24	Parti août 1794.
Janvier 1794.	24 juillet 1794.	22	Parti août 1794.
Mars 1794.	25 juillet 1794.	43	Parti septembre 1794.
Juillet 1794.	28 juillet 1794.	28	Parti août 1794.
1er août 1794.	9 août 1794.	23	Parti août 1794.
Mai 1794.	19 août 1794.	27	Parti août 1794.

NOMS ET PRÉNOMS	Lieu de naissance ou d'origine.	QUALITÉ
Buisson Marie née Guérin, veuve d'Etienne, un enfant.	Lyon.	
Beaumont Christophle.	Dauphiné.	Militaire.
Bergasse Julie née Moinier, un enfant.	Lyon.	
Bevalet Jean-Baptiste.	Pontarlier.	Vicaire.
Bachias Clément.	Var.	Négociant.
Beraud Paul-Emilien.	Lyon.	Avocat.
Bally Madeleine et Victoire (demoiselles).	Grenoble.	Marchandes de modes.
Barbier Jean-Baptiste-François.	Lyon.	Négociant.
Barre-Mazuyer Jean-Baptiste.	Languedoc.	Prêtre.
De Bois-Renard Gaspard-Constant.	Orléans.	Officier français.
Baumet Henri.	Nîmes.	Négociant.
Boulogne Auguste.	Paris.	
De Bellegarde Théodore.	Grenoble.	Chevalier.
Bedoin Gilbert.	Lyon	Curé.
De Bourbonne (Madame).		Comtesse.
Balme Alexandre.	Avignon.	Cuisinier.
Barudel Marianne (demoiselle).	Lyon.	
Bertrand Dominique.	Marseille.	Gentilhomme.
Billegard Françoise née Julliard.	Franche-Comté.	Négociant.
De Buffevent Jean-François.	Dauphiné	Chevalier de Malte.
De Buffevent Jean-Aimé (neveu du précédent).	Dauphiné.	Abbé.
Basset Pierre.	Lyon.	Off. de marine.
De Bar née Lucron (Madame) et un enfant.	Lyon.	Négociant.
Butelons aîné, sa mère, 63 ans, ses sœurs.	Lyon.	
Bois Guillaume.	Auvergne.	Marchand.
Brac du Chasti Nicolas.	Lyon.	Négociant.

Date de départ de leur pays	Date d'arrivée à Lausanne	AGE ans	OBSERVATIONS
24 août 1794.	27 août 1794.	33	Partie octobre 1794.
1791.	28 août 1794.	29	Parti septembre 1794.
Septembre 1794.	17 septembre 1794.	24	
	24 septembre 1794.	51	Parti 10 novembre 1794.
3 Octobre 1794	11 octobre 1794.	37	Parti novembre 1794.
6 janvier 1794.	3 novembre 1794.	39	Parti novembre 1794.
5 novembre 1794.	6 novembre 1794.	24 31	Parties décembre 1794.
Décembre 1794.	14 décembre 1794.	34	
1791.	22 décembre 1794.	49	
1792.	29 décembre 1794.	25	Parti janvier 1795.
Janvier 1795.	13 janvier 1795.	54	
Janvier 1795.	19 janvier 1795.	18	
	10 octobre 1794.	26	Parti mars 1795.
	31 octobre 1794.	50	
	29 mai 1795.		
	3 mai 1795.	58	
Août 1795.	Août 1795.	24	
1794.	24 août 1795.	51	
	12 septembre 1795.	30	
Avril 1789.	14 septembre 1795.	64	Parti 1797.
	Septembre 1795.	32	
1792.	10 avril 1795.	45	
1793.	13 avril 1795.	30	
1790.	12 avril 1795.	37	
7 mai 1795.	8 mai 1795.	29	Parti pour Neuchâtel, 18 mai 1795.
	28 juin 1795.	60	

NOMS ET PRÉNOMS	Lieu de naissance ou d'origine.	QUALITÉ
Boissière, veuve de Louis, née Schaff, 2 enfants.	Marseille.	Négociant.
Benoit Léonard.	St-Etienne en Forêt.	Négociant.
Baron Jean-Jacques.	Montpellier.	Conseiller.
Bery Robertine née Joseph Surment, et son fils, 5 ans.	Lyon.	Comtesse.
Bausset Auguste-Louis-Hilarion.	Paris.	Négociant.
Barot Jean-François.	Autun.	Rentier.
Blauvac Auguste et son épouse née Poulle.	Avignon.	Rentier.
Boulogne Joseph.	Avignon.	Marchand.
Barville Alexandre-Pierre.	Orléans.	Militaire.
Bissy Marie-Th.-Thiard.	Lons le Saunier.	
Bourgniod Joseph et sa femme.	Saint-Claude.	Négociant.
De Catuelan Rose-Anne (dame).	Rohan.	Comtesse.
De Chaleon Jacob.	Grenoble.	Off. d'infanterie.
Chaptal Sulpice.	Romans.	Garde du roi.
Carton de Grammont Armand.	Guyenne.	Gentilhomme.
Chazel Pierre, père.	Dauphiné.	Négociant.
Chazel Pierre, fils.	Dauphiné.	Négociant.
De Chazelles Jean-Rodolphe.	Auvergne.	Gentilhomme.
De Chambon Jean, son épouse et un enfant.	Vans en Languedoc.	
Colomès Jacques-Imbert.	Lyon.	Anc. commandeur.
Coste Isaac, son épouse, 3 filles et 1 fils.	Lyon.	Négociant.
Chapus André-Marius.	Provence.	Prévôt de Forcalquier.
De Cotton Thomas-Jacques.	Lyon.	Off. de marine.
De Charpin Camille-Colombe (dame).	Auvergne.	Chanoinesse.
Canebier Bernard.	Provence.	Curé.

— 231 —

Date de départ de leur pays	Date d'arrivée à Lausanne	AGE ans	OBSERVATIONS
26 août 1795.	2 décembre 1795.	35	
Septembre 1795.	17 décembre 1795.	28	
1791.	Décembre 1795.	40	
15 septembre 1797.	20 septembre 1797.	43	
4 janvier 1797.	2 octobre 1797.	31	
	28 septembre 1797.	41	
	7 octobre 1797.	54	
	Octobre 1797.	41	
Septembre 1797.	22 octobre 1797.	43	
	4 octobre 1797.	26	
	28 octobre 1797.	36	
1787.	1787	45	
Septembre 1791.	Août 1793.	28	
Octobre 1791.	Octobre 1792.	40	
11 octobre 1793.	Décembre 1793.		Chassé par ordre de LL. EE. et signalé le 5 mars 1794.
10 décembre 1793.	22 décembre 1794.	49	
10 décembre 1793.	22 décembre 1794.	17	Partis le 17 mai 1794.
Septembre 1791.	Mai 1792.		
Juin 1791.	Novembre 1792.	38	
Décembre 1793.	5 janvier 1794.		
Décembre 1793.	4 janvier 1794.	52	Parti 15 juillet 1794.
Juillet 1792.	18 juin 1793.	54	
Mai 1791.	Novembre 1793.	28	Parti août 1794.
Décembre 1791.	1er août 1793.	58	
29 octobre 1793.	5 novembre 1793.		Parti janvier 1794.

15.

NOMS ET PRÉNOMS	Lieu de naissance ou d'origine	QUALITÉ
DE COTTON Marie-Pernette (dame)	Lyon.	
DE CAMDOMER Alexandre. . .	Castres.	Gentilhomme.
CARA DE LA BATIE Pierre-Melchior.	Dauphiné.	Off. français.
CAVET Siffrein.	Comtat Venaissin.	Off. de marine.
CAVET Joseph-Félix. . . .	Comtat Venaissin.	Off. d'infanterie.
CHEVALIER Joseph.	Dauphiné.	Agriculteur.
CORNET Charles-François. . .	Besançon.	Commmis de banque.
DE CHAPONNAY Pierre-Anne. .	Lyon.	Off. de cavalerie.
COMTE Jean-Baptiste. . . .		Cordonnier.
CHARCOT Jean-Claude-Anthelme.	Bugey.	Financier.
CONTE Catherine (demoiselle. .	Montbéliard.	Rentière.
DE CHALEON Bastien. . . .	Dauphiné.	Off. de chasseurs.
DE CLARIS Philippe-Antoine et son épouse, 30 ans.	Languedoc.	Marquis de Florian.
DE CHAMPIGNY.	Lyon.	Receveur général.
DE CAVET Charlotte (demoiselle).	Carpentras.	
CHASSING Marie (dame). . .	Lyon.	
CHASSING Bonne de Laval (dame).	Lyon.	
DU CONTANT François. . . .	La Côte S¹-André (Dauphiné).	Chevalier de St-Louis, Lieut. Col. d'infanterie.
DE CARDON Pierre.	Bresse.	Chanoine.
DE CIBIENS Louis-Alexandre. .	Savoyard, né à Trevoux en Dombres.	Chevalier.
CRÉMIEUX Charles-Vincent. .	Carpentras.	Négociant.
CAEN Judas.	Alsace.	Marchand amb¹.
COULONGE André	Nîmes.	Négociant.
DE COURTEILLES Charles-Louis	Paris.	Militaire.
CHAPUIS DE S¹-ROMAIN Gabrielle (Madame).	Marseille.	Baronne.

Date de départ de leur pays	Date d'arrivée à Lausanne	AGE ans	OBSERVATIONS
1er novembre 1793.	6 novembre 1793.	60	
1783.	1783.	20	A Lausanne pour ses études.
Juin 1793.	Septembre 1793.		
1790.	Novembre 1792.	27	
1790.	Novembre 1792.	28	
Décembre 1793.	Décembre 1793.	57	Parti pour Lyon 9 septembre 1794.
Avril 1791.	Mai 1793.	20	
1791.	1793.	41	Parti 31 mai 1794.
1792.	1793.		Parti janvier 1794.
	16 Mars 1794.	40	Parti juillet 1794.
Avril 1792.	Novembre 1793.	22	Congédiée le 16 juillet 1794.
Décembre 1790.	Septembre 1793.	28	
		87	
Fin Mars 1794.	1er avril 1794.	50	
Février 1794.	Février 1794.	25	Partie mars 1794.
Mars 1794.	Mars 1794.	55	Partie le 3 juillet 1794.
Février 1794.	Février 1794.	22	Partie 28 juin 1794.
Août 1792.	Avril 1794.	51	Parti pour s'établir à Lutry.
			Parti 1er juin 1794.
6 mai 1791.	Septembre 1793.	47	
	Mars 1794.	36	Parti septembre 1794.
Juillet 1794.	11 juillet 1794.	38	Parti juillet 1794.
Juillet 1794.	Juillet 1794.	26	Parti septembre 1794.
14 août 1794.	17 août 1794.	27	Parti août 1794.
16 août 1794.	20 août 1794.	36	Parti août 1794.

NOMS ET PRÉNOMS	Lieu de naissance ou d'origine.	QUALITÉ
CHALLAN Christophle.	Lyon.	Fab^t d'indienne.
CHANEL Antoine.	Lyon.	Négociant.
CHABONIÈRE Jean-Baptiste.	Auvergne.	Prêtre.
COLOMBIER François.	Lyon.	Chevalier.
CHAUSSIER Jean-Denis.	Dijon.	Avocat.
CHAUVET Antoine.	St-Etienne.	Armurier.
DE CORBEIL Hector.	Dauphiné.	Militaire.
DE CHAPONNAY { Pierre-Anne. Pierre-Marie. Jacques-Hugues.	Lyon.	Négociants.
COLLOMB David.	Nimes.	Négociant.
CASSEGRAINS Paul-Antoine.	Chartres.	Ecclésiastique.
CUGNET Norée-Marie.	Lyon.	March^d de soieries.
CORSELLE François.	Lyonnais.	Off. à l'armée de Condé.
CLERQ DE NOISY (M^r).	Français.	Chargé d'affaires auprès de l'amb. d'Angleterre.
CASTELVIEL Pierre-Marc-Antoine.	Aumessas (Gard).	Etudiant.
CRESTIN Jean-Baptiste-Denis.	Lons le Saunier.	Commis chez Dufournet.
COURMES Jeanne-Marie née Jacotet.	Marseille.	
DE CHATEAUNEUF Martin.	Nice.	Officier en Piémont.
CHAPPUS.		Abbé.
CHAMPAGNE Claude-Antoine.	Lons le Saunier.	Propriétaire.
CHABRAN César.	Anduze (Gard).	Etudiant.
COMBAREIL François.	Lyon.	Rentier.
CHASTAINIER Charles-Antoine.	Rouen.	Propriétaire.
COARILLON Jean-Guillaume.	Avignon.	Fabricant de filoselle.
CODDOU { Charles. Jean-Baptiste.	Lorgues (Var).	Négociants.

Date de départ de leur pays	Date d'arrivée à Lausanne	AGE ans	OBSERVATIONS
Février 1794.	3 septembre 1794.	40	Parti septembre 1794.
Décembre 1793.	15 septembre 1794.	38	Parti septembre 1794.
1792.	22 septembre 1794.	42	Parti septembre 1794.
	Décembre 1794.		Parti !
Février 1795.	2 mars 1795.	40	
1er Mars 1795.	16 Mars 1795.	38	
	1er avril 1795.	28	
		40	
	20 mai 1795.	39	
		32	
Mai 1795.	22 mai 1795.	28	
	1er Juin 1795.	60	
6 Juin 1795.	13 juin 1795.	37	
	8 juillet 1795.	19	
	22 décembre 1795.		
Novembre 1796.	9 novembre 1796.	19	
1796.	4 décembre 1796.	36	
25 mai 1797.	Juillet 1797.	28	
	30 avril 1797.	33	
	13 juillet 1797.		
Septembre 1797.	3 octobre 1797.	50	
Mai 1797.	Mai 1797.	17	
	29 septembre 1797.	69	
	10 octobre 1797.	45	
	7 octobre 1797.	59	
	24 octobre 1797.	34	
		37	

NOMS ET PRÉNOMS	Lieu de naissance ou d'origine	QUALITÉ
Cadit { Marie. François, son fils.	Lyon.	Rentiers.
De Chalais Frédéric-Wans; son épouse et 2 enfants.	Paris.	Prince et grand d'Espagne.
Delaroullière André.	Lyon.	Gentilhomme.
De la Fourette Joseph.	Vivarais.	Vicaire général.
De la Baume Joseph.	Dauphiné.	Marquis.
Desbois Pierre-Salomon-Antoine.	Mâcon.	Grand bailly.
Duran Julien.	Dauphiné.	Garde du roi.
Debois d'Effre François.	Normandie.	Grand vicaire.
De St-Roman Antoine.	Grenoble.	Cap. d'infanterie.
Des Salles François.	Lorraine.	Anc. colonel.
Dolgas ou d'Olkach, Dolgar, Dolgha, Dolkar (dame).	Nancy.	Baronne.
Désanges Noël.	Lyon.	Négociant.
De la Forêt Pierre.	Comté de Divonne.	Grand bailly du pays de Gex.
Drivet François-Marie.	Vivarais.	Lieut.-colonel.
De la Forêt Pernette (Mlle).	Divonne.	
De Sals.	Verdun.	Comte, anc. off. cavalerie.
Dardaillon Jean-Louis.	St-Etienne, vallée française.	Séminariste.
Delacarre (veuve) et son fils, 18 ans.	Blois.	Marquise de Saumery.
De la Porte Victor-Amédée.	Dauphiné.	Comte, anc. cap. d'artillerie.
Dupuis Christophle.	St-Didier en Veley.	Chevalier.
De la Meyrie Marie-Hugues-Laurent-Paul.	Dauphiné.	Chanoine.
De la Forest Claude-Antoine; son épouse et 2 filles.	Gex.	Comte de Divonne, maréchal de camp.
Despaux Joseph, son épouse et un nouveau-né.	Mielan en Gascogne.	Chirurgien-dentiste, attaché à M. Necker.

Date de départ de leur pays	Date d'arrivée à Lausanne	AGE ans	OBSERVATIONS
19 octobre 1797.	31 octobre 1797.	40 24	
1790.	Septembre 1797.	42	
9 octobre 1793.	30 octobre 1793.	46	Parti mai 1794.
Septembre 1791.	Novembre 1792.	31	Parti 9 août 1794.
Novembre 1791.	Novembre 1793.	45	Parti 16 mai 1794.
Janvier 1791.	2 août 1793.	45	
Décembre 1793.	Décembre 1793.		
1er juin 1791.	3 septembre 1793.	40	Parti juillet 1794.
Mai 1791.	Septembre 1793.		
1789.	Mars 1793.	70	
Décembre 1790.	Mai 1792.	38	
Octobre 1793.	4 janvier 1794.		
30 avril 1790.	17 août 1793.	64	
12 mai 1792.	7 janvier 1793.	54	
3 septembre 1793.	4 septembre 1793.	54	
Mai 1791.	7 août 1793.		
14 mars 1793.	29 mars 1794.		
1789.	1789.	60	
Janvier 1792.	Décembre 1793.	40	
Mai 1791.	Août 1793.	50	Parti 12 juin 1794.
28 septembre 1792.	Octobre 1792.	34	Parti pour Fribourg 3 juin 1794.
1785.	1793.	69	
Septembre 1790.	Décembre 1793.	50	

NOMS ET PRÉNOMS	Lieu de naissance ou d'origine.	QUALITÉ
Duhautt Ignace.	Besançon.	Prêtre.
Dumonceau Siméon-Bernard.	Dijon.	Cons. au Parlement
Drevon-Lapareille.	Grenoble.	Off. de cavalerie.
Delée André-Louis.	Port-Louis.	Ecclésiastique.
Delavalade François.	Lille en Flandre.	Ecclésiastique.
Daudé ou Dodet Madeleine née Rambout.	Lyon.	Marchande.
Dodet Gabriel-Paul.	Lyon.	Chan. et vic. général.
De Dampierre Catherine-Joséphine (dame) et sa fille.	Dijon.	Marquise.
Deleusse André.	Vienne en Dauphiné.	Officier.
Dole Jean-Baptiste et son épouse.	Grenoble.	Bourgeois.
De la Chapelle Jean-Xavier et son frère.	Perrigord.	Anc. capitaine de la garde du roi.
Duchamp.		Boulanger.
Dubois-Dulignac Pierre-François, son épouse et 1 fils.	Comté de Neufchatel, venant de Lyon.	Négociant.
Delaroullière Victor; son épouse, 3 fils et 1 fille.	Lyon.	Gentilhomme.
Delanois (Mlle), sœur de Mme de Villefranche.	Flandre.	Chanoinesse.
Dufour Girard.	Mâcon.	Pens^{re} de la Cour de Russie.
Dumouchet, veuve Louise, née de Mazenot et 2 enfants.	Dauphiné.	Gentilhomme.
De St-Didier Hubert (dame) née de Savaron, et sa fille, Mme de St-Victor, 43 ans.	Lyon.	Gentilhomme.
Dareste { Claude. son épouse née Siran. sa fille Jenny. son fils aîné Camille. son fils cadet Jean-Baptiste-Marie. son frère Jean.	Lyon.	Gentilhomme. Gentilhomme. Off. d'infanterie. Off. de dragons.

Date de départ de leur pays	Date d'arrivée à Lausanne	AGE ans	OBSERVATIONS
Septembre 1792.	Septembre 1792.	73	
Octobre 1791.	Janvier 1793.	30	
1790.	Novembre 1792.	35	Parti 2 juillet 1794.
1792.	Octobre 1793.		Parti 14 avril 1794.
1792.	Octobre 1793.		Parti 14 avril 1794
Décembre 1793.	17 décembre 1793.	30	Partie 30 juin 1794.
Avril 1791.	Mars 1794.	44	Parti 30 juin 1794.
Mars 1791.	Mars 1791.	39	
1789.	Janvier 1793.		Parti 1ᵉʳ février 1794 pour Sion.
Juillet 1792.	1ᵉʳ janvier 1794.		Parti 27 mars 1794.
1794.	20 janvier 1794.		
	Janvier 1794.		Parti janvier 1794.
30 décembre 1793.	20 janvier 1794.	54	
Janvier 1794.	Janvier 1794.	47	Partis mai 1794.
Janvier 1794.	Mi-janvier 1794.	27	
14 mars 1794.	17 mars 1794.	56	Parti 24 juin 1794.
24 mars 1794	29 mars 1794.	28	Partie janvier 1795.
24 mars 1794.	29 mars 1794.	68	
25 janvier 1794.	25 Janvier 1794.	55	
9 février 1794.	15 février 1794.	45	Partis 30 juin 1794.
idem.	idem.	16	
Avril 1792.	29 novembre 1792.	25	Parti 5 juin 1794.
Mai 1791.	15 mars 1794.	23	
Novembre 1791.	15 mars 1794.	53	Parti 5 juin 1794.

NOMS ET PRÉNOMS	Lieu de naissance ou d'origine	QUALITÉ
Daussigny Eden ; 3 enfants.	Chateauroux.	Agent de change.
Desmarêts Claude.	Bourg en Bresse.	Géomètre.
De la Chapelle Jacques-Etienne.	Bergerac en Périgord.	Chevalier.
Devillas Charles-Elisabeth.	Sedan.	Pensionnaire.
Dumoustier Jean-Samuel.	La Rochelle.	idem.
Delamain Henri.	Jarnac.	idem.
Desprez Jacques-Pierre-Poetevin.	Pont de Cex sur la Loire.	Prêtre.
Delmais Jean-Baptiste-Guillaume, son épouse et 2 filles.	Picardie.	Gentilhomme, d' de la douane de Versoix.
Du Bouchet Denis-Jean.	Bourges en Berry.	Capitaine à l'armée de Condé.
Darbaut Charles.	Aix en Provence.	Chevalier de Malte.
Dervieux de Villieu Pierre-Louis.	Lyon.	Gentilhomme.
Dyvours Raymond-Marie-Auguste.	Lyon.	Chevalier.
De Perryer Charles.	Aix en Provence.	Off. français.
De la Garde.	Avignon.	Chevalier.
Damas Joseph-Eliz.	Bourgogne.	Off. au service de Russie.
Dugas Bonaventure.	Saint-Gille en France.	Négociant.
De la Coste Pontbriand Hyppolite.	Paris.	Marquis.
Drevon Edmond.	Grenoble.	Négociant.
Domenjot Etienne.	Bordeaux.	Etudiant.
Dupont Marguerite née Audin (veuve).	Châlons en Champagne.	
Des Hautels Jean-Baptiste.	Bourgogne.	Off. français.
De la Verpillière Jean-Baptiste.	Lyon.	
De la Ville Clair-Pierre.	Bretagne.	Prêtre.
Dupraz Julianne (dame).	Lyon.	

Date de départ de leur pays	Date d'arrivée à Lausanne	AGE ans	OBSERVATIONS
1er avril 1794.	5 avril 1794.	42	
30 décembre 1794.	15 février 1794.	31	
1791.	Mars 1794.	48	
	7 avril 1794.	15	Parti juillet 1794.
	25 novembre 1789.	17	
	17 octobre 1791.	12 1/2	
Octobre 1792.	Octobre 1792.	30	Parti août 1794.
Avril 1792.	Mai 1794.	50	
	3 juin 1794.	41	Parti juin 1794.
1790.	25 juin 1794.	25	Parti juillet 1794.
12 mars 1794.	12 juillet 1794.	47	Parti juillet 1794.
14 juillet 1794.	10 août 1794.	46	Parti août 1794.
1791.	12 août 1794.	23	Parti 31 août 1794.
	20 septembre 1794.	37	Parti septembre 1794.
1794.	27 septembre 1794.	29	Parti octobre 1794.
1793.	4 octobre 1794.	36	
Septembre 1791.	18 novembre 1794.	45	
Novembre 1794.	10 décembre 1794.	32	
1785.	1785-1794.	19	
Octobre 1794.	25 décembre 1794.	36	Partie janvier 1795.
1792	18 décembre 1794.	42	Parti janvier 1795.
1790.	14 janvier 1795.	25	
1791.	3 février 1795.	47	
	26 février 1795.	26	Partie 28 juillet 1795.

NOMS ET PRÉNOMS	Lieu de naissance ou d'origine	QUALITÉ
Dufour Gérard ; son épouse et sa fille.	Mâcon.	Négociant.
De Laizan Julie née Boissière.	Lyon.	
De Mauroy Aimé-Joseph et son épouse, et leur oncle M. De St-Sulpice Vincent-Henri-Linguet.	Paris.	Comtes.
Dejean Alexis-Cl.-Etienne et son épouse.	Paris.	Vérificateur d'assignats.
De Fresne de la Verpillière Charles-Camille.	Lyon.	Lieut. général.
De Catalan Charlotte (dame) et sa fille.	Lyon.	
De Chateaugiron Guillaume.	Lyon.	
De Mothes de Blanche François-Joseph-Marc-Antoine.	Villeneuve sur l'Yonne.	Chevalier de St-Lazare.
De Blocart Gabriel-Antoine, son épouse et un enfant.	Orange.	Comte.
De Mandoltz Jean-Gaspard.	De la Palud en Provence.	Marquis.
De la Verpillière (dame).	Lyon.	
Dubord Esprit.	Pont St-Esprit.	Gentilhomme.
Damoiseau François.	Autun.	Gentilhomme.
De la Rivière de la Tourette Marie-Joseph-Antoine-Laurent.	Vivarais.	Ecclésiastique.
Duban Pierre.	Besançon.	Conseiller au Parlement.
De St-Font Nicolas.	Lyon.	
De Richelieu Marie-Sophie (dame).	Paris.	Duchesse.
De Fournais Philippe-Thérèse née de Broglie et sa fille.	Paris.	Marquise.
Desmarets Lache.	Lyon.	
De Montherot Pierre.	Lyon.	Négociant.

Date de départ de leur pays	Date d'arrivée à Lausanne	AGE ans	OBSERVATIONS
	26 mars 1795.	55	
5 avril 1795.	9 avril 1795.	80	
	1" juin 1795.	44	Partis 5 novembre 1794.
		70	
	Mai 1795.		
1795.	Juin 1795.	63	
	Juin 1795.	28	
	Juin 1795.	37	
1792.	7 septembre 1795.	43	
1790.	9 mai 1795.	35	
Mars 1790.	2 avril 1795.	48	
Avril 1795.	26 avril 1795.	50	
3 avril 1795.	Avril 1795.	32	
	Avril 1795.	40	
Septembre 1794.	8 mai 1795.	32	
	22 mai 1795.	20	
1791.	25 mai 1795.	45	
	25 octobre 1795.	21	
1792.	28 novembre 1793.	30	
	Décembre 1795.	25	
13 janvier 1793.	10 février 1796.	38	

NOMS ET PRÉNOMS	Lieu de naissance ou d'origine.	QUALITÉ
Des Vernois Joseph ; sa sœur, sa femme et 1 enfant.	France.	Peintre.
De Damas née Sarsfield (dame).	Paris.	Baronne.
Deseroix Jean-Alexandre.	Vermick en Brabant.	Gentilhomme.
De la Poterie Charles.	France.	Gentilhomme.
De Chateauneuf Martin.	Nice.	Officier en Piémont.
Don Villanova.	Paris, originaire d'Espagne.	Gentilhomme.
Derumare Grégoire.	Havre de Grace.	Membre du Conseil des Cinq-Cents.
De Prêmo Madeleine-Nicole née de Bouille, épouse de Gaspard.	Bourgogne.	
De Benne Pierre.	Saint-Pont (Hérault).	Militaire.
D'Aost née de la Tour du Pin (dame).	France.	Comtesse.
Dampierre Catherine-Claude-Joséphine et sa fille 22 ans.	Dijon.	Rentière.
Dudemaine Auguste-Louis-Girard.	Marseille.	Négociant.
Dergalière Jacques-Lazare.	Marseille.	Négociant.
D'Espinchal Louise-Gabrielle née de Gaucourt.	Paris.	Comtesse.
De l'Estrades Hubert.	Perrigord.	Abbé.
D'Elsongle Jean-Antoine.	Auvergne.	Abbé, instit' des enfants du marquis de Leiser.
D'Estiennes Jacques-Joseph.	Lignière en Provence.	Ecuyer.
D'Espalangue Pierre-Pascal.	Pau en Béarn.	Off. à l'armée de Condé.

Date de départ de leur pays	Date d'arrivée à Lausanne	AGE ans	OBSERVATIONS
	Décembre 1795.		
	8 juin 1796.		
	6 juillet 1796.	50	
	6 janvier 1797.		
	30 avril 1797.	33	
1792.	Mars 1797.	38	
	14 octobre 1797.	50	
16 septembre 1797.	25 septembre 1797.	45	
1790.	20 octobre 1797.	31	Parti 1797.
	19 septembre 1797.	50	Partie 29 décembre 1797
	Septembre 1797.	44	Parties novembre 1797.
	21 octobre 1797.	21	Parti 18 janvier 1798.
	21 octobre 1797.	41	Parti janvier 1798.
6 septembre 1789.	6 juin 1792.	40	
1791.	Août 1791.	35	
Septembre 1792.	Septembre 1792.	40	
Mars 1794.	6 avril 1795.	30	Parti 8 mai 1794.
16 août 1794.	Août 1794.	21	Parti août 1794.

NOMS ET PRÉNOMS	Lieu de naissance ou d'origine.	QUALITÉ
D'ESTIENNE Jacques ; son épouse née Sulage.	Comtat Venaissin.	Gentilhomme.
EVESQUE Étienne ; sa femme Sophie-Hubert Weguelin. . . .	Languedoc.	
FLORY Henri.	Grenoble.	Négociant.
DE FLÉGNY Étienne-Imbert. .	France.	Prieur.
DE FAYET Jean-Romain. . .	Gevaudan.	Garde du corps.
DE FOUDRAS Barthelemy et son épouse.	Lyon.	Cap. d'infanterie.
FRAISSINET Jacques.	Nimes.	Négociant.
DE FLORIAN Philippe et son épouse.	Languedoc.	Anc. capitaine.
FRYNE Pierre.	Ardèche.	Étudiant.
DE FALGUEROLES Jean-Louis-G.	Castres en Languedoc.	Off. d'infanterie.
DE FISICAT Pierre-Thomas et sa mère la baronne Catherine-Claudine.	Lyon.	Vicaire général d'Embrun.
FONTAINE Mathias-François. .	Vivarais.	Avocat.
DE FERRARY Guillaume-César; son épouse et 2 enfants. . .	Gênes, né à Lyon.	Comte.
FIGUIÈRES Joseph.	Marseille.	Négociant.
FAURE Étienne.	Monceau.	M^d ferratier.
FAY DE SATONNAY Antoine et sa fille Mme de la Rochetaillée. .	Bresse.	Baron.
DE FLEURIEU Jean-Jacques. .	Paris.	Gentilhomme.
FUSIER Paul-Charles. . . .	Privas, Ardenne.	Étudiant.
FAVIÈRE Jacques.	Picardie.	Négociant.
FALFRAY Alexandrine (Mlle).	Lyon.	
FRAISSE Eugène.	Lyon.	Fabricant à Constance.
DE FOUDRAS Léonard et son neveu Roland de Foudras, 12 ans.	Mâcon.	Anc. chanoine du chapitre de Gigny.

Date de départ de leur pays	Date d'arrivée à Lausanne	AGE ans	OBSERVATIONS
	22 septembre 1797.	40	
Octobre 1794.	20 novembre 1794.	33	Partis janvier 1794.
Novembre 1793.	Décembre 1793.	41	Parti 2 mai 1794.
Août 1791.	Octobre 1791.	53	Parti juillet 1794.
1790.	Mars 1793.		Parti 3 avril 1794.
1792.	9 février 1793.	42	Partis 5 juillet 1794.
1790.	Décembre 1793.		
1790.	Avril 1793.		
Novembre 1793.	Novembre 1793.		
Février 1792.	Janvier 1793.	42	Parti octobre 1794.
Novembre 1792.	6 janvier 1794.	33	Parti septembre 1794.
Février 1794.	20 mars 1794.	41	Parti pour le Valais 30 mai 1794.
Octobre 1793.	Janvier 1794.	40	Parti juillet 1794.
Avril 1794.	Avril 1794.	46	Parti mai 1794.
18 octobre 1793.	13 mai 1794.	30	Parti octobre 1794.
Décembre 1793.	Mai 1794.	70	Partis avril 1795.
	20 mai 1794.	20	Parti juillet 1794.
	1793.	20	Parti mars 1795.
Août 1794.	13 octobre 1794.	37	Parti octobre 1794.
11 novembre 1794.	21 novembre 1794.	23	Partie décembre 1794.
	1er décembre 1794.	28	Parti décembre 1794.
9 janvier 1792.	23 décembre 1794.	37	Partis juillet 1795.

NOMS ET PRÉNOMS	Lieu de naissance ou d'origine	QUALITÉ
Foncin Jean-Réné.	Lyon.	Anc. lieut. colonel.
De Fontenay (M⁽ʳ⁾).	Paris.	Militaire.
De Fontenay Louis-Jean-Baptiste.	Paris.	Militaire.
Fontaine-Chaussel (M⁽ᵐᵉ⁾).	Lyon.	
Fontaine Gaspard.	Lyon.	Rentier.
Farcy Pierre-Guillaume ; sa femme 30 ans et 3 enfants. . . .	Normandie.	Gentilhomme.
Fignietz Jean.	Maudagne, Nord.	Etudiant.
Fort Jean-François.	Vernou, Ardèche.	Etudiant.
Farzy Pierre-Guillaume ; sa femme et 3 enfants.	Normandie.	Gentilhomme.
Froissard Marc-Charles-Hilaire-Flavien.	Dommartin, Jura.	Rentier.
Fauche Jean.	Lyon.	Peintre.
Fine Louis-Albert.	Marseille.	Négociant.
Fabrissy Charles.	Marseille.	Négociant.
De Gilliez Louis.	Roman en Dauphiné.	Capitaine de cavalerie.
De Guignaz Joseph-Ferdinand.	Lyon	Grand vicaire.
Gayonne Julie.	Borry.	Lingère.
Gumpertz Jean-Louis. . . .	Vivarais.	Officier.
Gay Horace.	Lorraine.	Négociant à Saint-Pétersbourg.
Garnier François ; son épouse et 2 filles.	Châlons.	Artiste musicien.
Guilbert Etienne-Vincent. .	Rouen.	Imprimeur.
Garnier Pierre.	Grenoble.	Avocat du roi.
Gendarme Babet.	Metz.	Pensionnaire.
Gasquet Victor née Roussi (M⁽ᵐᵉ⁾).	Lyon.	Peintre.
De Gondouin Louis ; sa femme et 4 enfants.	Paris.	Chevalier.
Gresset Alexandre-Xavier. .	Salins.	Chanoine.

Date de départ de leur pays	Date d'arrivée à Lausanne	AGE ans	OBSERVATIONS
	19 juillet 1795.	40	
1792.	19 avril 1795.	61	
1792.	19 avril 1795.	37	
Septembre 1795.	4 octobre 1795.		
	13 décembre 1796.	64	
	14 juin 1797.	42	
Novembre 1796.	19 novembre 1796.	20	
Mai 1793.	29 mai 1793.	23	
1788.	Juin 1797.	42	
	28 septembre 1797.	50	
	7 octobre 1797.	40	
	31 octobre 1797.	45	
	31 octobre 1797.	40	
Mai 1792.	Octobre 1792.	30	Parti 25 octobre 1794.
Mai 1793.	Août 1793.	61	
Septembre 1792.	Septembre 1792.		
Mars 1792.	Janvier 1793.		
1784.	Décembre 1793.		
Novembre 1793.	Novembre 1793.	45	
Avril 1793.	Mai 1793.	32	
Décembre 1792.	Décembre 1792.	60	
1787.	Mars 1793.	25	
Décembre 1793.	Décembre 1793.	60	
Novembre 1790.	Février 1791.	34	
1792.	Septembre 1792.	35	

NOMS ET PRÉNOMS	Lieu de naissance ou d'origine.	QUALITÉ
GIRAUD DES ECHEROLLES Etienne-François et son fils Joseph, 15 ans.	Bourbonnais.	Maréchal de camp.
GASQUET Jean-Claude.	Lyon.	Teneur de livres.
GARNIER et son beau-fils BROCHET { Antoine / François.	Berlin. / Lyon.	Négociants à Lyon
GAREAU dit VILLENEUVE Louis et son épouse.	Vendée.	Prédicateur français.
DE GÉRANDO Benoît; son épouse, 1 fils, 22 ans, et 1 fille.	Lyon.	Ingénieur.
GAUGET DE St-ANDRÉ et 2 enfants (dame).	Paris.	
GABET Jean-Claude; son épouse et 3 enfants.	Lyon.	Directeur des monnaies.
DE GIRARD Pierre-Henri-Joseph.	Lourmarin en Provence.	Ci-devt secrétaire du roi.
GIRARD Joseph.	Fohet en Auvergne.	Garde-malades.
DE GATTELIER François; son épouse et 1 enfant.	Lyon.	Conseiller au Parlement.
GUIFFRAY François; sa femme et 1 enfant.	Piémont, venant de Lyon.	Ouv. chapelier.
GABRIAC Adolphe.	Lozère.	Séminariste.
GERVAIN { Jean-Baptiste-Gabriel / Henri-Louis.	Castres.	Pensionnaires.
DE GATRICK soit GABRIAC Joseph.	St-Domingue.	Marquis.
GUY François.	Vienne en Dauphiné.	Ecclésiastique.
GALABERT Louis.	Montpellier.	Négociant.
GAUTTIER Jacques-Marie.	Lyon.	Négt à Gênes.
GABRIEL Henri.	Nîmes.	Gentilhomme.
DE GUILLAUMANCHE (Mlle).	Auvergne.	Noble.
GROS Jean-Michel et son épouse.	Lyon.	Négociant.
GILLIET Antoine.	St-Etienne en Forêt.	Négociant.
GINDRE Jean-Baptiste.	Lons le Saunier.	Négociant.

Date de départ de leur pays	Date d'arrivée à Lausanne	AGE ans	OBSERVATIONS
Janvier 1794.	Janvier 1794.	67	Parti 20 janvier 1795.
			Parti 25 janvier 1794.
14 janvier 1794.	25 janvier 1794.		
	1782 et 1786.	31	A fait ses études à Lausanne et s'y est marié.
Juillet 1793.	Février 1794.	57	Parti en Valais 2 juin 1794.
20 mars 1794.	25 mars 1794.	35	
27 septembre 1793.	21 février 1794.	47	
Décembre 1793.	Février 1794.	65	.
31 juillet 1793.	8 août 1793.	38	Parti avril 1794.
15 février 1794.	20 février 1794.	34	Parti 6 mai 1794.
Février 1794.	24 mars 1794.	35	
1780.	1780.	23	
	Janvier 1787.	16	
		14	
	6 juin 1794.	27	Parti juillet 1794.
18 mai 1794.	3 juin 1794.	20	Parti juin 1794.
1791.	18 juillet 1794.	34	Parti 1er octobre 1794.
Février 1794.	24 juillet 1794.	24	Parti août 1794.
	5 octobre 1794.	20	Parti octobre 1794.
	20 octobre 1794.	60	Partie octobre 1794.
Décembre 1793.	10 novembre 1794.	32	Partis 16 février 1795
1er mars 1795.	10 mars 1795.	45	
20 février 1795.	10 mars 1795.	21	

NOMS ET PRÉNOMS	Lieu de naissance ou d'origine	QUALITÉ
Giraud Claude-Joseph.	St-Claude.	Prêtre.
Guesdon Claude.	Rennes en Bretagne.	Professeur de littérature.
Godinot M.-Pierre.	Liège.	Négociant.
Galiffet de Richelieu Marie-Antoinette (Mme).	Paris.	Duchesse.
De Gain Linay Joseph.	Limousin.	Chevalier de Malte.
Gadagne Gaspard.	Avignon.	Chevalier.
Gilles Antoine-Joseph.	Avignon.	Négociant.
Gulfy Joseph.	Lorraine.	M^d de violons.
Huaux Jean-Baptiste.	Blois.	Ecclésiastique.
Honorine Philiberte.	Bourg en Bresse.	Lingère.
Hubert St-Didier Guillaume-Victor.	Lyon.	Off. de cavalerie.
Hendron Antoine.	St-Jean.	Cuisinier.
Hanotin Pierre-André-Nicolas.	Mézières.	
Huet Nicolas.	Reims en Champagne.	Instit^r des enfants de M. le comte de Vogué.
Hobitz Joseph.	Lyon.	Négociant.
Hubert St-Didier Edmond-Augustin et son épouse.	Dombes.	Comte et militaire.
Hurault de Vibraye Charles-François.	St-Julien, Jura.	Maréchal de camp.
Janvier Julien, son épouse et 2 enfants.	Nantes.	Négociant à Lyon.
Imbert de Montbrizon Pierre.	Lyon.	Avocat général.
De Jarley Bernard.	Bourgogne.	Maréchal de camp.
Jaquand Marie (Mme).	Lyon.	
De Jonage Yon; son épouse et 1 fille.	Grenoble.	Gentilhomme.
Jordan, veuve de Pierre, et ses fils Augustin, 21 ans; Joseph, 15 ans; César, 13 ans.	Lyon.	Négociant.

Date de départ de leur pays	Date d'arrivée à Lausanne	AGE ans	OBSERVATIONS
1792.	27 avril 1794.	28	
	25 mai 1795.	40	
	8 juillet 1795.	35	
	9 décembre 1795.	37	
	Juillet 1797.	47	
	30 mai 1797.	40	
Septembre 1797.	Octobre 1797.	66	
	2 novembre 1797.	66	
Septembre 1792.	Septembre 1792.	46	
	Décembre 1792.		Partie janvier 1794.
Décembre 1793.	Janvier 1794.	36	Parti 23 août 1794.
1789.	1789.	67	
Juin 1794.	Juin 1794.	40	Parti 25 juin 1794.
Juin 1794.	6 juillet 1794.	30	Parti août 1794.
	9 juin 1795.	50	
1789.	Novembre 1795.	65	
	21 novembre 1797.	58	
Juillet 1793.	Juillet 1793.		Partis pour Bex 12 janvier 1794.
9 octobre 1793.	Janvier 1794.	41	Parti octobre 1794.
8 mars 1794.	Mi-mars 1794.	68	Parti mai 1794.
Mars 1794.	Mars 1794.	25	Partie 26 juin 1794.
Mars 1794.	Mars 1794.	43	Partis 13 décembre 1794
Novembre 1793.	Novembre 1793.	50	Partis mai 1794.

NOMS ET PRÉNOMS	Lieu de naissance ou d'origine.	QUALITÉ
Jossaud Jean-Baptiste. . . .	St-Julien, près de Die.	Mᵈ toilier.
Journet, veuve de François-Nicolas ; sa fille, Mᵐᵉ Narboud, et 3 enfants.	Lyon.	Bourgeoise.
Jeandarme Babet.		
Jaquier de Ferrebasse Pierre ; son épouse et 2 enfants. . .	Lyon.	
Imbert Colomès Jacques. . .	Lyon.	Anc. commandant
Lebelin Constance (Mᵐᵉ et Mˡˡᵉ).	Bourgogne.	
Lamareuille Gaspard. . . .	Lyon.	
Labourdette Baptiste. . . .	Béarn.	Séminariste.
De Leiser Jean-Charles ; son épouse née d'Espinchal. . .	Auvergne.	Comte.
De Leiser Louis-Gilbert ; son épouse, née de Malleret, 3 enfants.	Auvergne.	Marquis.
De Leissin Pierre-Louis. . .	Dauphiné.	Archevêque d'Embrun.
De Leissin François-Louis. .	Dauphiné.	Vicomte, colonel d'infanterie.
De Leissin Angélique (dame). .	Dauphiné	Comtesse de Meffrey.
De Leissin Joseph.	Dauphiné.	Abbé.
De la Garde Maurice. . . .	Comtat Venaissin.	Off. de dragons.
Lantiany Xavier.	Comtat Venaissin.	Off. d'infanterie.
Leriche Jean.	Bourgogne.	Musicien.
Lacombe Jean-Baptiste. . .	Lyon.	Prêtre.
Lenoir du Breuil Charles. .	Paris.	Gentilhomme.
Laurent Jean-Joseph. . . .		
Labaume Jean-Baptiste. . .	Principauté de Bâle, né à Paris.	Prêtre français.
Leblanc Louis.	Dauphiné.	Étudiant.
Lachassagnie Henri. . . .	Strasbourg.	Gentilhomme.

Date de départ de leur pays	Date d'arrivée à Lausanne	AGE ans	OBSERVATIONS
11 janvier 1793.	13 mai 1794.	60	Parti juillet 1794.
1er août 1794.	5 août 1794.	60	Partis août 1794.
			Voir lettre G.
Mai 1794.	Mai 1794.	54	A Aubonne.
	19 juillet 1795.	65	
1789.	1789.		
Décembre 1793.	Janvier 1794.		Doit partir janvier 1794.
Juin 1791.	Juillet 1791.		
Avril 1790.	Septembre 1792.	60	
Avril 1790.	Septembre 1792.	38	Parti décembre 1796.
Août 1791.	Septembre 1792.	60	
Janvier 1794.	11 janvier 1794.	58	A Morat 26 décembre 1796.
Juin 1791.	Mai 1792.	45	
Août 1791.	8 mai 1793.	6½	
1790.	Novembre 1792.		
1790.	Novembre 1792.		
Juillet 1791.	Novembre 1792.	30	Parti décembre 1796.
Avril 1793.	1793.		
Septembre 1789.	15 juillet 1790.	52	
	Janvier 1794.		
Août 1793.	Août 1793.	73	Parti 1798.
	1792.	20	Parti 1797.
15 mars 1794.	27 mars 1794.	48	Parti 31 mai 1794.

NOMS ET PRÉNOMS	Lieu de naissance ou d'origine.	QUALITÉ
LOUSTAN Pierre ; sa femme et 1 enfant.	Pau en Béarn.	Cuisinier.
LABITANT Jean-François ; son épouse, née Humbert Colomès.	Lyon.	Trésorier.
DE LEGUAT Charles.	Bresse.	Off. à l'armée.
DE LAUNAY Hyacinthe et son épouse.	Grenoble.	Off. à l'armée de Condé.
DE LABAUME (dame) et 1 petite fille.	Américaine-française.	Marquise.
LABBE DE St-GEORGE Etienne-Henri.	Bourges en Berry.	Gentilhomme.
LAURENT Jean-Baptiste ; sa femme et sa belle-sœur.	Lyon.	Orfèvre.
DE LONGEON-LAGRANGE François et son fils, 10 ans.	Ganges.	Off. français.
DE LENOTRE DE CANILLAC Jacques-Pierre.	Comtat Venaissin.	Chevalier.
LACAUSSADE Pierre.	Béarn.	
DE LUNAS DE SEIGNEURAY (dame).	Montpellier.	Marquise.
DE LANNOY Eugénie.	Flandre.	Comtesse du St-Empire et chanoinesse.
LIMET Claudine-Françoise.	Dôle.	
LIGONIER Louis-Godefroy.	Castres.	Pensionnaire.
LESTIÉS Jean-Maurice.	Castres.	*idem.*
LARDELIER Jean-Baptiste.	Lyon.	Marchand.
LEVASSEUR Louis.	Lyon.	Négociant.
DE LANGLADE André ; son épouse et 1 enfant.	Nimes.	
LEVEY Abram.	Vetlselm (Ht Rhin)	Md ambulant
LABAUME née Lartmart (veuve).	Provence.	
LEVASSEUR Antoinette-Adélaïde (Mlle).	Lyon.	
LAMBERT Claude.	Lyon.	Fabricant.

Date de départ de leur pays	Date d'arrivée à Lausanne	AGE ans	OBSERVATIONS
1789.	1789.	35	
9 février 1794.	15 février 1794.	45	Partis 27 février 1795.
1790.	Novembre 1792.	28	Parti juillet 1794.
1791.	24 mars 1794.	31	Partis 1797.
Octobre 1793.	Janvier 1794.	23	
Mars 1794.	29 mars 1794	45	
Décembre 1793.	Décembre 1793.	45	Partis octobre 1794.
Mars 1793.	12 avril 1794.	4?	Parti à Aarbourg.
Avril 1790.	13 février 1793.	46	Parti juin 1794.
Plusieurs années.	Mars 1794.	78	Parti juin 1794.
1790.	1792.	50	Partie 4 août 1794 pour Lutry.
		30	
1792.	1792.	50	
	8 mai 1787.	17	Parti 28 décembre 1796.
	5 août 1792.	12	Parti 28 décembre 1796.
Mars 1794.	14 juin 1794.	22	Parti 15 août 1794.
	24 mai 1794.	30	Parti juin 1794.
Juin 1794.	2 juillet 1794.	35	Partis octobre 1794.
9 juillet 1794.	11 juillet 1794.	29	Parti juillet 1794.
1er septembre 1794.	2 septembre 1794.	70	Partie pour Constance 30 septembre 1794.
Septembre 1794.	17 septembre 1794.	20	Parti septembre 1794.
	24 septembre 1794.	34	Parti octobre 1794.

NOMS ET PRÉNOMS	Lieu de naissance ou d'origine	QUALITÉ
La Borde (veuve) et sa fille, Mme de Noailles, 30 ans.	Paris.	
Le Ray le Baron { Hippolyte - Victor. Isidore. }	Avignon.	Off. français.
De Lupé (veuve).	Lyon.	Comtesse.
De Lestrades Hubert.	Périgord.	Abbé.
Lagarde François.	Orange.	Gentilhomme.
Loudet Isaac-Jean-Bertrand.		Chirurgien dentiste.
Luzine Claude-François.	Poitou.	Abbé.
Laval Elizabeth (dame).	Lyon.	Comtesse.
Laval Antoine-Barthélemy.	Lyon.	Baron.
Laurencin Pierre.	Lyon.	Rentier.
Louet André-L^s-Alexandre et son épouse.	Marseille.	Musicien.
Lingier de St-Sulpice Vincent-Henri.	Poitou.	Comte.
Luetkens Jean-Jacques.	Bordeaux.	
Lesperon d'Aufarville Nicolas-Robert.	Rouen.	Rentier.
Lavis Paul-Marie.	Gironde.	Membre du Conseil des Anciens.
Laudun François-Joseph.	Tarascon.	Négociant.
Levellain Jacques-François.	Lizieux.	Propriétaire.
Lagrange Auguste et son épouse.	Bordeaux.	Négociant.
Lameth { Théodore. Alexandre. }	Paris.	Négociants.
Lafond François.	Nimes.	Etudiant.
Lachesnay Pierre-Gérard-Marie Dieudonné.	Lyon.	Négociant.
Laborie Paul.	Carlat (Cantal)	Rentier.
La Croix Joseph.	Sultz.	Huissier public.
Lambert Joseph et son épouse.	St-Etienne.	Négociant.
Leidier Jean-Paul et son épouse.	Jonques.	Négociant.
Le Clerc Antoine-Claude.	Berry.	Ecclésiastique.

Date de départ de leur pays	Date d'arrivée à Lausanne	AGE ans	OBSERVATIONS
	28 octobre 1794.	75	Parties novembre 1794.
	19 novembre 1794.	24	Parti novembre 1794.
		21	Parti 17 avril 1794.
Août 1794.	5 janvier 1794.	40	Partie 19 janvier 1794.
		35	Parti décembre 1794.
	3 mai 1795.	33	Parti 1795.
Août 1794.	4 mai 1795.	33	Parti 1795.
	28 mai 1795.	45	Parti 1795.
	Février 1794.	40	Partis 1795.
	Mai 1794.	46	
Août 1795.	11 septembre 1795.	46	
Décembre 1795.	22 février 1796.		Partis 1796.
1791.	Juin 1795.	68	
	Juillet 1797.		
Septembre 1797.	25 septembre 1797.	60	Parti novembre 1797.
	14 octobre 1797.	50	Parti novembre 1797.
Septembre 1797.	11 octobre 1797.	68	Parti décembre 1797.
Septembre 1797.	9 octobre 1797.	68	Parti novembre 1797.
	Juillet 1797.	38	Parti 18 janvier 1796.
	Octobre 1797.	40	Partis 19 janvier 1798.
		36	
Juin 1797.	Juillet 1797.	17	Parti 19 janvier 1798.
	25 septembre 1797.	42	Parti novembre 1797.
	4 octobre 1797.	30	Parti 1797.
	7 octobre 1797.	38	Parti novembre 1797.
	20 octobre 1797.	45	Parti novembre 1797.
	29 octobre 1791.	36	Parti novembre 1797.
	8 novembre 1797.	37	Parti 1797.

— 310 —

NOMS ET PRÉNOMS	Lieu de naissance ou d'origine	QUALITÉ
De Morges Philippe.	Grenoble.	Chevalier St-Louis
De Messey Gabriel.	Champagne.	Evêque.
Marignié Jean-Etienne.	Languedoc.	Rentier.
Monnier Jean-Baptiste.	Lyon.	Anc. avocat.
De Montignac Jean-B.	Auvergne.	Gentilhomme.
Matthis et son épouse.	Strasbourg.	Négociant.
Mathis Jean-Baptiste-L'.	St-Maurice.	Officier retiré.
De Murles Joseph-François.	Montpellier.	Off. français.
De Menon Claude-Victor.	Dauphiné.	Prêtre.
Métral Jean-François.	Dauphiné.	Curé d'Annecy.
De Michel Vincent-Ben°.	Aix en Provence.	Conseiller en Cour des Comptes.
De Mercier Jean-François.	Languedoc.	Capitaine de cavalerie.
De Morand Noël-Barthélemy.	Grenoble.	Capitaine de cavalerie.
De Morrière François.	Dauphiné.	Off. des gardes franç°.
De Monsin.	Lorraine.	Chevalier.
De Meyraz André.	Languedoc.	Marquis de la Roquette.
De Montverran Edmond.	Lyon.	Ecclésiastique.
De Mariets Modène Jean-Pierre et son épouse.	Avignon.	Comte.
Morel Jean-Claude-Aimé.	Lyon.	Négociant.
Martinier Jean-Baptiste.	Lyon.	Procureur syndic.
Martel Benigne.	Lyon	Négociant.
De Montlégier Jean-Gabriel.	Dauphiné.	Anc. militaire.
De Montreal Jacques-Siméon.	Franche-Comté.	Capitaine de dragons.
De Montilier Marie (Mme).	Bugey.	Comtesse.

Date de départ de leur pays	Date d'arrivée à Lausanne	AGE ans	OBSERVATIONS
Mai 1789.	Septembre 1793.	58	
1792.	Décembre 1793.	60	Parti juin 1794.
Janvier 1793.	Décembre 1793.		
Juin 1773.	Août 1793.		Parti 1795.
Octobre 1791.	Mai 1793.		
1790.	5 janvier 1794.		Doit partir 18 janvier 1794.
1790.	12 janvier 1794.		
Juillet 1791.	Octobre 1793.	27	Parti pour la Hollande 14 septembre 1794.
Septembre 1792.	Avril 1793.		
1792.	Mai 1793.	52	
Décembre 1790.	Novembre 1791.	30	Parti 1797.
1791.	Janvier 1793.		
Avril 1793.	Avril 1793.	40	Parti 1795.
1789.	Novembre 1792.	21	Parti 1794.
Septembre 1793.	Octobre 1793.		Doit partir le 1er janvier 1794.
1789.	Novembre 1792.	63	
1790.	Octobre 1792.		
Janvier 1794.	Janvier 1794.	36	
Janvier 1794.	Janvier 1794.		Parti 9 février 1794.
11 janvier 1794.	17 janvier 1794.		
Mars 1792.	25 septembre 1792.	58	Parti 1795.
Février 1794	Mars 1794.	45	Parti 10 mai 1794.
Février 1793.	30 mars 1793.	36	

NOMS ET PRÉNOMS	Lieu de naissance ou d'origine.	QUALITÉ
DE MONTAZEL Pierre-Jean-Charles.	Guyenne.	Vicaire général.
MARTINET Marie.	Lyon.	
MAZOIER Claude.	Mâcon.	Mécanicien.
MENIS Pierre.	Lyon.	Négociant.
MACHUROZ Théophile-Berlier ; 1 enfant et sa cousine.	Dijon.	Ouv. orfèvre.
MARTIN Anne (D^{lle}).	Bourgogne.	Lingère.
MONTMEY Antoine.	De Surix le Contat en Forêt.	Expert herniaire.
DE MAISON FORTE Marie (Mme) et ses deux filles.	Lyon.	
MOURRET Etienne.	Tarascon.	Notaire royal.
METTRA Pierre.	Lyon.	Ecclésiastique.
MORAUD Léonard. François.	Lyon.	Tailleurs de pierres.
DE MEFFREY Achille.	Grenoble.	Pensionnaire.
DE St-MARTIN (dame) et sa fille.	Aix en Provence.	
MALECHARD Thomas et son épouse	Lyon.	Ci-dev^t conseiller de ville et trésorier de la Maison des Pauvres.
DE MONCAMP Jean-Jacques-Dumas.	Languedoc.	Colonel.
MUGUET Benoit.	Lyon.	Négociant.
MONICOT Barthélemy-François.	Valence.	Abbé.
DE MAZIÈRE Ant^e-Catherine.	Montpellier.	Vicaire général.
MOMIGNY Jérôme-Joseph.	Philippeville.	Musicien.
DE MONTROND.	Dauphiné.	Gentilhomme.
DE MONTROND Louis-Paul-Antoine.	Dauphiné.	Gentilhomme.
MARION François-Léonard.	Lyon.	Prêtre.
MAZÈRE Hector et son épouse.	St-Gille en Languedoc.	Bourgeois.
MOREAU Henri ; sa femme et 1 enfant.	Lyon.	Négociant.

Date de départ de leur pays	Date d'arrivée à Lausanne	AGE ans	OBSERVATIONS
Juin 1789.	Mai 1792.	48	
28 mars 1794.	4 avril 1794.	67	Parti 2 septembre 1794.
Avril 1791.	Mars 1794.		
Mars 1794.	16 mars 1794.	36	
Avril 1791.	2 juillet 1793.	26	
Mars 1789.	2 juillet 1793.	25	
Février 1794.	Mars 1794.	42	
Janvier 1794.	Janvier 1794.	47	Parti 6 mai 1794.
Avril 1794.	Avril 1794.	46	Parti 2 mai 1794.
Avril 1793.	Mars 1794.	50	Décédé.
1er mars 1794.	16 mars 1794.	45 38	Parti 7 juin 1794.
	5 octobre 1789.	12	
	16 mai 1794.	40	Parties 18 juillet 1794.
6 juin 1794.	14 juin 1794.	56	Parti 15 août 1794.
	Mars 1794.	45	Parti 5 juin 1794.
Décembre 1793.	Juin 1794.	33	Parti 22 avril 1795.
	30 juin 1794.	57	
	30 juin 1794.	40	
20 juin 1794.	1er juillet 1794.	32	
1790.	27 août 1794.	40	Parti septembre 1794.
	13 janvier 1795.	29	Parti octobre 1797.
30 juin 1794.	10 juillet 1794.	66	Parti pour Fribourg.
Juin 1794.	30 juillet 1795.	25	Parti août 1794.
Mars 1794.	4 août 1794.	30	Parti septembre 1794 pour Constance.

NOMS ET PRÉNOMS	Lieu de naissance ou d'origine	QUALITÉ
Monet Claude.	Avignon.	Négociant.
Moirière Laurent et son épouse.	Grenoble.	Baron.
Mourgue { Scipion aîné. Eugène. Jeanne-Catherine. Eglée. Jules.	Montpellier.	Rentiers.
Martel Michel-Benigne.	Lyon.	Négociant.
Monleard Jules-Maximilien.	Paris.	Comte.
Morand Noël-Barthélemy.	Grenoble.	Capitaine de cavalerie.
De Montmars Eugénie-Jeanne-Félicité (dame).	Dép. Loire.	Chanoinesse de l'Ordre de Malte.
De Montastruc Bernard.	Bordeaux.	Off. français.
De Murinais Thimoléon.	Dauphiné.	Off. français.
De Montignac.		
De Mandoltz Jean-Gaspard.	Provence.	Marquis.
De Montmorenci Mathieu.	Français.	
Morel Jean-Baptiste.	Bar-le-Duc.	Prêtre.
De Monttozon Jean-Front.	Périgord.	
Mesnard Antoine.	Breton.	Marchand.
Maret de St-Pierre Guillaume et son épouse.	Lyon.	
Marigné Jean-Étienne-François.	Languedoc.	Médecin.
Meissanne Honoré-Eloi.	France.	Négociant.
Montchaux Antoine.	Loriol en Dauphiné.	Chirurgien.
De Mauroi de Bar et sa fille (dame).		
De Nodevest Michel.	Guyenne.	Gentilhomme.
Nicod Clément-François.	Viry, Franche-Comté.	Commis.
Neyron Antoine.	St-Étienne en Forêt.	Négociant.

Date de départ de leur pays	Date d'arrivée à Lausanne	AGE ans	OBSERVATIONS
Juillet 1794.	4 août 1794.	56	Parti août 1794.
2 août 1794.	Août 1794.	60	Parti 1794.
	6 septembre 1794.	17	
		16	Partis 20 novembre 1794
		14	
1793.	5 octobre 1794.	49	Parti octobre 1794.
15 octobre 1794.	20 octobre 1794.	7	Parti 1794.
		40	
Novembre 1794.	1er décembre 1794.		Partie 1795.
	29 décembre 1794.	27	
1791.	24 janvier 1795.	35	
	24 janvier 1795.		
Mars 1790.	2 avril 1795.	48	Parti 1795.
	17 avril 1795.		Parti 1795.
	20 mai 1795.	32	Parti 1795.
1793.	26 juin 1795.	40	Parti 1795.
1790.	14 septembre 1795.		
Janvier 1796.	12 janvier 1796.	37	Partis 1796.
Janvier 1793.	28 octobre 1795.	47	Parti à Nyon le 13 avril 1796.
Septembre 1796.	18 septembre 1796.	31	Parti 1797.
	12 juillet 1797.	23	Parti 30 août 1797.
	19 janvier 1797.		
Juillet 1792.	Juin 1793.		
1791.	8 mars 1794.	24	
20 janvier 1794.	11 juin 1794.	57	Parti 20 août 1794.

NOMS ET PRÉNOMS	Lieu de naissance ou d'origine.	QUALITÉ
DE NARBONNE	France.	
DE NOAILLES Jean-Paul-François.	France.	Duc d'Agen.
Sᵗ-OURS Marie Hugues. . . .	Dauphiné.	Chanoine.
OFFAND Thomas.	Avignon.	Chirurgien.
OLIVE André.	Sᵗ-Ambroi, Gard.	Etudiant.
PITIET Joseph.	Lyon.	Dessinateur.
POIDEBARD Jean-Baptiste. . .	Sᵗ-Etienne en Forêt.	Ingénieur.
PASCAL Jean.	St-Albin.	Curé de Sᵗ-Ruel.
PEITRORE soit PEYTRON Pierre.	Dauphiné.	Curé de Miribel.
DE PELLOU Marcelin. . . .	Du Forêt.	Comte du Chapitre de Vienne en Dauphiné.
DE PINA Marie-Françoise née de Montagne.	Grenoble.	Marquise.
DE PINA Sᵗ-DIDIER Joachim; son épouse et 1 fils. . . .	Grenoble.	Anc. capitaine.
DE PANETTE Louise-Gabrielle-Thérèse, de Vincent. . . .	Lyon.	
DE PUS { Antoine. . . . . { Jean-Baptiste. . .	Guyenne.	Off. français.
DE PONTEVÈS Paul-Rose-César..	Martinique.	Off. français.
DU PUY Sᵗ-PIERRE Louis-Henri-Anne.	Languedoc.	Comte de Belvèzes, anc. capit. de cavalerie.
PARANT Michel.	Sar-Louis en Lorraine.	Médecin.
PROTEAU Honoré.	Pluraux, Bourgogne.	Prêtre.
DE PONTGIBAUD DE MORÉE Albert-François; sa femme et 2 fils.	Paris.	Comte.
POORAL Bernard.	Lyon.	ci-devᵗ négociant.

Date de départ de leur pays	Date d'arrivée à Lausanne	AGE ans	OBSERVATIONS
1790.	28 novembre 1795.	57	Parti 1er avril 1796.
Septembre 1792.	Octobre 1792.	51	Parti 1er juillet 1794.
Juillet 1794.	6 août 1794.	56	Parti août 1794.
Juillet 1796.	Juillet 1796	18	
Décembre 1793.	4 janvier 1794.		
Décembre 1793.	4 janvier 1794.		
1er avril 1792.	8 avril 1793.	77	
14 décembre 1792.	8 avril 1793.	65	Parti juillet 1794.
1er mai 1793.	1er août 1793.	42	
1er novembre 1788.	11 novembre 1792.	79	
Novembre 1788.	Novembre 1792.	50	
1er novembre 1793.	6 novembre 1793.	61	
Janvier 1791.	1791-1793.	31	Parti septembre 1794.
Juin 1792.	Septembre 1792.	19	
Août 1790.	Octobre 1793.	30	Parti pour l'Italie.
Décembre 1793.	Décembre 1793.		
Septembre 1791.	Septembre 1791.	57	
Juillet 1791.	Novembre 1792.	40	
23 novembre 1793.	Décembre 1793.	30	

NOMS ET PRÉNOMS	Lieu de naissance ou d'origine.	QUALITÉ
Pellegrin Louis.	Lyon.	Marchand.
Pascal Jean-Benoît.	Grenoble.	Avocat au Parlement.
De Pujonne (dame) et son fils Henri, 20 ans.	Lyon.	
De Phisica (dame).	Lyon.	Baronne.
Paradis Jean-Marie.	Lyon.	Ecuyer.
Priou Jean-Pierre.	France.	Négociant à Cadix.
Pezaret Jacques.	France.	Prêtre et instituteur du jeune Souvigny.
Pal Jacques-Benoît; son épouse et 1 enfant.	Grenoble.	
Prouères de St-Germain Pierre.	St-Germain en Béarn.	Rentier.
De Pouilly Jean.	Seine-et-Oise.	Rentier.
Prat Jacques.	Troye en Champagne.	Nég' à Lyon.
Passel Florent.	Orange.	Négociant.
Pallarin Antoine-Jean-Jacques.	Toulouse.	Officier au service sarde.
Patras Philippe.	Orange.	Orfèvre.
Paillez Henri-Melchior-Jean-Baptiste.	Orange.	Avocat.
Pellegrin Louis.	Lyon.	Négociant.
De Pussignan Hugues.	Lyon.	Off. français.
Parent Pierre.	Pont-Econ, Calvados.	M^d de vins.
Pallarin Antoine-Jean-Jacques.	Toulouse.	Officier au service sarde.
Paulze Alexis.	Montbrizon en Forêt.	Chanoine établi à Fribourg.
Peniguette Victor.	Paris.	Négociant.
Paul Jean-Baptiste-Pompée.	Lyon.	Négociant.
Penuthe (dame).	Lyon.	

Date de départ de leur pays	Date d'arrivée à Lausanne	AGE ans	OBSERVATIONS
23 décembre 1793.	11 janvier 1794.		Doit partir 24 janv. 1794
		40	Partis 2 mai 1794.
Janvier 1794.	Février 1794.	45	
Mars 1794.	Mi-mars 1794.	47	Partie septembre 1794.
		40	Parti juillet 1794.
		56	
		30	Parti 1er août 1794.
	27 mai 1794.		Parti 1795.
	1773.	65	
15 mai 1794.	5 juin 1794.	48	Parti juin 1794.
Mai 1794.	16 juillet 1794.	41	Parti 1795.
Avril 1794.	19 juillet 1794.	35	Parti août 1795.
	15 juillet 1794.	22	Parti 1794.
Juillet 1794.	3 juillet 1794.	42	Parti 1794.
Janvier 1794.	Août 1794.	62	Parti 1794.
	9 août 1794.	52	Parti 1794.
Juillet 1794.	13 août 1794.	48	Parti 1794.
Août 1794.	27 août 1794.	32	Parti 1794.
	8 septembre 1794.	22	Parti 1794.
1792.	25 septembre 1794.	64	
10 mars 1795.	17 mars 1794.	32	Parti 1795.
1793.	13 avril 1795.	35	
1791.	25 mai 1795.		Partie 1795.

NOMS ET PRÉNOMS	Lieu de naissance ou d'origine	QUALITÉ
Petit Nicolas.	Beley par Lyon.	
Petit Louis.	Paris.	Homme de lettres et justicier.
Perrier Jean.	Sauman, Gard.	Étudiant.
De la Queuille Etienne-Marie.	Auvergne.	Chevalier de Malte.
De Quincon François.	Champigny.	Gentilhomme.
Quenedey Vincent-Siméon.	Paris.	
Du Rocher Etienne-Xavier.	Boulogne (Comtat Venaissin).	Gentilhomme.
De St-Romans Antoine.	Grenoble.	Cap. d'infanterie.
Raillane Louis.	Grenoble.	Négociant à Marseille.
De Reynaud Pierre.	Languedoc.	Ci-devt garde du corps.
De Reboul Joseph-Olivier-Nicolas.	Vivarais.	Off. français.
De Rigaud Jean-Pierre-Marie-Gabriel.	Vienne en Dauphiné.	Ecclésiastique.
De Reydelet Etienne-Hyacinthe; son épouse née Garon et 1 enfant.	Bourg en Bresse.	Off. français.
Raoulx Jean-Paul-François-Régis.	Comtat Venaissin.	Lieut. des maréchaux de France, actuelt musicien.
Raoulx Renée (Mlle).	Comtat Venaissin.	
Raoulx { Xavier. François.	Comtat Venaissin.	Prêtres.
De Rippert Charles.	Comtat Venaissin.	Off. français.
De Reull Hubert.	Dijon.	Président.
Roche Joseph.	Lyon.	Prêtre.
De Rostaing Louis-François.	Forêt.	Grand vicaire.
De Rocfort soit Roccofort Jean-Gabriel et son épouse.	Lyon.	Négociant.

Date de départ de leur pays	Date d'arrivée à Lausanne	AGE ans	OBSERVATIONS
Septembre 1795.	13 septembre 1795.	46	
1790.	26 octobre 1795.	40	Parti 1er avril 1796.
Novembre 1796.	26 novembre 1796.	18	
Novembre 1788.	Septembre 1793.	40	Parti juillet 1794.
3 juillet 1795.	19 juillet 1795.	51	
Septembre 1791.	22 septembre 1792.	30	Parti 1er juin 1794.
Mai 1792.	Septembre 1793.	45	
Septembre 1793.	Décembre 1793.		
Septembre 1791.	12 janvier 1793.		
Août 1792.	7 janvier 1793.	33	Parti 20 septembre 1794
1789.	Décembre 1792.	38	Parti 1794.
1790.	Octobre 1792.		M. Reydelet est parti 31 mars 1794.
1790.	Septembre 1792.	56	
1790.	Septembre 1792	30	
1790.	Septembre 1792.		
1790.	12 janvier 1794.		
Mars 1791.	Mars 1791.	37	
Mars 1794.	Mars 1794.	43	Parti 1795
21 mars 1794.	20 mars 1794.	39	Parti pour Fribourg 23 mai 1794.
Janvier 1794.	Février 1794.	40	Parti 18 juin.

NOMS ET PRÉNOMS	Lieu de naissance ou d'origine	QUALITÉ
DE RIGNEUX Claude-Colabaux.	Lyon.	Commandant de Valence.
ROSSET Claude-Auguste.	Grenoble.	Ouv. gantier.
RIVAT Louis et sa femme.	Dauphiné.	
RAIMBERT Michel.	Nice.	Négociant.
ROUSSET { Claude-François. / Antoine-Marie.	Besançon.	Négociants.
DE ROCHEMONT Paul-Boinon.	Angoumois.	Comte.
RESSICAUD { Antoine. / Marie.	Lyon.	Négociants.
RIVIÈRE Robin et sa femme.	Lyon.	Négociant.
DE ROMAN (dame).	Lyon.	
DE LA ROCHETAILLÉE (veuve).	St-Etienne en Forêt.	Baronne.
RAY DU MOUCHET François-Alexandre.	Valence en Dauphiné.	Propriétaire.
REMOND Jacques.	Nîmes.	Nég^t droguiste.
DE RUOLZ (dame).	Lyon.	
DE RIGOT Charles-César.	Dauphiné.	Anc. militaire.
REIMOND Jean-Tristan-Marie.	Forêt.	Chanoine.
REY Hilarion.	Marseille.	Négociant.
RAY Marie-Thérèse-Henriette née Chapuis (veuve) ; 2 enfants.	Comtat-Venaissin.	Baronne.
RANG Samuel.	Dauphiné.	Anc. soldat aux Gardes suisses au 10 août 1792.
ROUX Antoine-Marie.	Lyon.	Négociant.
ROBELOT Jean.		Directeur de religieuses en Bourgogne.
RANFER DU MONCEAU Bernard-Marie.	Dijon.	Conseiller au Parlement.
ROUSSET Antoine-Marie ; son épouse et 2 enfants.	Lyon.	Négociant.
ROLLAND { Pierre. / Nicolas.	Marseille.	Négociants.

Date de départ de leur pays	Date d'arrivée à Lausanne	AGE ans	OBSERVATIONS
20 mars 1794.	28 mars 1794.	84	Parti 1795.
1790.	Septembre 1790.	24	
		32	Parti 6 mai 1794.
		25	
Mai 1794.	29 mai 1794.	33	
		38	Partis juin 1794.
	Mai 1794.	71	
Mars 1794.	Juin 1794.	26	Partis juillet 1794.
		19	
		60	Parti juin 1794.
	Février 1794.	28	
Janvier 1794.	Mai 1794.	30	Partie juin 1794.
10 juillet 1794.	14 juillet 1794.	35	Parti 8 août 1794.
Juin 1794.	23 juillet 1794.	29	Parti 1er septembre 1794
Juin 1794.	4 août 1794.	35	Partie 1794.
Octobre 1791.	23 août 1794.	47	Parti 1795.
1792.	25 octobre 1794.	60	
Octobre 1794.	27 octobre 1794.	35	Parti 1794.
Juillet 1794.	12 juillet 1794.	47	Partis 1795.
	1794.	25	Parti 1797.
	5 mai 1795.	34	Parti 1795.
	19 mai 1795.		Parti 1795.
Octobre 1791.	Août 1795.	31	
Août 1795.	25 août 1795.	34	
Octobre 1795.	18 juillet 1797.	26	Partis janvier 1798.
		40	

NOMS ET PRÉNOMS	Lieu de naissance ou d'origine.	QUALITÉ
Rigel Henri-Jean.	Paris.	Musicien.
Roux deagent Morges Philippe-Augustin.	Grenoble.	Chevalier.
De Servan Michel.	Dauphiné.	Ecclésiastique.
Servan de Gerbais Michel-Joseph-Antoine ; son épouse. .	Dauphiné.	Avocat.
De Siran Philippe-Gabriel. .	Languedoc.	Grand vicaire.
De Saney Adélaïde.	Grenoble.	Chanoinesse.
De Sarron Etienne.	Lyon.	Gentilhomme.
Schneider Sophie.	Strasbourg.	
Sarrasin Jean-Marie. . . .	Lyon.	Ouv. bijoutier.
Sellon Claude.	Lyon.	Commis de banque.
Schmidt née Fusilly (dame). .	Lyon.	
Stelle soit Estelle Joseph-André.	Marseille.	Capitaine de marine.
Sarron { Françoise (dame). . Horace (fils). . . .	Beaujolais.	Marquise. Peintre.
Salomé Louis.	Marseille.	Notaire.
Simon Jean-Baptiste-Antoine.	Aix-en-Provence.	Négociant.
De Salse Louis-Charles-Hippolyte.	Champagne.	Comte.
Savy Etienne.	St-Didier.	Ouv. maçon.
Sablier Jean-Louis et son épouse.	Montpellier.	Négociant.
De Souvigny Marie-Anne et son fils.	France.	Comtesse.
De Servan Marie-Thérèse (Mme).	Dauphiné.	
Savaron Pierre-Milliet. . .	Lyon.	
Steiman Henri.	Lyon.	Négociant.
Sthon Jean.	Paris.	Homme de loi.
St-Olive François.	Lyon.	Négociant.
De Bulauze Louis-Jean. . .	Comtat-Venaissin.	Gentilhomme.
St-Pierre Guillaume et son épouse.	Lyon, vient de St-Pétersbourg.	Gentilhomme.

Date de départ de leur pays	Date d'arrivée à Lausanne	AGE ans	OBSERVATIONS
	Avril 1797.	28	Parti octobre 1797.
	Octobre 1797.		Parti janvier 1798.
Septembre 1792.	Septembre 1793.	50	
	5 juin 1789.	56	
Avril 1792.	Septembre 1792.	55	
Décembre 1791.	Septembre 1792.		
Octobre 1791.	Novembre 1792.		
(Quelques années.)	(Quelques années).	30	
Janvier 1794.	Janvier 1794.	35	
	14 janvier 1794.	40	Parti 31 juillet 1794.
1791.	Février 1794.	30	
14 janvier 1794.	27 janvier 1794.	58	Parti septembre 1794.
Octobre 1791.	Novembre 1792.	50	Partis 1795.
		22	
20 mars 1794.	29 mars 1794.	46	
2 décembre 1793.	29 janvier 1794.	59	
Septembre 1791.	Juillet 1793.	30	Parti juillet 1794.
22 septembre 1793.	22 mars 1794.	45	
24 février 1794.	10 avril 1794.	62	Partis pour Berne le 10 juillet 1794.
		35	Partis 1er août 1794.
Mars 1794.	Avril 1794.	51	
Décembre 1793.	21 juin 1794.	44	Parti 27 juin 1794.
1er août 1794.	9 août 1794.	34	Parti 1794.
14 août 1794.	17 août 1794.	20	Parti 1794.
1793.	21 août 1794.	31	Parti 1794.
	20 septembre 1794.	54	Parti 1794.
Janvier 1794.	21 mars 1795.	37	Partis 1795.

NOMS ET PRÉNOMS	Lieu de naissance ou d'origine	QUALITÉ
De St-George (dame) et sa fille.	France.	
De St-Didier Edmond-Augustin et son épouse.	Dombèze.	Baron.
Seppe Thomas.	Lyon.	Négociant.
Sambuc Jean-Charles.	Monjoux (Dauphiné).	Commis.
Stette Joseph-André.	Ville (Vaucluse).	Capitaine.
De Toureau Paul-François; son épouse et 4 enfants.	Avignon.	Anc. capitaine de dragons.
Terry Philippe.	Dauphiné.	Curé.
De Tuffet St-Martin P.-Charles.	Provence.	Capitaine d'artillerie.
Tromparin Pierre.	Ardèche.	Séminariste.
Tenand Jean-Baptiste.	St-Rambert en Bugey.	Curé de Villi en Beaujolais.
Thomas de la Valette François-Louis-Clair; son épouse et 4 enfants.	Comtat-Venaissin.	Marquis.
De Leullion de Torrigny Louis-François-Bernard.	Lyon.	Gentilhomme.
Tourtoulon Alexandre-François.	Montpellier.	Négociant.
Tachard Pierre.	Lyon.	Marchand de tapisserie.
Terray Claude-Hippolyte.	Paris.	Etudiant.
Tournachon Edmond.	Lyon.	Négociant.
Urbain François.	Paris.	Bijoutier.
De Vogüé Cérès et ses 2 fils.	Vivarais.	Comte et officier général.
De Veyrac Henriette née de Brizon et son fils.	Grenoble.	
De Villefranche Gaspard-Louis.	Avignon.	Grand-prieur.

Date de départ de leur pays	Date d'arrivée à Lausanne	AGE ans	OBSERVATIONS
	Mai 1795.		Parties 1796.
1789.	23 juin 1795.		Partis 1795.
	2 janvier 1796.	35	Parti 16 mars 1796.
Mai 1796.	Juillet 1796.	20	Parti janvier 1797.
	16 septembre 1797.	61	Parti 1797.
11 décembre 1791.	7 octobre 1793.	40	M. de Toureau parti 1794.
Juillet 1792.	Mars 1793.	50	Parti novembre 1796.
Juillet 1792.	Mai 1793.	48	
Novembre 1793.	Novembre 1793.		
	Mai 1794.	31	Parti octobre 1794.
Décembre 1790.	Septembre 1792.	44	
	18 mai 1794.	20	Parti juin 1794.
Mai 1794.	12 septembre 1794.	28	Parti 1794.
2 novembre 1794.	14 novembre 1794.	40	Parti 1794.
1790.	26 octobre 1795.	21	Parti 1er avril 1796.
	Juillet 1797.	33	Parti novembre 1797.
1788.	8 novembre 1794.	21	
1790.	Avril 1793.	65	
Juin 1791.	Septembre 1793.	27	Partie 1795.
13 juin 1790.	24 septembre 1791.	74	

NOMS ET PRÉNOMS	Lieu de naissance ou d'origine.	QUALITÉ
DE VILLEFRANCHE Louis-Gaspard-Esprit.	Avignon.	Commandeur.
DE VILLEFRANCHE Hercule ; son épouse et 2 enfants.	Avignon.	Marquis.
DE VANDEROL DE LARGENTIÈRE Laurent-François.	Dauphiné.	Baron.
DE VOUREY Jean-Gabriel et son fils.	Grenoble.	Comte.
VIVIAN Marcellin.	Lyon.	Ecclésiastique.
DE VITTORÈS soit VITROLE.	Comtat-Venaissin.	Baron.
DE VIRIEUX Mathias.	Grenoble.	Abbé.
DE VIRIEUX (Mme), nièce de Mathias, avec ses 3 enfants.	Grenoble.	Comtesse.
VEYRET DE VALAGNON François-Joseph-Antoine et son épouse.	Grenoble.	Commissaire des guerres.
DE VAUJANY François-Joseph et son épouse.	Dauphiné.	Anc. chevau-léger
VOULONNE Ignace.	D'Alicante (Espagne), émigré de France.	Médecin.
DE VERCLOT Joseph-François.	Avignon.	Off. français.
VASSELIER Jean-Joseph et son épouse née Pellegrin.	Rocroy.	Agent des postes de France.
VITTET Louis et son fils.	Lyon.	Médecin.
DE St-VICTOR Sibille née Vesvel et son fils.	Beaujolais.	
VACHON née Gasquet (dame) et une fille.	Lyon.	Peintre.
VEYNET (Mme).	Grenoble.	
VALOU Benoîte (Mme) et 2 enfants.	Lyon.	
DE VITROLE Françoise-Jos., née de Pina.	Dauphiné.	Baronne.
DE VILLIERS Étienne.	Lyon.	Artiste.
VAUDENET-JAQUIER Antoine et sa femme.	Lyon.	Rentier.

Date de départ de leur pays	Date d'arrivée à Lausanne	AGE ans	OBSERVATIONS
1782.	Septembre 1791.	49	Parti 1er août 1794.
Janvier 1794.	Mi-janvier 1794.	26	Parti 4 août 1796.
Février 1791.	Octobre 1793.	55	
Août 1789.	Septembre 1792.	46	Parti 1797.
1793.	Avril 1793.	64	
Septembre 1792. (Plusieurs années.)	Septembre 1792. (Plusieurs années.)	46	
Mars 1794.	18 mars 1794.	36	
Juin 1792.	Mars 1793.		Parti 27 mars 1794.
1790.	1793.		Parti janvier 1794.
1792.	1792.		
Mars 1792.	Décembre 1793.		
29 décembre 1793.	5 janvier 1794.	60	
Janvier 1794.	Janvier 1794.		Parti pour Venise 24 janvier 1794.
10 mars 1794.	23 mars 1794.	43	
Décembre 1793.	Décembre 1794.	28	
Mars 1794.	Mars 1794.	38	
Janvier 1794.	Janvier 1794.	25	
Novembre 1788.	11 novembre 1792.	40	
Février 1794.	24 février 1794.	34	Parti le 7 mai 1794.
Mars 1794.	24 mars 1794.	34	

NOMS ET PRÉNOMS	Lieu de naissance ou d'origine.	QUALITÉ
De Varax Claude.	Lyon.	Rentier.
Vidalin (Mr).	France.	
De Veilla Louis-Charles-Pierre.	Gascogne.	Comte.
Vigiez Pierre. et son fils Pierre.	Nîmes.	Négociants.
Vidal Françoise et 1 enfant.	Lyon.	
De Vauchés dit Liebau Charles-François.	Lons-le-Saunier.	Chasseur à cheval de l'armée de Condé.
De Villeneuve Joseph.	Dauphiné.	Gentilhomme.
Vincent Marie-Sabine-Victorine et 1 enfant.	Lyon.	Négociant.
Vallayer Placide-Bruno.	Comtat-Venaissin.	Prêtre.
De Villeneuve Maurice.	Toulouse.	Comte.
De Vernon Paul-Antoine.	Bugey.	Colonel.
Vauvineux Joseph-Albert et 1 enfant.	Paris.	Militaire.
Velion François.	Rion en Auvergne.	Négociant.
Vimeux Sophie née Gilet et son fils.	Paris.	
De Villeneuve Louis-Florent-Marie.	Tournay.	Marquis.
Valin (veuve). Mme de la Poipe (sa fille). et ses enfants: Adélaïde. Christophle.. Alexandrine.	Dauphiné.	Comtesse.
Verdonnet Paul; son épouse; 1 fils et 1 fille.	Lyon.	Comte.
Vauge Philippe.	St-Maurice (Ain).	Prêtre.

Date de départ de leur pays	Date d'arrivée à Lausanne	AGE ans	OBSERVATIONS
Janvier 1794.	18 mai 1794.	28	
	26 mai 1794.		
	9 juillet 1794.		Parti 21 juillet 1794.
Juin 1794.	30 juillet 1794.	52	Partis 1794.
		24	
Mars 1794.	4 août 1794.	22	Partie 1794.
Janvier 1794.	15 août 1794.	40	Parti 1794.
	4 octobre 1794.	56	Parti 1794.
Octobre 1794.	22 octobre 1794.	36	
1792.	19 février 1795.	30	Parti 1795.
	6 juin 1795.		Parti 1795.
Octobre 1791.	10 août 1795.	56	Parti 1795.
1793.	8 septembre 1795.	40	Parti 1795.
	16 juillet 1795.		Parti 1795.
Août 1795.	14 septembre 1795.	44	
1794.	22 septembre 1795.	30	Parti.
	19 octobre 1796.	71 45 19 17 15	Partis avril 1797.
Octobre 1797.	27 octobre 1797.	45	Parti janvier 1798.
1792.	18 octobre 1797.	68	

NOMS ET PRÉNOMS	Lieu de naissance ou d'origine	QUALITÉ
D'Arnas Joachim-Balland : sa femme et 1 fille.	Savoie.	Baron.
Avet Claude-Antoine.	Savoie.	Avocat.
D'Argil Antoine.	Albegny.	Gentilhomme.
Armand (M^r).	Rumilly.	Avocat.
Armenjott { Dominique. Jeanne.	Evian.	
D'Arvienne Claude-François.	Annecy.	Capitaine de cavalerie.
Bigex François-Marie.	Balme.	Grand vicaire.
Buloz Claude Marie.	Carouge.	Curé.
Berthod Jean-Marie.	Rumilly.	Curé.
Bardel ou Bardet Marie-Joseph.	Faucigny.	Chanoine.
Bidal Joseph.	Evian.	Curé.
Belluart Amédée.	Carouge.	Prêtre.
De Belmont Joseph.	Seyssel.	Gentilhomme.
De Blonay Philippe ; sa femme et 2 enfants.	Chablais.	Baron.
Bain François.	Trembières.	Curé.
Besson Louis.	Evian.	Curé.
Bernard Claude.	Annecy.	Peintre d'imprimerie.
De Bizemont André-Victor et sa femme.	Savoie.	Baron.
Bugnet Pierre-Louis-Gaspard-Joseph.	Evian.	Religieux.
Bernaz Pierre-Joseph.	Thonon.	Notaire.
Burdet Claudine.	Seyssel.	Religieuse.
Bernaz Marie-Françoise.	Thonon.	Religieuse.
Baudé Charles-Louis.	Annecy.	Prêtre.
Besson Jacques-François.	Annecy.	Prêtre.
Bidal Pierre-Louis.	Evian.	Capucin.
Bouchet Joseph.	Evian.	Capucin.
De Barral Charles.	Chambéry.	Baron.

Date de départ de leur pays	Date d'arrivée à Lausanne	AGE ans	OBSERVATIONS
1792.	6 mai 1794.	49	
1792.	5 mai 1794.	31	
1791.	Novembre 1793.		
	1" novembre 1794.	24	
7 mai 1795.	7 mai 1795.	18	
	15 décembre 1796.	38	Parti?
20 février 1793.	24 février 1793.	41	
25 février 1793.	25 février 1793.	50	
24 février 1793.	25 février 1793.	66	
18 avril 1793.	27 avril 1793.	63	
2 mars 1793.	3 mars 1793.	60	
4 mars 1794.	4 mars 1794.	38	
27 avril 1791.	16 septembre 1793.	32	
Septembre 1793.	Septembre 1793.	30	M. de Blonay parti en 1795, — la famille est restée.
25 février 1793.	6 août 1793.	35	
28 février 1793.	6 août 1793.	66	
Août 1793.	Octobre 1793.	41	
Septembre 1792.	Août 1793.	60	
Avril 1793.	Avril 1793.		
Août 1793.	Novembre 1793.		
Avril 1794.	Avril 1794.	64	
Avril 1794.	Avril 1794.	63	
2 février 1794.	2 juin 1794.	59	
Mai 1794.	28 juin 1794.	38	
	30 juillet 1794.	58	
	5 août 1794.	60	
	Juin 1793.	40	

NOMS ET PRÉNOMS	Lieu de naissance ou d'origine.	QUALITÉ
Berthod J.-M.	Savoie.	Curé.
Burdin Alex.-Marie.	Annecy.	Ecclésiastique.
De Blonay Louis.	Evian.	Chevalier.
Baronnat (dame).	Savoie.	Marquise.
Colomb Anna-Ignace.	Savoie.	
Carron Peironne.	Evian.	Religieuse.
Christin Jean-Pierre.	Chablais.	Vicaire.
Chambaz Marie.	Chablais.	Religieuse.
Carret Antelme.	Seissel.	Religieuse.
Charmot Claudine-Charlotte.	Thonon.	Religieuse.
Collet Marie-Angélique.	Thonon.	Religieuse.
De Costaz (dame) et 2 fils.	Chambéry.	Comtesse.
Contamine { Pierre. François-Ferdinand.	Cluse.	Négociants à Lyon.
Communau Jeanne-Françoise.	Evian.	Religieuse.
De St-Croix Louise.	Annecy.	
Combe Marie.	Chambéry.	Religieuse.
Colomb d'Argine (dame) et 4 enfants.	Savoie.	
De Corbeau Joseph.	Pont-Beauvoisin.	Chevalier.
Constantin née Mestre (dame) et 2 enfants.	Chambéry.	
Carrier Jean-Antoine.	Evian.	Prêtre.
Cartier Joseph-Marie.	Salanches.	Vicaire.
Constantin François.	Chanay.	Chanoine.
Clavel Michel-Marie.	Annecy.	Ci-dev^t agent.
Croset Jean-Marie.	Annecy.	Négociant.
Carraud Hyacinthe.	Chablais.	Curé.
Coudray Jean-Pierre.	Faucigny.	Notaire.
Constantin Jean-Philibert ; son épouse, 1 fils et 1 fille.	Seissel.	
Cruci Joseph.	Bugey.	Ecclésiastique.

Date de départ de leur pays	Date d'arrivée à Lausanne	AGE ans	OBSERVATIONS
	1" novembre 1795.	66	Parti 25 juillet 1795.
1793.	5 mai 1795.	45	Parti.
Juillet 1796.	Juillet 1796.	30	
			Partie.
		15	Née à Yverdon (Vaud), baptisée à Fribourg (Suisse).
17 août 1793.	17 août 1793.	31	
Février 1793.	Mars 1793.		Parti pour le Piémont le 7 mars 1794.
Février 1793.	Octobre 1793.		
Avril 1794.	Avril 1794.	58	
Avril 1794.	Avril 1794.	42	
Avril 1794.	Avril 1794.	42	
	2 juin 1794.	34	
	19 juin 1794.	64	
		36	
Avril 1794.	Avril 1794.	33	
8 juillet 1794.	10 juillet 1794.	18	
Octobre 1794.	25 octobre 1794.	27	
1794.	10 janvier 1795.	35	
1791.	3 mars 1795.	38	Parti 1795.
Juin 1793.	30 août 1793.	27	
Avril 1795.	20 avril 1795.	04	Parti 1795.
23 février 1793.	17 mars 1793.	38	
14 avril 1793.	7 novembre 1793.	60	
25 novembre 1793.	1" décembre 1793.	30	
3 avril 1793.	1" novembre 1793.	39	
23 février 1793.	22 juillet 1793.	40	
Fin août 1793.	1" décembre 1793.	56	
27 avril 1791.	16 septembre 1793.	56	
Février 1794	2 mars 1794.	34	

NOMS ET PRÉNOMS	Lieu de naissance ou d'origine	QUALITÉ
Chargot Jean.	Annecy.	Ecclésiastique.
De Chabot (veuve), 1 enfant.	Faucigny.	Baronne.
Comte Timothée.	Annecy.	Coadjuteur de Ripaille.
De la Chavanne (dame); sa fille.	Chambéry.	Comtesse.
De la Crose d'Arzil Louis et son frère.	St-Pierre d'Albigny.	Gentilhommes.
Caien Pierre.	Evian.	Curé.
Cachard Pierre-Bernard.	Termignon.	Négociant.
De Cordon Henri et sa belle-sœur.	Savoie.	Comte de Lyon.
De Cordon Pétronine née Seissel.	Savoie.	Comtesse.
Deperrier François et son épouse.	Thonon.	Avocat.
Delaporte Antoine; son épouse et 1 fils.	Balon.	
Domenjet François.	Graisy.	Négociant.
Duport frères { Joseph. / Jean-Pierre. }	Faverge.	Prêtre. / Négociant.
Ducret Joseph.	Chablais.	Curé.
Delaflêchère de Vibrier Benoîte et ses 2 filles.	Evian.	
Dufrêne Antoine et son fils.	Annecy.	
Derion-Duplan Jacques.	Poncharaz.	Négociant.
Delajoux François.	Chablais.	Ecclésiastique.
Delazary Louis.	Chambéry.	Comte.
Debarral Charles; son épouse et 1 fille.	Chambéry.	Baron.
Déronsier Charles.	Annecy.	Homme d'affaires.
Duc Marie-Pauline.	Samoens.	Religieuse.
Demarets Henriette.	Annecy.	Rentière.
Dufour de Vallerieux Jean-François.	Savoie.	Chevalier.
Dunant Jean-Marie.	Savoie.	Etudiant.
Descostes Joseph-Marie.	Savoie.	Négociant.

Date de départ de leur pays	Date d'arrivée à Lausanne	AGE ans	OBSERVATIONS
Février 1794.	26 février 1794.	40	
Septembre 1793.	Novembre 1793.	30	
Juin 1793.	Juin 1793.	46	
Mars 1794.	Mars 1794.	62	
1790.		47	
1791.	20 novembre 1793.	37	
10 mars 1793.	Juillet 1793.	51	
Mars 1794.	Avril 1794.	65	
22 septembre 1792.	6 mai 1794.	51	
22 septembre 1792.	6 mai 1794.	52	
24 août 1793.	Novembre 1793.	60	
27 avril 1791.	16 septembre 1793.	25	
12 mars 1794.	26 mars 1794.	26	
Avril 1793.	Avril 1793.	40	
Décembre 1793.	Décembre 1793.	35	
Février 1793.	Février 1793.	57	
Septembre 1793.	Septembre 1793.	60	
Février 1794.	2 mars 1794.	56	
Janvier 1794.	Janvier 1794.	53	
Février 1793.	Juin 1793.		
1793.	1793.		1794, parti pour Berne.
1793.	Juin 1793.		
15 août 1793.	Août 1793.	30	
Avril 1794.	Avril 1794.	42	
	6 mai 1794.	42	
Juillet 1794.	0 août 1794.	54	
Septembre 1794.	4 octobre 1794.	18	
Mars 1793.	Mars 1793.	40	

Les Emigrés en Savoie.

NOMS ET PRÉNOMS	Lieu de naissance ou d'origine.	QUALITÉ
DELAFORÊT Pierre.	Savoie.	Comte.
DE REGARD DE VILLENEUVE François-Marie.	Savoie.	Gentilhomme.
DUBOIS.	Rumilly.	Ecclésiastique.
DUPERIER Jacques-François.	Thonon.	
DE LOR Louis-Amable et son épouse.	Thonon.	Militaire.
DUPIN (M.)	Evian.	Avocat.
DE FLUMET (M.).	Faucigny.	Comte et colonel au service sarde.
DEVAUCE Louise-Thérèse née LA CHAVANNE.	Chambéry.	
DEMOZ Jeanne-Baptiste.	Chambéry.	Rentière.
DE LA MOTTE Joseph-Clément.	Chambéry.	Major du rég^t des Gardes.
D'ARVILARD Henriette et ses neveux François et Henri.		Marquise.
FONCET Josette née Delafléchère.	St-Joire en Faucigny.	
FRÈRES Jacques ; sa femme et 1 enfant.	St-Julien.	Trésorier à Carouge.
FAVRE Claude.	Abondance.	Nég^t amb^t.
FERIAT Joseph.	Thonon.	Ecclésiastique.
FAVRE Jacques-François.	Genevois en Savoie.	Ecclésiastique.
FONCET DE MONTAILLEUR Pierre-Clément.	Savoie.	Baron.
FONCET Clémence.	Savoie.	
FAVRE DE THONE Prosper.	Annecy.	Marquis.
GAZEL Jean-Claude.	Collonge.	Curé.
DE GRENAUD François; 2 enfants.	Faucigny.	Baron.
DE GRAY DE SILAN (M.).	Seissel.	Gentilhomme.
GR. NJUX Jean-Joseph.	Evian.	Vicaire.
GALLAY Jean-François.	Hauteville.	Chanoine.

Date de départ de leur pays	Date d'arrivée à Lausanne	AGE ans	OBSERVATIONS
	1793		
1790.	18 février 1794.	23	Parti 1795.
1793.	9 mai 1795.	62	Parti 1795.
	1er juin 1795.		Parti 1795.
		47	
	1er janvier 1796.	39	Décédé.
	20 juillet 1796.	46	
1794.	1794.	27	Partie.
	27 septembre 1797.	64	
	Septembre 1797.	41	
		26	Sœur de M. de la Motte.
Août 1793.	Août 1793.	24	
Septembre 1793.	Septembre 1793.	50	
1794.	Janvier 1794.		
Février 1793.	Février 1793.		
1792.	20 juillet 1794.	42	
	20 septembre 1794.	51	
Août 1794.	26 septembre 1794.	30	
	Février 1793.	52	
27 février 1793.	17 mars 1793.	76	
Août 1793.	28 octobre 1793.	40	
Septembre 1793.	Janvier 1794.	22	
23 février 1793.	23 février 1793.	27	
5 juin 1793.	8 juin 1793.	65	

NOMS ET PRÉNOMS	Lieu de naissance ou d'origine	QUALITÉ
GALLAZ Jacques.	Evian.	Curé.
GONIN Anne-Marie-Elisabeth.	Besançon.	Religieuse à Evian.
GAYET Louise.	Annecy.	Religieuse.
GRILLELI (dame).	Savoie.	Religieuse.
GIRERS Pierre.	Novalaise.	Notaire.
GARNIER Joseph.	Boege.	Anc. propriétaire.
HUMBERT Charles.	Cruseille.	Vicaire.
JAQUET Jean.	Annecy.	Négociant.
JAQUET Joseph.	Annecy.	Ex-négociant.
JAILLET (dame) née DE MOISY.	Saint-Cergues en Chablais.	Comtesse.
JAQUIER François-Joseph.	Compesières.	Curé.
JAQUIER Claude.	Neuveselle par Evian.	Vicaire.
JEANPIERRE Marie-Victoire.	Glaire en Alsace.	Religieuse à Evian.
JÉRICOTT Claudine.	Lyon.	Hospitalière de l'hôp. d'Annecy.
JOURDAN Marie-Pacifique.	Evian.	Religieuse.
JAILLET Jean-Marie.	St-Cergues.	Avocat.
LACHENAL Baptiste.	Annecy.	Négociant.
LAFIN Jean-Louis.	Genève.	Curé.
DE LAZARY Jeanne.	Chambéry.	Religieuse.
LAURENT DE St-AGNÈS Emilie.	Chambéry.	Religieuse.
DE LANNOY Geneviève.	Chambéry.	Religieuse.
LANFREY Luce.	Chambéry.	Religieuse.
LA ROCHE Joseph-Marie.	Savoie.	1er vicaire.
LAURENT Antoine-Joseph.	Savoie, Echelle.	Curé.
DE LEISSIN François-Charles-Louis.	Leissin.	Gentilhomme.

Date de départ de leur pays	Date d'arrivée à Lausanne	AGE ans	OBSERVATIONS
1er mars 1793.	1er mars 1793.	58	
Novembre 1793.	Novembre 1793.		
	Avril 1794.	54	
	Mars 1795.	27	Partie pour le Piémont en mai 1795.
10 avril 1795.	Avril 1795.	32	Parti 1795.
	27 septembre 1797.	51	Parti.
3 mars 1793.	15 mars 1793.	30	
Août 1793.	Octobre 1793.	40	
Août 1793.	Août 1793.	35	
Septembre 1793.	Septembre 1793.	65	
4 mars 1794.	Avril 1793.	40	
23 février 1793.	Avril 1793.	27	
Avril 1793.	Mai 1793.	32	
Mars 1794.	Mai 1794.	50	
	11 juillet 1794.	40	
Juillet 1794.	31 juillet 1794.	30	
Août 1793.	Octobre 1793.	27	
Avril 1793.	19 août 1793.	34	Parti en 1795.
2 avril 1794.	6 avril 1794.	42	
8 avril 1794.	11 avril 1794.	26	
10 avril 1794.	14 avril 1794.	25	
Octobre 1794.	25 octobre 1794.	23	
	6 août 1793.	32	
	11 novembre 1795.	63	Parti.
	12 juillet 1795.	38	

NOMS ET PRÉNOMS	Lieu de naissance ou d'origine	QUALITÉ
De Montfaucon Melchior.	Bugey.	Abbé, vicaire général d'Embrun.
De Montfaucon Antoine et son épouse.	Bugey.	Comte.
Meyre Laurent.	Seyssel.	Prêtre.
Montagniez de Belmont Jean-Eléonor.	Seyssel.	Ecclésiastique.
Montagniez de Genesias Jean.	Seyssel.	Prêtre.
Masson Joseph.	Villagrand.	Curé.
Mugniet ou Mugnier Marie.	Evian.	Professeur de rhétorique.
De Moisy Pierre-François et sa fille.	Corli-s/-Carouge.	Chevalier de St-Maurice.
Montagnier Louis.	Seyssel.	Prêtre.
Mestre Joseph; son épouse; 2 enfants.	Chambéry.	Comte.
Mestre Marthe. Anne.	Chambéry.	Religieuse.
Mauris Jean-Philippe.	Annecy.	Avocat.
Morand Joseph.	Chambéry.	Gentilhomme.
Mestre Jonny.	Chambéry.	
Montréal M.	Chambéry.	Avocat.
Métral Jean-François.	Dauphiné.	Curé d'Annecy.
Moine Pierre-François.	Savoie.	Négociant à Francfort.
Morad Alexandre.	Savoie.	
Munier Claude-François.	Annecy.	Prêtre.
Morens Nicole.	Chambéry.	Religieuse.
Martin Jean-Baptiste.	Talenche.	Ecclésiastique.
Nivière Jacques. Laurent.	Bugey.	Curés.
Noaton Albert-Eugène.	Savoie.	Prêtre.
De Noyer Louis.	Chambéry.	Capitaine de cavalerie.

Date de départ de leur pays	Date d'arrivée à Lausanne	AGE ans	OBSERVATIONS
Juillet 1793.	Juillet 1793.	45	
Décembre 1792.	Juillet 1793.	46	Parti 1797.
10 septembre 1792.	Mars 1793.	57	
10 septembre 1792.	Mars 1793.	37	
Février 1793.	Mars 1793.	35	
25 février 1793.	10 juillet 1793.	50	
25 février 1793.	25 février 1793.	38	
Août 1793.	Octobre 1793.	60	
Avril 1793.	Avril 1793.	50	Parti 1er juillet 1797.
Février 1793.	Avril 1793.	40	Parti 1er juillet 1797.
17 mars 1794.	Mars 1794.	29	Sœurs de Joseph Mestre.
Avril 1793.	Avril 1793.	30	Partie en 1795.
Octobre 1793.	Janvier 1794.	40	
	Décembre 1793.		
Novembre 1793.	Décembre 1793.		
	Décembre 1793.		
1792.	Mai 1793.		
	22 juin 1794.	36	
	28 juin 1794.	33	Vient de Hollande.
	Juillet 1794	43	
Octobre 1794.	25 octobre 1794	32	
26 février 1793.	9 mai 1795.	55	Parti 1795.
Février 1793.	Février 1793.	55	
		53	
Février 1793.	Février 1793.	34	
	15 décembre 1796.	30	

NOMS ET PRÉNOMS	Lieu de naissance ou d'origine.	QUALITÉ
Pontet Joseph.	Faucigny.	Ecclésiastique.
Portier de Bellair Joseph	Rumilly.	Abbé.
Pelliex Guérin.	Berney en Chablais.	Recteur.
Paris Claude-Marc-Joseph.	Annecy.	Relieur.
Puthod Joseph.	Annecy.	Recteur.
De Pelly Claude-François.	Annecy.	Anc. militaire.
Paccard Pierre-Joseph.	Chamonix.	Prêtre.
Perroud André Gaspard.	Evian.	Ecclésiastique.
Pignard Jacques.	Annecy.	Curé.
Piron Joseph.	Lyon.	Négociant.
Poulet Anne-Félicité.	Annecy.	Religieuse.
Puget Marie-Anne.	Savoie.	Religieuse.
Perrin d'Avressieux Nicolas.	Chambéry.	Abbé.
Perret Jean-François.	Villagramme.	Curé.
Panisset Thérèse.	Chambéry.	Prêtre.
De Pingon (dame).	Savoie, établie à Fribourg.	Comtesse.
Perrin d'Athenas François.	Chambéry.	Baron.
Quetan Joseph.	Annecy.	Chamoiseur.
Rogès François.	Savoie.	Fermier du roi.
De Ronzier Louis.	Annecy.	Agent.
Rivolat Jean-Antoine; son épouse et 1 fille.	Thonon.	Ci-devant juge-mage.
Ramel Pierre-Joseph; sa femme et sa belle-sœur.	Thonon.	Notaire.
De Renand { Jean-Nicolas. Jean-François.	Savoie.	Curé. Prêtre.
Rivet Jeanne-Marie.		Religieuse.
Rosset Marie-Louis.	Viri, Savoie.	Libraire.
Regamier Laurent et sa femme.	Savoie.	

Date de départ de leur pays	Date d'arrivée à Lausanne	AGE ans	OBSERVATIONS
Avril 1793.	Novembre 1793.	30	
14 avril 1793.	7 septembre 1793.	55	
Juin 1793.	16 février 1794.	74	Parti.
2 mars 1794.	4 mars 1794.	55	
Juillet 1793.	Août 1793.	46	
Août 1793.	Octobre 1793.	75	
Mai 1793	Janvier 1794.	40	
Février 1793.	Février 1793.		
Février 1793.	Août 1793.		
Novembre 1793.	1er janvier 1794.	38	
	Mars 1794.	42	
	24 mai 1794.	35	
		27	
	17 mai 1795.	44	Parti.
	18 janvier 1796.	60	
	18 septembre 1796.	40	Malade.
	29 octobre 1797.	40	
Août 1793.	Octobre 1793.	20	
1794.	Mai 1794.	27	Parti pour le Piémont.
23 août 1793.	7 septembre 1793.	30	
23 janvier 1792.	15 août 1793.	74	
Août 1793.	Octobre 1793.	29	
1793.	Mars 1793.	77	
		31	
		43	
Fin avril 1794.	5 mai 1794.	28	
	Avril 1794.	34	

NOMS ET PRÉNOMS	Lieu de naissance ou d'origine	QUALITÉ
SAUNIER Jean-Baptiste. . . .	St-Jean de Sitz en Genevois.	Aumônier.
DE St-ANDRÉ Antoine. . . .	Rumilly.	Capitaine au service du roi de Sardaigne.
DE SOUVIGNY Marie-Anne et sa fille.	Turin.	Comtesse.
DE SIBENS Louis-Alexandre. .	Chambéry.	Chevalier.
St-BON François.	Chambéry.	Chevalier.
DE St-SEVERIN (Passerat Roëro de St-Séverin de Verel) Joseph-Joachim. . . . . et son épouse née d'YENNE DE LA SAULNIÈRE Emilie.	Chambéry.	Brigadier d'armée au service du roi de Sardaigne.
TRIPIER Félix.	Chambéry.	Chanoine.
DE THIOLLAZ Claude-François.	Savoie.	Ecclésiastique.
TERRIER Jean-Claude. . . .	Thorens en Genevois.	Etudiant en philosophie.
VIBERT DE LAPIERRE Charles; son épouse et 4 filles. . .	Chambéry.	Marquis.
DE VANS née de LA CHAVANNE (dame) et 1 petite fille. . .	Seyssel.	
DE VERRIER (veuve) et 2 filles.	Evian.	Comtesse.
VITTON Henri.	Faverge.	Négociant.
VARNI François.	Collonges.	Ecclésiastique.
DE VILLENEUVE Marie-Joseph et son épouse.	Chambéry.	Gentilhomme.
DE VESE (dame).	Savoie.	Baronne.
D'YENNE Frédéric-Alexis. . .	Chambéry.	Marquis.

Date de départ de leur pays	Date d'arrivée à Lausanne	AGE ans	OBSERVATIONS
25 février 1793.	25 février 1793.	50	
Février 1794.	Février 1794.	32	Parti.
Septembre 1793	Septembre 1793.		Partie.
Septembre 1793.	Septembre 1793.		Parti.
1792.	21 février 1796.	35	Parti.
	Novembre 1796.	58	Partis 1er juillet 1797.
Avril 1793.	Avril 1793.		
Mars 1793.	26 juin 1794.	42	Vient de Turin.
Octobre 1794.	15 octobre 1794.	21	Parti 1795.
17 août 1793.	Août 1793.	45	
Septembre 1793.	Décembre 1793.	27	
Septembre 1793.	Octobre 1793.		Parti le 13 avril 1794.
1779.	Janvier 1794.		Parti 25 février 1795.
	Janvier 1795.	45	
Septembre 1793.	Septembre 1793.	55	
	Avril 1797.	62	
Septembre 1792.	24 juin 1794.	46	

TABLE DES MATIÈRES

	Pages.
Préface.	3

I

Les Emigrés en Savoie.

§ 1. — Registres de la paroisse de Saint-François de Sales.	7
1° Actes de baptême.	7
2° Actes de mariage.	15
3° Actes de décès.	19
§ 2. — Obituaires de Chambéry.	21
Couvent de Sainte-Marie-Egyptienne.	21
§ 3. — Archives municipales de Chambéry.	23
Liste des ci-devant nobles qui ont habité Chambéry. Ceux qui en sont partis depuis le 1er août 1792 y sont qualifiés d'émigrés.	24
§ 4. — Archives départementales de la Haute-Savoie.	33
Etat des familles françaises réfugiées à Annecy après les troubles de France, de 1790 au mois de septembre 1792.	33

II

Les Emigrés, suspects et proscrits de Savoie.

§ 1. — Liste générale des Emigrés du Département du Mont-Blanc.	40
§ 2. — La Terreur à Annecy.	176
1° Relevé de détenus du Palais de l'Isle, à Annecy, avec indication des motifs de leur arrestation.	176
2° Prisonniers arrêtés à la suite de l'insurrection de la vallée de Thônes (mai 1793).	183
3° Prisonniers arrêtés à la suite de l'affaire de la porte du Sépulcre et de l'assassinat du commandant de la Fléchère (21 août 1793).	184

	Pages.
§ 3. — L'Education civique des enfants de la noblesse....	186
§ 4. — L'Odyssée d'un prêtre réfractaire.................	190
§ 5. — Le Régime des suspects........................	202
Règlement à l'usage des détenus dans le palais épiscopal de Chambéry, 7 prairial an II (26 mai 1794).......................	202
§ 6. — L'Exode de la Comtesse de Maistre sous la Terreur.	209
Sommaire apprise faite par le juge de paix du canton de Saint-Alban sur les motifs qui ont occasionné la fuite de Françoise Maistre née Morand..............	209
§ 7. Le Clergé et le serment civique....................	223
1° Liste des ci-devant prêtres et religieux détenus à la maison commune de la Municipalité de Chambéry.....................	225
2° Note des ci-devant prêtres............	228
3° Prêtres déportés.....................	229
4° État des prêtres qui ont prêté le serment...	230
5° Tableau des ci-devant prêtres domiciliés dans le district de Chambéry qui ont prêté le serment suivant la formule envoyée par Albitte........	232
6° Note des individus qui n'ont ni prêté le serment, ni remis leurs lettres, ni abdiqué	236
§ 8. — Observations complémentaires....................	237

III

Les Emigrés à Aoste.

§ 1. — Nobles et bourgeois émigrés.......................	241
§ 2. — Prêtres émigrés.................................	244
§ 3. — Mentions diverses...............................	251
1° Notes extraites des registres de la paroisse de Saint-Jean (Cathédrale)....................	251
2° Notes extraites des registres de la paroisse de Saint-Laurent (Collégiale)...................	254
3° Notes extraites du registre des admissions à l'hôpital des Saints-Maurice et Lazare..........	258

IV

Les Emigrés dans le canton de Vaud.

	Pages.
§ 1. — Les Emigrés dans le pays de Vaud	258
1° Extraits des registres de la paroisse d'Assens.	258
2° Extraits des registres de la paroisse d'Echallens	265
§ 2. — Les Emigrés à Lausanne	267
Réfugiés français et savoyards recensés à Lausanne en 1794, 1795, 1796 et 1797	269

Chambéry. — Imprimerie Savoisienne, 5, rue du Château.

DU MÊME AUTEUR :

Joseph de Maistre avant la Révolution. — Souvenirs de la Société d'autrefois. — *1753-1793* (ouvrage couronné par l'Académie française, 1er prix Mouthyon). — 2 volumes in-8° avec portraits. — Moûtiers (Tarentaise), François Ducloz, imprimeur. — Paris, librairie Piccard, 82, rue Bonaparte ; 1893. — Tours, Alfred Mame et fils, éditeurs ; 1895.

Joseph de Maistre pendant la Révolution. — Ses débuts diplomatiques, le marquis de Sales et les émigrés. — *1789-1797.* — Un volume in-8° de 604 pages avec portraits. — Moûtiers, François Ducloz, imprimeur ; Tours, Alfred Mame et fils, éditeurs ; 1895.

La Révolution française vue de l'étranger. — Mallet du Pan à Berne et à Londres. — *1789-1799*, d'après une correspondance inédite. — Préface de M. le Marquis Costa de Beauregard (ouvrage couronné par l'Académie française, prix Thérouanne). — Un volume in-8° de 502 pages avec portrait. — Tours, Alfred Mame et fils, éditeurs ; 1897.

Contraste insuffisant

NF Z 43-120-14

www.ingramcontent.com/pod-product-compliance
Lightning Source LLC
Chambersburg PA
CBHW050803170426
43202CB00013B/2543